チョ・ヒチョル
チョン・ソヒ

ひとりで できる

韓国語

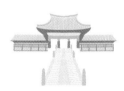

初中級

駿河台出版社
SURUGADAI SHUPPANSHA

音声について

本書の音声は、下記サイトより無料でダウンロード、
およびストリーミングでお聴きいただけます。

https://stream.e-surugadai.com/books/isbn978-4-411-03141-9/

＊ご注意

・PC からでも、iPhone や Android のスマートフォンからでも音声を再生いただけます。
・音声は何度でもダウンロード・再生いただくことができます。
・当音声ファイルのデータにかかる著作権・その他の権利は駿河台出版社に帰属します。
　無断での複製・公衆送信・転載は禁止されています。

装丁・本文デザイン：小熊未央
本文イラスト：あいはら ひろみ

は じ め に

　本書『ひとりでできる韓国語初中級』は初級から中級までの文法項目を取り入れた教材です。書名のようにひとりで勉強できるように、わかりやすい文法の解説のうえ、文型のドリルや練習問題を豊富に入れて各課の文型が身につくようにしました。

　入門が終わって初級に入りたい方、初級を学び直したい方はもちろん、初級が終わって中級を目指す方にも打ってつけの一冊になると思います。

　また、本書は、教室ではもちろん、ひとりでも楽しく勉強できるように工夫してあります。

　韓国語の学習の目的やきっかけは様々であると思いますが、韓国語を学んで話せるようになることは学習の目標の一つであると思われます。

　本書で、初中級文法の解説、文型のドリルや練習問題を通じて韓国語の文法をしっかりつかんで話せるようにしましょう。皆様の会話力がアップできるように「SNSことば」、読解が楽しめる「읽을거리（読み物）」、多様な語彙やコロケーションも載せてありますので、ぜひ活用してみましょう。

　著者の長年にわたる韓国語の教育と研究、テキスト作りを通じて培ってきたノウハウを活かし、「学習者にとって学びやすい・教師にとって教えやすい」教材を求めてきました。

　この一冊の勉強が終わる頃には、皆様の韓国語の文法力は勿論、会話力、読解力がアップされているでしょう。

　最後に、本書を手にした読者の皆さんがより韓国語を楽しまれることを、陰ながら応援しています。

本書の使い方

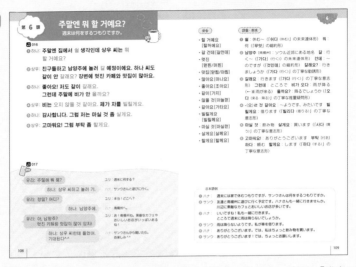

各課の１ページ目には、**実際に会話に使える表現で本文**を作り、右のページには「発音」や「語彙・表現」、「日本語訳」を載せ、本文の理解に役立つようにしました。さらに本文の下には、本文の内容を若者がよく使う**SNSの形でアレンジ**しましたので、ぜひ楽しんでみましょう。

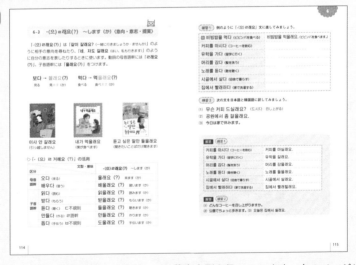

本書の文法説明は、**左右見開きのページで一つの基本文型**を扱っています。左のページには当該の文法項目の説明と活用例、韓国で出された書籍の広告などから**実際の使用例**がわかるようにしました。また、右のページには多様な単語を出して、活用の様子を示し練習問題を通じて段階的に当該の文型に慣れていくことができるように工夫しました。

読み物

各課の後半には「읽을거리（読み物）」を出し、文章体にも慣れるようにしました。また、下には「읽을거리」を**そのまま書き写すことができるスペース**を設けておきました。直接書いて多様な韓国語の文章にも慣れていきましょう。

語彙のまとまり・韓国語コロケーション

各課の後半には、「말모이（語彙のまとまり）」、「韓国語コロケーション」を載せました。「말모이」では、多様な種類の単語を覚え、「韓国語コロケーション」では、語彙の慣用的な使い方に慣れていきましょう。

まとめ練習問題

各課の最後には、本文と文法項目で取り上げた内容をひととおり練習できるように、**1. 日本語訳、2. 韓国語訳、3. 自由会話**ができる「まとめ練習問題」を出しておきました。この練習問題を通して学習の成果を確かめてみましょう。

総合問題

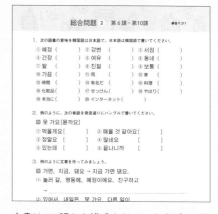

本書は15課から構成されていますが、**5課ごとに「総合問題」**を出して、総合的な学習ができるようにしました。各課の「まとめ練習問題」を通してひととおり学習の成果がチェックできたはずですが、もういちど、学習の定着化のために頑張りましょう。

目 次

第 1 課　선물용이니까 따로 싸 주세요!

プレゼント用なので別々に包んでください。

🎵 001

❶ 점원: **손님, 어서 오세요. 뭘 찾으세요?**

❷ 하나: **바지를 좀 찾고 있어요.**

❸ 점원: **바지요? 이쪽으로 오세요!**
신상품이 많이 있으니까 천천히 보세요!

❹ 하나: **블라우스도 추천해 주세요!**

❺ 점원: **이건 어떠세요? 색깔도 좋고 디자인도 멋지잖아요!**

❻ 하나: **아! 이거 좋네요. 이 바지랑 블라우스 주세요.**
블라우스는 선물용이니까 따로 싸 주세요.

🎵 002

SNS

유리: 지금 뭐 해?	ユリ：今何してるの？
하나: 옷 보고 있어!	ハナ：服見てる！
유리: 뭐 사게?	ユリ：何買うの？
하나: 블라우스랑 바지!	ハナ：ブラウスとパンツ！
유리: 사면 보여 줘~!	ユリ：買ったら見せてね～！
하나: 그래!	ハナ：いいよ！

1

発音

- 찾고
　[찯꼬/차꼬]
- 많이[마니]
- 천천히[천천히/
　천처니]
- 좋고[조코]
- 멋지잖아요
　[먿찌자나요/
　머찌자나요]
- 좋네요[존네요]
- 선물용[선물룡]

語彙・表現

❶ 손님 : お客さん　어서 오세요 : いらっしゃいませ（← 直 早くいらしてください）　찾으세요? : お探しですか

❷ 바지 : パンツ　찾고 있어요 : 探しています

❸ -요? : ～のことですね　이쪽으로 : こちらに　오세요 : いらしてください（「오다（来る）」の丁寧な命令形）　신상품 : 新商品　있으니까 : あるので　천천히 : ゆっくり　보세요! : ご覧ください（「보다（見る）」の丁寧な命令形）

❹ 블라우스 : ブラウス　추천해 주세요! : お勧めください（「추천하다（推薦する）」の丁寧な依頼形）

❺ 어떠세요? : いかがですか　색 : 色　디자인 : デザイン　멋지다 : 素敵だ　-잖아요? : ～じゃないですか

❻ 좋네요 : いいですね　-(이)랑 : ～や　주세요! : ください　선물용 [膳物用] : プレゼント用　-(이)니까 : ～なので　따로 : 別々に　싸 주세요! : 包んでください（「싸다（包む）」の丁寧な依頼形）

日本語訳

❶ 店員 : お客様、いらっしゃいませ！何をお探しですか。
❷ ハナ : ちょっとパンツを探しています。
❸ 店員 : パンツですか。こちらへどうぞ。新商品がたくさんありますので、ゆっくりご覧ください。
❹ ハナ : ブラウスもお勧めください。
❺ 店員 : これはいかがですか。色もよくてデザインも素敵でしょ。
❻ ハナ : あ！これ、いいですね。このパンツとブラウスをください。ブラウスはプレゼント用なので別々に包んでください。

1-1　(으)세요(?)　尊敬表現1　①〜なさいます（叙述）②〜なさいますか（疑問）③〜（し）てください（命令）

　動詞の母音語幹（語幹末にパッチムなし）に「세요(?)」、子音語幹（語幹末にパッチムあり）に「으세요(?)」をつけると、①〜なさいます・します（叙述）、②〜なさいますか・しますか（疑問）、③〜てください（命令）の意味になります。なお、形容詞の場合は動詞と同じく活用しますが、意味は「〜でいらっしゃいます（か）」、「お〜です（か）」の意味になります。

	①		②		③
보다 →	보세요	/	보세요?	/	보세요!
見る	ご覧になります	/	ご覧になりますか	/	ご覧になってください！
읽다 →	읽으세요	/	읽으세요?	/	읽으세요!
読む	お読みになります	/	お読みになりますか	/	お読みになってください！
바쁘다→	바쁘세요	/	바쁘세요?		
忙しい	お忙しいです	/	お忙しいですか		

▷ 「-(으)세요」の活用

「一石三鳥」か!?　同じ形なのにそれぞれ意味が違うね！

区分		文型・意味	叙述（疑問） -세요(?) 〜なさいます（か）	命令 -세요! 〜てください
母音 語幹	가다 （行く）	〈動〉	가세요（?） いらっしゃいます（か）	가세요！ いらしてください
	선생님이다 （先生だ）	〈指〉	선생님이세요（?） 先生でいらっしゃいます(か)	―
子音 語幹	만들다 （作る）	ㄹ語幹	만드세요（?） お作りになります（か）	만드세요！ お作りください
	듣다 （聞く）	ㄷ不規則	들으세요（?） お聞きになります（か）	들으세요！ お聞きください

練習1 例のように「-(으)세요」文に直してみましょう。

例 회사에 가다 (会社に行く)	회사에 가세요 (?) 会社にいらっしゃいます(か)	회사에 가세요! 会社にいらしてください
내일 오다 (明日来る)		
양복을 입다 (スーツを着る)		
차에 싣다 (車に載せる)		
건강이 나쁘다 (健康が悪い)		—
머리가 길다 (髪が長い)		—
산책하다 (散歩する)		

練習2 次の文を日本語と韓国語に訳してみましょう。

(1) 이 옷은 작으세요?
(2) 운동을 자주 하세요!
(3) 今、先生はちょっとお忙しいです。

解答 練習1

내일 오다 (明日来る)	내일 오세요 (?)	내일 오세요!
양복을 입다 (スーツを着る)	양복을 입으세요 (?)	양복을 입으세요!
차에 싣다 (車に載せる)	차에 실으세요 (?)	차에 실으세요!
건강이 나쁘다 (健康が悪い)	건강이 나쁘세요 (?)	—
머리가 길다 (髪が長い)	머리가 기세요 (?)	—
산책하다 (散歩する)	산책하세요 (?)	산책하세요!

解答 練習2

(1) この服は小さいですか。(2) よく運動をしてください。
(3) 지금 선생님은 좀 바쁘세요.

17

1-2   -고 있어요　～(し)ています〈動作の継続・進行〉

　動詞の語幹に「고 있다」をつけると「～（し）ている」という意味になり、動作の継続や進行を表します。また、服や帽子などを身に着けている状態の持続も表します。その「해요体」が「-고 있어요 (～ています)」です。

보다 → 보고 있다 → 보고 있어요
　見る　　　　見ている　　　　見ています

입다 → 입고 있다 → 입고 있어요
　着る　　　　着ている　　　　着ています

엄마가 보고 있다.
（お母さんが見ている）

아기가 자고 있어요.
（赤ちゃんが寝ています）

동물들이 울고 있어요.
（動物たちが鳴いています）

▷「-고 있어요」の活用

区分	文型・意味	疑問 -고 있어요?　～ていますか	叙述 -고 있어요　～ています
母音 語幹	자다 (寝る)	자고 있어요? (寝ていますか)	자고 있어요 (寝ています)
	쉬다 (休む)	쉬고 있어요 ? (休んでいますか)	쉬고 있어요 (休んでいます)
子音 語幹	읽다 (読む)	읽고 있어요 ? (読んでいますか)	읽고 있어요 (読んでいます)
	걷다 (歩く)	걷고 있어요 ? (歩いていますか)	걷고 있어요 (歩いています)

練習1 　例のように「-고 있어요」文に直してみましょう。

例 드라마를 보다（ドラマを見る）	드라마를 보고 있어요. （ドラマを見ています）
즐겁게 지내다（楽しく過ごす）	
양말을 신다（靴下を履く）	
고기를 굽다（肉を焼く）	
시골에서 살다（田舎で暮らす）	
예습하다（予習する）	

練習2 　次の文を日本語と韓国語に訳してみましょう。

⑴ 매일 일기를 쓰고 있어요.（일기를 쓰다：日記をつける）

⑵ 요즘도 요코하마에 살고 있어요?

⑶ 今、部屋を掃除しています。（掃除する：청소하다）

解答　練習1

즐겁게 지내다（楽しく過ごす）	즐겁게 지내고 있어요.
양말을 신다（靴下を履く）	양말을 신고 있어요.
고기를 굽다（肉を焼く）	고기를 굽고 있어요.
시골에서 살다（田舎で暮らす）	시골에서 살고 있어요.
예습하다（予習する）	예습하고 있어요.

解答　練習2

⑴ 毎日、日記をつけています。⑵ 最近も横浜に住んでいますか。

⑶ 지금 방을 청소하고 있어요.

動詞や形容詞の母音語幹（語幹末にパッチムなし）には「니까」、子音語幹（語幹末にパッチムあり）には「으니까」を、名詞には「(이)니까」をつけると「〜から、〜ので」という原因・理由や「〜したら」という発見の意味になります。後続文には、勧誘、命令、禁止などの表現が用いられます。

가다 → 　**가니까**
行く　　　行くから・行くので

먹다 → 　　**먹으니까**
食べる　　食べるから・食べるので

나쁘다 → 　**나쁘니까**
悪い　　　悪いから・悪いので

좋다 → 　**좋으니까**
よい　　　よいから・よいので

비 오니까 참 좋다.
（雨が降るから本当にいいね）

생각해 보니까!
（考えてみたら！）

▷ 「-(으)니까」の活用

区分		文型・意味		-(으)니까（〜から・ので）
母音語幹	가다 (行く)		〈動〉	가니까 (行くから・ので)
	바쁘다 (忙しい)		〈形〉	바쁘니까 (忙しいから・ので)
	학생이다 (学生だ)		〈指〉	학생이니까 (学生だから・なので)
子音語幹	읽다 (読む)		〈動〉	읽으니까 (読むから・ので)
	돌다 (回る)		ㄹ語幹	도니까 (回るから・ので)
	돕다 (手伝う)		ㅂ不規則	도우니까 (手伝うから・ので)
	묻다 (問う)		ㄷ不規則	물으니까 (問うから・ので)
	좋다 (よい)		〈形〉	좋으니까 (よいから・ので)

練習1 例のように「-(으)니까」文に直してみましょう。

例 학교에 가다 (学校へ行く)	학교에 가니까 (学校へ行くから・ので)
시간이 있다 (時間がある)	
침대에 눕다 (ベッドに横になる)	
짐을 싣다 (荷物を載せる)	
값이 싸다 (値段が安い)	
키가 작다 (背が低い)	
서로 사랑하다 (愛し合う)	
형은 회사원이다 (兄は会社員だ)	

練習2 次の文を日本語と韓国語に訳してみましょう。

⑴ 오늘은 수업이 있으니까 학교에서 만나요!

⑵ 사과는 몸에 좋으니까 매일 드세요! (드시다 : 召し上がる)

⑶ この車は高いから買えません。(車 : 차)

解答 練習1

시간이 있다 (時間がある)	시간이 있으니까
침대에 눕다 (ベッドに横になる)	침대에 누우니까
짐을 싣다 (荷物を載せる)	짐을 실으니까
값이 싸다 (値段が安い)	값이 싸니까
키가 작다 (背が低い)	키가 작으니까
서로 사랑하다 (愛し合う)	서로 사랑하니까
형은 회사원이다 (兄は会社員だ)	형은 회사원이니까

解答 練習2

⑴ 今日は授業があるから、学校で会いましょう。

⑵ リンゴは体にいいから、毎日召し上がってください。⑶ 이 차는 비싸니까 못 사요.

1-4 -아 / 어 주세요 〜 (し) てください 〈依頼〉

動詞の陽母音 (ㅏ, ㅗ, ㅑ) 語幹に「아 주다」、陰母音 (ㅏ, ㅗ, ㅑ以外) 語幹に「어 주다」をつけると、「〜 (し) てくれる・〜 (し) てあげる」という意味になります。丁寧形は「-아/어 주세요 (〜 (し) てください・〜 (し) てあげなさい)」です。

잡다 → 잡아 → 잡아 주세요
つかむ　　つかんで　　つかんでください

접다 → 접어 → 접어 주세요
折る　　折って　　折ってください

두리를 도와 주세요.
(トゥリを助けてください)

책 읽어 주세요!
(本を読んでください！)

▷「-아/어 주세요」の活用

区分	文型　意味	-아/어 주세요 (〜てください)
陽母音語幹	가다 (行く)	가 주세요 (行ってください)
	돕다 (手伝う) ㅂ不規則	도와 주세요 (手伝ってください)
陰母音語幹	접다 (折る)	접어 주세요 (折ってください)
	싣다 (載せる) ㄷ不規則	실어 주세요 (載せてください)
	서다 (立つ)	서 주세요 (立ってください)
하다動詞	하다 (する)	해 주세요 (してください)
	전화하다 (電話する)	전화해 주세요 (電話してください)

練習 1 例のように「-아/어 주세요」文に直してみましょう。

例 사인을 받다 (サインをもらう)	사인을 받아 주세요! (サインをもらってください！)
우산을 찾다 (傘を探す)	
쓰레기를 줍다 (ゴミを拾う)	
잠깐만 기다리다 (しばらく待つ)	
문을 열다 (ドアを開ける)	
사정을 이야기하다 (事情を話す)	

練習 2 次の文を日本語と韓国語に訳してみましょう。

(1) 창문을 좀 열어 주세요!

(2) 지갑을 찾아 주세요! (지갑：財布)

(3) ここで待ってください。

解答 練習 1

우산을 찾다 (傘を探す)	우산을 찾아 주세요!
쓰레기를 줍다 (ゴミを拾う)	쓰레기를 주워 주세요!
잠깐만 기다리다 (しばらく待つ)	잠깐만 기다려 주세요!
문을 열다 (ドアを開ける)	문을 열어 주세요!
사정을 이야기하다 (事情を話す)	사정을 이야기해 주세요!

解答 練習 2

(1) 窓をちょっと開けてください。(2) 財布を探してください。

(3) 여기에서 기다려 주세요!

1-5 - 잖아요 〜じゃないですか、〜(し)ますね、〜ですね 〈強調・同意〉

動詞や形容詞の語幹に「**잖아요**」を、名詞には「**(이)잖아요**」をつけると、同意や確認を求める「〜じゃないですか、〜(し)ますね、〜ですね」という意味になります。

가다 → **가잖아요**
行く　　　行くんじゃないですか

먹다 → **먹잖아요**
食べる　　食べるんじゃないですか

나쁘다 → **나쁘잖아요**
悪い　　　悪いんじゃないですか

좋다 → **좋잖아요**
よい　　　よいんじゃないですか

학교잖아요?
(学校じゃないんですか)

있잖아요〜 미안해요!
(あのね〜　ごめんなさい！)

다른 게 나쁜 건 아니잖아요.
(違うことが悪いことではないんじゃないですか)

▷ 「-잖아요」の活用

区分	文型・意味		-잖아요 (〜じゃないですか)
母音語幹	가다 (行く)	〈動〉	가잖아요 (行くんじゃないですか)
	바쁘다 (忙しい)	〈形〉	바쁘잖아요 (忙しいんじゃないですか)
	학생이다 (学生だ)	〈指〉	학생이잖아요 (学生じゃないですか)
子音語幹	읽다 (読む)	〈動〉	읽잖아요 (読むんじゃないですか)
	많다 (多い)	〈形〉	많잖아요 (多いんじゃないですか)

練習1 例のように「-잖아요」文に直してみましょう。

例 학교에 가다 (学校に行く)	학교에 가잖아요 . (学校に行くんじゃないですか。)
메일을 쓰다 (メールを書く)	
바람이 불다 (風が吹く)	
돈이 있다 (お金がある)	
손이 예쁘다 (手がきれいだ)	
얼굴이 작다 (顔が小さい)	
매일 산책하다 (毎日、散歩する)	

練習2 次の文を日本語と韓国語に訳してみましょう。

⑴ 내일도 회사에 가잖아요.

⑵ 오늘은 숙제가 많잖아요.

⑶ 友達に手紙を書くんじゃないですか。

解答 練習1

메일을 쓰다 (メールを書く)	메일을 쓰잖아요.
바람이 불다 (風が吹く)	바람이 불잖아요.
돈이 있다 (お金がある)	돈이 있잖아요.
손이 예쁘다 (手がきれいだ)	손이 예쁘잖아요.
얼굴이 작다 (顔が小さい)	얼굴이 작잖아요.
매일 산책하다 (毎日、散歩する)	매일 산책하잖아요.

解答 練習2

⑴ 明日も会社に行きますね。⑵ 今日は宿題が多いんじゃないですか。

⑶ 친구한테 편지를 쓰잖아요.

1-6 　-네요　〜（し）ますね・〜ですね〈感嘆、同意、確認〉

　動詞や形容詞の語幹に「**네요**」を、名詞には「**(이)네요**」をつけると、「〜（し）ますね、〜ですね」という意味になります。これは話し手が直接経験したり、新たに知ったりしたことについて感嘆や驚きの意を表します。また、相手の話について同意や確認をしたりするときにも使います。

가다 → **가네요**
行く　　　行きますね

읽다 → **읽네요**
読む　　　読みますね

크다 → **크네요**
大きい　　大きいですね

작다 → **작네요**
小さい　　小さいですね

사장하기 참 어렵네요.
（社長は本当に難しいですね）

그녀가 나를 보고 웃네요.
（彼女が私を見て笑いますね）

▷「**-네요**」の活用

区分		文型・意味	**-네요**　〜ますね・〜ですね
母音語幹	**가다** (行く)	〈動〉	**가네요** (行きますね)
	크다 (大きい)	〈形〉	**크네요** (大きいですね)
	오늘이다 (今日だ)	〈指〉	**오늘이네요** (今日ですね)
子音語幹	**웃다** (笑う)	〈動〉	**웃네요** (笑いますね)
	어렵다 (難しい)	〈形〉	**어렵네요** (難しいですね)
	달다 (甘い)	ㄹ語幹	**다네요** (甘いですね)

練習1　例のように「-네요」文に直してみましょう。

例 비가 오다 (雨が降る)	비가 오네요. (雨が降りますね。)
키가 크다 (背が高い)	
많이 걷다 (たくさん歩く)	
맛이 좋다 (おいしい)	
오늘은 덥다 (今日は暑い)	
배가 아프다 (お腹が痛い)	
재미있는 잡지(이)다 (面白い雑誌だ)	

練習2　次の文を日本語と韓国語に訳してみましょう。

(1) 이 문제는 좀 어렵네요. (문제 : 問題)
(2) 아이들이 밝네요. (밝다 : 明るい)
(3) 面白い映画ですね。

解答　練習1

키가 크다 (背が高い)	키가 크네요.
많이 걷다 (たくさん歩く)	많이 걷네요.
맛이 좋다 (おいしい)	맛이 좋네요.
오늘은 덥다 (今日は暑い)	오늘은 덥네요.
배가 아프다 (お腹が痛い)	배가 아프네요.
재미있는 잡지(이)다 (面白い雑誌だ)	재미있는 잡지(이)네요.

解答　練習2

(1) この問題はちょっと難しいですね。(2) 子供たちが明るいですね。
(3) 재미있는 영화(이)네요.

 말모이 **①** 부사 (副詞)

まだ	もう、すでに	まず	あまりにも	本当に	度々	あまり
아직	벌써	우선	너무	진짜	자주	별로

 韓国語コロケーション **①** 하루 생활 (一日の生活)

目	歯	朝ご飯	会社	仕事	退社(退勤)	寝
눈	**이**	**아침**	**회사**	**일**	**퇴근**	**잠**
눈을 떠요.	이를 닦아요.	아침을 먹어요.	회사에 가요.	일을 해요.	퇴근을 해요.	잠을 자요.
目を覚めます。	歯を磨きます。	朝ご飯を食べます。	会社へ行きます。	仕事をします。	退社します。	寝ます。

메모

하나의 쇼핑 일기

오늘은 친구 선물을 사러 쇼핑몰에 갔다.

가게에 들어가서 혼자 옷을 보고 있으니까 점원이 "뭘 찾으세요?", "이쪽으로 오세요!" 라고 하며 안내해 주었다. 그리고 신상품도 추천해 주어서 친구한테 줄 선물로 블라우스를 사고 내 바지도 하나 샀다. 친절한 안내 덕분에 쇼핑이 즐거웠다. 다음에 또 가고 싶다.

ハナの買い物日記

今日は友達のお土産を買いにショッピングモールに行った。

店に入って一人で服を見ていたら店員が「何かお探しですか」、「こちらへどうぞ！」と言いながら案内してくれた。そして新商品も推薦してくれたので友達にあげるお土産のブラウスを買って、私のパンツも一つ買った。親切な案内のおかげで買い物が楽しかった。今度また行きたい。

✏️ 上の「하나의 쇼핑 일기」を書き写してみましょう。

1．次の文を日本語に訳してみましょう。

(1) 회사에는 몇 시에 가세요?

→ _____

(2) 요즘은 어떻게 지내고 있어요? (어떻게 : どのように)

→ _____

(3) 오늘은 날씨가 좋으니까 공원에 가요! (날씨 : 天気)

→ _____

(4) 시간이 있으면 오후에 전화해 주세요.

→ _____

(5) 이 구두가 더 예쁘잖아요.

→ _____

2．次の文を韓国語に訳してみましょう。

(1) 明日はお時間おありですか。

→ _____

(2) 土曜日は忙しいから日曜日に会いましょう。

→ _____

(3) この荷物を車に載せてください。(荷物 : 짐、車 : 자동차)

→ _____

(4) このリンゴは大きいですね。

→ _____

(5) 窓を閉めてください。風が強く吹くんじゃないですか。(強く : 강하게, 세게)

→ _____

3. 次の質問に韓国語で答えましょう。

⑴ 한국에 가면 어떤 선물을 사요?

→ _____

⑵ 요즘 어떤 책을 읽고 있어요?

→ _____

⑶ 한국어 공부를 해 보니까 어때요?

→ _____

⑷ 무슨 음식을 좋아하세요?

→ _____

⑸ 한국말 좀 가르쳐 주세요!

→ _____

메모

第 2 課 사진 찍기 좋은 것 같아요.
写真を撮るのにいいと思います。

🎵 004

❶ 하나: **상우 씨! 부산은 어디가 좋아요?**

❷ 상우: **해운대도 좋고, 자갈치시장도 좋아요.**
감천문화마을도 괜찮고요.

❸ 하나: **그런데, 감천문화마을은 어떤 곳이에요?**

❹ 상우: **예쁜 언덕 마을이에요. 문화 체험도 할 수 있어요.**
한국의 마추픽추라고 해요.

❺ 하나: **사진 찍기 좋아요?**

❻ 상우: **네, 사진 찍기 좋은 것 같아요.**

🎵 005

SNS

유리: 부산엔 언제 가?　　　　　　ユリ：釜山にはいつ行くの？

하나: 다음 주말에 갈 거야.　　　ハナ：来週末に行く。

유리: 좋은 데 알아?　　　　　　　ユリ：いい所知ってる？

하나: 감천마을이 좋대.　　　　　ハナ：カムチョン村がいいって。

유리: 사진 찍으면 올려!!　　　　ユリ：写真撮ったらアップして!!

発音

- 좋고 [조코]
- 괜찮고요
  [괜찬코요]
  곳이에요
  [고시에요]
- 언덕마을
  [언덩마을]
- 찍기 [찍끼]
- 좋은 [조은]
- 같아요 [가타요]

語彙・表現

❶ 부산：釜山　어디：どこ

❷ 해운대：海雲台（ヘウンデ：釜山にある海水浴場）　좋고：よいし　자갈치시장：チャガルチ市場（釜山にある魚市場）　감천문화마을 [甘川文化 -]：カムチョン文化村　괜찮고요：いいですし、いいんですよ

❸ 어떤：どんな

❹ 예쁜：かわいい、きれいな（「예쁘다（かわいい、きれいだ）」の現在連体形）　언덕 마을：丘の村　문화체험：文化体験　마추픽추：マチュピチュ　-라고 해요：～と言います

❺ -기 좋아요?：～しやすいですか

❻ 좋은：いい～（「좋다（いい）」の現在連体形）　좋은 것 같아요：いいと思います、いいみたいです

日本語訳

❶ ハナ：　サンウさん、釜山はどこがいいですか。

❷ サンウ：海雲台（ヘウンデ）もよいし、チャガルチ市場もよいです。カムチョン文化村もいいです。

❸ ハナ：　ところで、カムチョン文化村はどんなところですか。

❹ サンウ：かわいい丘の村です。文化体験もできます。韓国のマチュピチュと言います。

❺ ハナ：　写真を撮るのにいいですか。

❻ サンウ：はい、写真を撮るのにいいと思います。

2-1　疑問詞　언제 (いつ)・어디서 (どこで) など

韓国語の主な疑問詞には、「언제 (いつ)、어디서 (どこで)、누가 (だれが)、무엇을 (なにを)、어떻게 (どのように)、왜 (なぜ)」があり、ほかにも「어떤 (どんな)、어느 (どれ・どの)、얼마 (いくら)、몇 (いくつ・何〜)」などがあります。また、「몇」は「몇 시 (何時)，몇 명 (何名)」などのように助数詞をともないます。

（練習1）　(　　) 中に適語を書き入れてみましょう！

(1)　가 : 수업은 (　　) 예요?　授業は<u>いつ</u>ですか。
　　나 : 목요일이에요.　木曜日です。

(2)　가 : (　　) 만날까요?　<u>どこで</u>会いましょうか。
　　나 : 콘서트장 입구에서 만나요.　会場の入り口でお会いしましょう。

(3)　가 : 그 드라마에는 (　　) 나와요?　あのドラマには<u>誰が</u>出ますか。
　　나 : 박서준 씨가 나와요.　パクソジュンさんが出ます。

（練習2）　次の文を日本語と韓国語に訳してみましょう。

(1)　보통 주말에는 무엇을 해요?
(2)　명동에는 어떻게 가요?
(3)　なぜ韓国語を学びますか。

解答　（練習1）
(1) 언제　(2) 어디서　(3) 누가

解答　（練習2）
(1) ふだん、週末は何をしますか。(2) 明洞にはどのように行きますか。
(3) 왜 한국어를 배워요?

전국 유명 먹거리 全国の名物料理

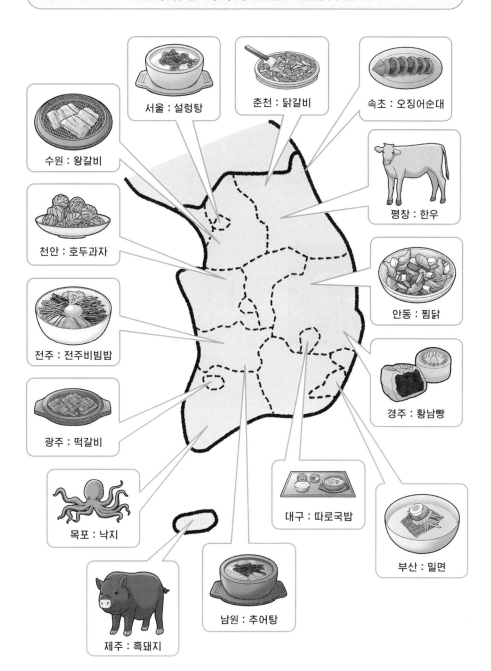

수원 : 왕갈비

서울 : 설렁탕

춘천 : 닭갈비

속초 : 오징어순대

천안 : 호두과자

평창 : 한우

전주 : 전주비빔밥

안동 : 찜닭

광주 : 떡갈비

경주 : 황남빵

목포 : 낙지

대구 : 따로국밥

부산 : 밀면

제주 : 흑돼지

남원 : 추어탕

動詞や形容詞の語幹に「**고요**」を、名詞には「**(이)고요**」をつけると、「～ですし、～なんですよ」のように話を付け加えるときの表現になります。よりくだけた表現の「**-구요**」もよく使います。

가다 → **가고요**		**먹다** → **먹고요**	
行く　行きますし		食べる　食べますし	
좋다 → **좋고요**		**학생** → **학생**이고요	
よい　よいですし		学生　学生ですし	

먹구요
(食べますし)

날씨도 춥구요

날씨도 춥구요
(天気も寒いですし～)

▷「**-(이)고요**」の活用

区分		文型・意味	**-(이)고요**（～ですし、～なんですよ）
母音語幹	**가다** (行く)	〈動〉	**가고요** (行きますし、行くんですよ)
	바쁘다 (忙しい)	〈形〉	**바쁘고요** (忙しいですし、忙しいんですよ)
	학생이다 (学生だ)	〈指〉	**학생이고요** (学生ですし、学生ですよ)
子音語幹	**읽다** (読む)	〈動〉	**읽고요** (読みますし、読むんですよ)
	좋다 (よい)	〈形〉	**좋고요** (いいですし、いいんですよ)

| 練習 1 | 次の語を例のように「-고요」文に直してみましょう。 |

例 친구도 가다 (友達も行く)	친구도 가고요. (友達も行くし、行くんですよ。)
용기를 가지다 (勇気を持つ)	
창문을 닫다 (窓を閉める)	
사진도 찍다 (写真も撮る)	
방이 밝다 (部屋が明るい)	
밤에는 숙제도 하다 (夜は宿題もする)	
형은 배우이다 (兄は俳優だ)	

| 練習 2 | 次の文を日本語と韓国語に訳してみましょう。 |

⑴ 오늘은 회의 때문에 더 바쁘고요.

⑵ 서울에 가면 구경도 많이 하고 사진도 많이 찍고요.

⑶ 最近は韓国のドラマもたくさん見るんですよ。

解答 練習 1

용기를 가지다 (勇気を持つ)	용기를 가지고요.
창문을 닫다 (窓を閉める)	창문을 닫고요.
사진도 찍다 (写真も撮る)	사진도 찍고요.
방이 밝다 (部屋が明るい)	방이 밝고요.
밤에는 숙제도 하다 (夜は宿題もする)	밤에는 숙제도 하고요.
형은 배우이다 (兄は俳優だ)	형은 배우이고요.

解答 練習 2

⑴ 今日は会議のために、もっと忙しいですよ。

⑵ ソウルに行ったらたくさん見物もして、たくさん写真も撮りますし。

⑶ 요즘은 한국 드라마도 많이 보고요.

形容詞の現在連体形の「-ㄴ」は
動詞の過去連体形と同じ形だね！

2-3 -(으)ㄴ① 〜い＋名詞、〜な＋名詞〈形容詞の現在連体形〉

　形容詞の母音語幹（語幹末にパッチムなし）に「ㄴ」を、子音語幹（語幹末にパッチムあり）に「은」をつけると後ろの名詞を修飾する現在連体形になります。また、「맛있다/멋있다」などの「있다形容詞」の語幹にはそのまま「는」を、指定詞（「-이다」）には「ㄴ」をつけます。

＊「-(으)ㄴ②」動詞の過去連体形は 8-1 を参照。

크다 → 큰	작다 → 작은
大きい　大きい〜	小さい　小さい〜

맛있다 → 맛있는	학생이다 → 학생인
おいしい　おいしい〜	学生だ　学生である〜

우리 엄마가 좋은 10가지 이유.
（私の母が好きな10の理由）

맛있는 일본어
（おいしい日本語）

▷「-(으)ㄴ/는＋名詞」の活用

区分		文型・意味	-(으)ㄴ/는＋名詞 （〜い〜、〜な〜、〜の〜）
母音 語幹	크다 (大きい)	〈形〉	큰 (大きい〜)
	-이다 (〜である)	〈指〉	-인 (〜である〜)
子音 語幹	작다 (小さい)	〈形〉	작은 (小さい〜)
	쉽다 (易しい)	ㅂ不規則	쉬운 (易しい〜)
	달다 (甘い)	ㄹ語幹	단 (甘い〜)
	맛있다 (おいしい)	「있다」形	맛있는 (おいしい〜)

練習1 次を例のように「-(으)ㄴ/는＋名詞」に直してみましょう。

例 작다 (小さい) ＋꽃 (花)	작은 꽃 (小さい花)
넓다 (広い) ＋교실 (教室)	
좁다 (狭い) ＋집 (家)	
좋다 (よい) ＋날씨 (天気)	
따뜻하다 (温かい) ＋음식 (食べ物)	
재미있다 (面白い) ＋영화 (映画)	
배우이다 (俳優だ) ＋형 (兄)	

練習2 次の文を日本語と韓国語に訳してみましょう。

⑴ 넓은 집에 살아요.

⑵ 따뜻한 날씨가 좋아요.

⑶ 長いドラマです。

解答 練習1

넓다 (広い) ＋교실 (教室)	넓은 교실
좁다 (狭い) ＋집 (家)	좁은 집
좋다 (よい) ＋날씨 (天気)	좋은 날씨
따뜻하다 (温かい) ＋음식 (食べ物)	따뜻한 음식
재미있다 (おもしろい) ＋영화 (映画)	재미있는 영화
배우이다 (俳優だ) ＋형 (兄)	배우인 형

解答 練習2

⑴ 広い家に住んでいます。⑵ 暖かい天気がいいです。

⑶ 긴 드라마예요.

-(이)라고 해요
～だそうです、～と言います〈情報の伝達〉

「-(이)라고 해요」は名詞について、①「그 사람은 가수라고 해요 (あの人は歌手だそうです・だと言っています)」、②「저는 용준이라고 해요 (私はヨンジュンと申します)」などのように、①相手に情報を伝えたり、②自己紹介をしたりするときに使います。また、「(이)라고」は「(이)라」に縮約して使うこともあります。

① 가수 → 가수라고 해요
　　歌手　歌手だそうです・だと言っています

② 용준 → 용준이라고 해요
ヨンジュン　　　ヨンジュンと申します

엄마라고 불러도 돼요?
(お母さんと呼んでもいいですか)

여자는 왜 자신의 성공을
우연이라고 말할까?
(女の人はどうして自分の成功を
偶然だと言うのか)

▷「-(이)라고 해요」の活用

区分	文型・意味		-(이)라고 해요 ①～だそうです　②～と言います
母音 終わり	친구 (友達)	〈名〉	친구라고 해요 (友達だそうです)
	상우 (サンウ)	名前	상우라고 해요 (サンウと言います・申します)
子音 終わり	학생 (学生)	〈名〉	학생이라고 해요 (学生だそうです)
	보검 (ポゴム)	名前	보검이라고 해요 (ポゴムと言います・申します)

練習 1 例のように「-(이)라고 해요」文に直してみましょう。

例 생일은 오늘 (誕生日は今日)	생일은 오늘이라고 해요. （誕生日は今日だそうです。）
동생은 가수 (妹は歌手)	
취미는 축구 (趣味はサッカー)	
형은 군인 (兄は軍人)	
내일은 시험 (明日は試験)	
이름은 혼다 (名前は本田)	
저는 지민 (私はチミン)	

練習 2 次の文を日本語と韓国語に訳してみましょう。

(1) 오늘은 지민 씨의 생일이라고 해요.

(2) 저는 다나카라고 해요. 잘 부탁합니다.

(3) あの人は高橋さんの友達だそうです。

解答 **練習 1**

동생은 가수 (妹は歌手)	동생은 가수라고 해요.
취미는 축구 (趣味はサッカー)	취미는 축구라고 해요.
형은 군인 (兄は軍人)	형은 군인이라고 해요.
내일은 시험 (明日は試験)	내일은 시험이라고 해요.
이름은 혼다 (名前は本田)	이름은 혼다라고 해요.
저는 지민 (私はチミン)	저는 지민이라고 해요.

解答 **練習 2**

(1) 今日はチミンさんの誕生日だそうです。

(2) 私は田中と申します。よろしくお願いします。

(3) 그 사람은 다카하시 씨의 친구라고 해요.

2-5　-기 좋아요　〜（し）やすいです〈容易・評価〉

　動詞の語幹に「기 좋아요」をつけると、「〜（し）やすいです」という意味になります。文脈によっては「〜（する）のにいいです」という意味にもなります。

공부하다 → 공부하기 좋아요　　　**살다 → 살기 좋아요**
勉強する　　　　勉強しやすいです　　　　暮す　　暮らしやすいです

걷다 →　걷기 좋아요
歩く　　歩きやすいです / 歩くのにいいです

그림 그리기 좋은 날　아이와 산책하며 읽기 좋은 책　명화 보기 좋은 날
（絵を描くのにいい日）　（子どもと散歩しながら読みやすい本）　（名画を見るのにいい日）

▷「**-기 좋아요**」の活用

区分	文型・意味	-기 좋아요（〜しやすいです）
母音語幹	쓰다 (使う・書く)	쓰기 좋아요 (使い・書きやすいです)
	배우다 (学ぶ)	배우기 좋아요 (学びやすいです)
子音語幹	듣다 (聴く)	듣기　좋아요 (聴くのにいいです)
	살다 (住む・暮らす)	살기 좋아요 (住み・暮らしやすいです)

練習 1　次の語を例のように「-기 좋아요」文に直してみましょう。

例 이 펜 + 쓰다 (使う)	이 펜은 쓰기 좋아요. (このペンは使いやすいです。)
이 김치 + 먹다 (食べる)	
저 카메라 + 찍다 (撮る)	
이 소설 + 읽다 (読む)	
그 길 + 걷다 (歩く)	
가을 + 지내다 (過ごす)	
이 책 + 공부하다 (勉強する)	

練習 2　次の文を日本語と韓国語に訳してみましょう。

(1) 이 음악은 듣기 좋아요.

(2) 그 책은 공부하기 좋아요.

(3) 我が国は暮らしやすいです。(我が国 : 우리나라)

解答　練習 1

이 김치 + 먹다 (食べる)	이 김치는 먹기 좋아요.
저 카메라 + 찍다 (撮る)	저 카메라는 찍기 좋아요.
이 소설 + 읽다 (読む)	이 소설은 읽기 좋아요.
그 길 + 걷다 (歩く)	그 길은 걷기 좋아요.
가을 + 지내다 (過ごす)	가을은 지내기 좋아요.
이 책 + 공부하다 (勉強する)	이 책은 공부하기 좋아요.

解答　練習 2

(1) この音楽は聴きやすいです。(2) その本は勉強しやすいです。

(3) 우리나라는 살기 좋아요.

2-6 -(으)ㄴ 것 같아요① ～のようです、～みたいです 〈推量（形容詞）〉

　形容詞の母音語幹（語幹末にパッチムなし）には「ㄴ 것 같아요」、子音語幹（語幹末にパッチムあり）には「은 것 같아요」をつけると「～のようです、～みたいです、～と思います」という意味になります。また、「**맛있다/멋있다**」などの「**있다形容詞**」の語幹には「**는 것 같아요**」を、名詞には「**인 것 같아요**」をつけます。この表現は話し手が断定を避け、婉曲に言うとき使います。

*「-(으)ㄴ 것 같아요② ～（し）たようです〈過去推量〉」は 15-6 を参照。

크다 → 큰 것 같아요
大きい　　　大きいようです

작다 → 작은 것 같아요
小さい　　　小さいようです

맛있다 → 맛있는 것 같아요
おいしい　　　おいしいと思います

학생이다 → 학생인것 같아요
学生だ　　　　学生のようです

▷ 「-(으)ㄴ / 는 것 같아요」 の活用

区分		文型・意味	-(으)ㄴ / 는 것 같아요 (～い、～な、～の)ようです
母音 語幹	크다 (大きい)	〈形〉	큰 것 같아요 (大きいようです)
	피곤하다 (疲れている)	〈形〉	피곤한 것 같아요 (疲れているようです)
子音 語幹	작다 (小さい)	〈形〉	작은 것 같아요 (小さいようです)
	쉽다 (易しい)	ㅂ不規則	쉬운 것 같아요 (易しいようです)
	달다 (甘い)	ㄹ語幹	단 것 같아요 (甘いようです)

練習 1 次を例のように「-(으)ㄴ / 는 것 같아요」文に直してみましょう。

例 키 (身長) ＋ 크다 (大きい)	키가 큰 것 같아요. (背が高いようです。)
값 (値段) ＋ 비싸다 (高い)	
김치 (キムチ) ＋ 맵다 (辛い)	
학교 (学校) ＋ 가깝다 (近い)	
회사 (会社) ＋ 멀다 (遠い)	
크기 (大きさ) ＋ 같다 (同じだ)	
공원 (公園) ＋ 조용하다 (静かだ)	

練習 2 次の文を日本語と韓国語に訳してみましょう。

(1) 이 바지는 좀 긴 것 같아요.

(2) 두 사람은 성격이 닮은 것 같아요. (성격 : 性格、닮다 : 似ている)

(3) あの人は歌手のようです。

解答 練習 1

값 (値段) ＋ 비싸다 (高い)	값이 비싼 것 같아요.
김치 (キムチ) ＋ 맵다 (辛い)	김치가 매운 것 같아요.
학교 (学校) ＋ 가깝다 (近い)	학교가 가까운 것 같아요.
회사 (会社) ＋ 멀다 (遠い)	회사가 먼 것 같아요.
크기 (大きさ) ＋ 같다 (同じだ)	크기가 같은 것 같아요.
공원 (公園) ＋ 조용하다 (静かだ)	공원이 조용한 것 같아요.

解答 練習 2

(1) このズボンはちょっと長いようです。(2) 2人は性格が似ているようです。

(3) 그 사람은 가수인 것 같아요.

말모이 **2** **명물요리** (名物料理)

麻浦 チュムロク	奨忠洞 豚足	新堂洞 トッポッキ	三清洞 スジェビ	春川 タッカルビ	水原 カルビ	全州 ビビンバ
마포 주물럭	장충동 족발	신당동 떡볶이	삼청동 수제비	춘천 닭갈비	수원 갈비	전주 비빔밥

 韓国語コロケーション **2** **여행** (旅行)

旅行 **여행**	予約 **예약**	ホテル **호텔**	荷物 **짐**	スケジュール **스케줄**	写真 **사진**	見物 **구경**
여행을 가요.	예약을 해요.	호텔에 묵어요.	짐을 싸요.	스케줄을 짜요.	사진을 찍어요.	구경을 해요.
旅行に 行きます。	予約を します。	ホテルに 泊まります。	荷造りを します。	スケジュール を立てます。	写真を 撮ります。	見物を します。

메모

부산 여행

지난 주말에 1 박 2 일로 부산에 다녀왔어요. 부산은 여행하기 참 좋았어요. 우선 해운대에 가서 해변을 산책하고 자갈치시장에도 갔어요. 시장은 아주 활기에 넘쳤어요. 횟집에서 회도 먹었어요. 맛도 아주 좋고 양도 푸짐한 것 같았어요. 내일은 감천 문화 마을에 갈 예정이에요.

< 釜山旅行 >

先週末、1泊2日で釜山に行ってきました。釜山はとても旅行しやすかったです。まず、海雲台に行って海辺を散歩し、チャガルチ市場にも行きました。市場はとても活気にあふれていました。刺身屋で刺身も食べました。とてもおいしくて、量も多いようでした。明日はカムチョン文化村に行く予定です。

上の「부산 여행」を書き写してみましょう。

1. 次の文を日本語に訳してみましょう。

(1) 동생은 중국어를 잘해요.영어도 잘하고요.

→ _____

(2) 시원한 맥주를 마시고 싶어요. (시원하다 : 冷たい)

→ _____

(3) 스즈키 씨 동생은 회사원이라고 해요.

→ _____

(4) 요즘은 따뜻해서 지내기 좋아요.

→ _____

(5) 이 구두는 좀 작은 것 같아요.

→ _____

2. 次の文を韓国語に訳してみましょう。

(1) 誕生日はいつですか。

→ _____

(2) おいしいカルビが食べたいです。

→ _____

(3) 私は○○と言います。(○○ : 本人の名前)

→ _____

(4) このボールペンはとても書きやすいです。

→ _____

(5) 試験問題は易しいようです。

→ _____

3. 次の質問に韓国語で答えましょう。

(1) 일본은 어디가 좋아요?

→ _____

(2) 아사쿠사는 어떤 곳이에요?

→ _____

(3) 교토에서 사진 찍기 좋은 곳은 어디예요?

→ _____

(4) 「携帯電話」를 한국말로 뭐라고 해요?

→ _____

(5) 외국인에게 어떤 일본 음식을 소개하고 싶어요?

→ _____

메모

_____

_____

_____

_____

_____

_____

_____

비벼서 먹으면 더 맛있어요!

混ぜて食べるともっとおいしいです。

🎵 007

❶ 하나: 이 식당은 자주 오는 곳이에요?

❷ 상우: 네, 단골 식당이에요. 맛있는 음식이 많아요.

❸ 하나: 비빔밥, 불고기, 잡채, 정말 없는 게 없네요.

❹ 상우: 네, 맞아요. 그래서 여기서 만나기로 했어요.
이 집 전주비빔밥은 내가 제일 좋아하는 음식이에요.

❺ 하나: 그렇군요! 비비는 솜씨가 장난이 아니네요.
진짜 맛있겠어요. 잘 먹겠습니다.

❻ 상우: 이렇게 된장 국물을 넣고 비벼서 먹으면 더 맛있어요!
전라도 음식은 뭐든지 다 맛있고 푸짐해요!

🎵 008

SNS

유리: 오늘 뭐 했어?	ユリ: 今日、何した？
하나: 상우 씨 만나서 맛있는 거 먹었어^^	ハナ: サンウさんに会っておいしいもの食べたわ^^
유리: 와~뭐?	ユリ: わあ～何？
하나: 비빔밥에 된장 국물 넣고 비벼서 먹었는데 맛있었어.	ハナ: ビビンバに味噌汁を入れて混ぜて食べたけどおいしかったよ。
유리: 맛있겠다! 다음에 같이 가자!	ユリ: おいしそう！今度一緒に行こう！

発音

- 식당은［식땅은］
- 맛있는［마신는］
- 없는 게［엄는게］
- 없네요［엄네요］
- 비빔밥은［비빔빠븐］
- 좋아하는［조아하는］
- 그렇군요［그러쿤뇨］
- 맛있겠어요［마싣께써요/마시께써요］
- 이렇게［이러케］
- 된장국물을［된장꿍무를］
- 넣고［너코］
- 전라도［절라도］
- 맛있고［마싣꼬/마시꼬］

語彙・表現

❶ **오는**：来る～（「**오다**（来る）」の現在連体形）

❷ **단골 식당**：行きつけの食堂　**맛있는**：おいしい～（「**맛있다**（おいしい）」の現在連体形）

❸ **없는**：ない～（「**없다**（ない）」の現在連体形）　**없네요**：ないですね。

❹ **맞아요**：その通りです（←直 合ってます）　**그래서**：それで　**만나기로 했어요**：会うことにしました（「**기로 했어요**（～ことにしました）」）　**집**：店（の）　**전주비빔밥**：チョンジュビビンバ（韓国南部全州の名物料理）　**제일**［第一］：一番　**좋아하는**：好きな～（「**좋아하다**（好きだ）」の現在連体形）

❺ **비비는**：混ぜる～（「**비비다**（混ぜる）」の現在連体形）　**솜씨**：腕前　**장난이 아니네요**：半端じゃないですね（←直 遊びではないですね）　**진짜**：とても・本当に　**맛있겠어요**：おいしそうです

❻ **이렇게**：このように　**된장 국물**：味噌汁　**넣고**：入れて　**비벼서**：混ぜて（「**비비다**（混ぜる）」の連用形）　**먹으면**：食べると（「**먹다**（食べる）」の条件形）　**더**：もっと　**전라도**［全羅道］：チョルラド（韓国南部の地域名）　**뭐든지**：何でも　**다**：全部　**푸짐하다**：盛りだくさん・たっぷりある

日本語訳

❶ ハナ：　この食堂はよく来るところですか。
❷ サンウ：はい、行きつけの食堂です。おいしい料理が多いです。
❸ ハナ：　ビビンバ、プルゴギ、チャプチェ、本当に何でもありますね。
❹ サンウ：はい、そうです。それで、ここで会うことにしました。この店のチョンジュビビンバは私が一番好きな料理です。
❺ ハナ：　そうですね。混ぜ方が半端じゃないですね。本当においしそうです。いただきます。
❻ サンウ：このように味噌汁を入れて混ぜて食べるともっとおいしいです。全羅道の料理は何でもおいしくて量が多いです。

3-1　- 는　〜（する）＋名詞、〜（し）ている＋名詞
〈動詞の現在連体形〉

　動詞や存在詞の語幹に「는」をつけると、「〜（する）〜、〜（し）ている〜」という意味で、動作が持続的な状態にあることや一般的な出来事を表します。

보다　→　　보는　　　먹다　→　　　먹는

見る　　　見る〜、見ている〜　　　食べる　　　食べる〜、食べている〜

있다　→　　있는　　　없다　→　　　없는

ある・いる　　　ある・いる〜　　　ない・いない　　　ない・いない〜

거꾸로 보는 고대사
(逆さまに見る古代史)

먹는 이야기
(食べる話)

▷「-는」の活用

区分	文型・意味	-는 〜（する）〜、〜（し）ている〜
母音 語幹	만나다 (会う) ＋친구 (友達)	만나는 친구 (会う友達)
	공부하다 (勉強する) ＋학생 (学生)	공부하는 학생 (勉強する学生)
子音 語幹	걷다 (歩く) ＋길 (道)	걷는 길 (歩く道)
	살다 (住む) ㄹ語幹＋동네 (街)	사는 동네 (住む街)
	있다 (ある・いる) 存在詞＋사람 (人)	있는 사람 (ある人・いる人)

練習 1　例のように「-는」の文に直してみましょう。

例 보다 (見る) ＋영화 (映画)	보는 영화 (見る、見ている映画)
오다 (来る) ＋친구 (友達)	
읽다 (読む) ＋책 (本)	
쓰다 (書く) ＋편지 (手紙)	
듣다 (聴く) ＋노래 (歌)	
만들다 (作る) ＋비빔밥 (ビビンバ)	
교실에 있다 (教室にいる) ＋학생 (学生)	
산책하다 (散歩する) ＋강아지 (子犬)	

練習 2　次の文を日本語と韓国語に訳してみましょう。

⑴ 지금 듣는 노래는 뭐예요?
⑵ 아침을 안 먹는 것은 건강에 안 좋아요. (건강：健康)
⑶ 時間がある人は誰ですか。

解答　練習 1

오다 (来る) ＋친구 (友達)	오는 친구
읽다 (読む) ＋책 (本)	읽는 책
쓰다 (書く) ＋편지 (手紙)	쓰는 편지
듣다 (聴く) ＋노래 (歌)	듣는 노래
만들다 (作る) ＋비빔밥 (ビビンバ)	만드는 비빔밥
교실에 있다 (教室にいる) ＋학생 (学生)	교실에 있는 학생
산책하다 (散歩する) ＋강아지 (子犬)	산책하는 강아지

解答　練習 2

⑴ 今、聴いている歌は何ですか。　⑵ 朝ご飯を食べないのは健康によくないです。
⑶ 시간이 있는 사람은 누구예요?

接続詞は単語や文をつなぐもので、意味別にまとめると次の通りです。な お、「그러므로，따라서」は書きことばで使うことが多いです。

▷「접속사（接続詞）」

順接・対等	逆接	理由
그리고 （そして）	그러나 （しかし）	그래서 （それで）
그러면 （それでは、それなら）	그렇지만 （でも、ところが）	그러니까 （だから）
그럼 （それでは）	그런데 （ところで、ところが）	그러므로 （ゆえに）
그러면서 （そうしながら、そう言いながら）	하지만 （けれども）	따라서 （したがって）

봄, 여름, 가을 그리고 겨울 이야기
（春、夏、秋そして冬の話）

사랑, 그러나 슬픔
（愛、しかし悲しみ）

그래서 이런 말이 생겼대요
（それでこんな言葉ができたそう です）

練習1 適語を選んでください。

⑴ 형은 숙제를 끝냈다. (그리고, 그러나) 방 청소를 시작했다.
(끝내다 : 終える)

⑵ 나는 보라색을 좋아해요. (그럼, 하지만) 동생은 보라색을 싫어해요.

⑶ 오늘도 늦게 일어났어요. (그래도, 그래서) 또 지각했어요.

練習2 次の文を日本語と韓国語に訳してみましょう。

⑴ 그럼, 내일 만나요!

⑵ 학교에 일찍 갔다. 그러나 아무도 없었다. (일찍 : 早く、아무도 : 誰も)

⑶ 友達に会いました。そして、映画を見ました。

解答 **練習1**
⑴ 그리고 ⑵ 하지만 ⑶ 그래서

解答 **練習2**
⑴ では、明日会いましょう。⑵ 学校に早く行った。しかし、誰もいなかった。
⑶ 친구를 만났어요, 그리고 영화를 봤어요.

3-3　- 기로 해요 / 했어요　～（する）ことにしましょう〈勧誘〉/ ～（する）ことにしました〈決定〉

動詞の語幹に「기로 해요」をつけると「～（する）ことにしましょう」、また、「기로 했어요」をつけると「～（する）ことにしました」という意味になります。

보다 →　　보기로 해요　/했어요
見る　　　見ることにしましょう / しました

먹다 →　　먹기로 해요　/했어요
食べる　　食べることにしましょう / しました

여기, 다 두고 가기로
해요
（ここに、全部置いて行く
ことにしましょう）

나는 회사 다니면서
공부하기로 했다
（私は会社に通いながら勉
強することにした）

나는 나로 살기로 했다
（私は私として生きることにした）

▷「-기로 해요/기로 했어요」の活用

区分	文型・意味	-기로 해요! ～（する）ことにしましょう	-기로 했어요(?) ～（する）ことにしました（か）
母音 語幹	가다 （行く）	가기로 해요！ 行くことにしましょう	가기로 했어요 (?) 行くことにしました（か）
	공부하다 （勉強する）	공부하기로 해요！ 勉強することにしましょう	공부하기로 했어요(?) 勉強することにしました（か）
子音 語幹	듣다 （聞く）	듣기로 해요！ 聞くことにしましょう	듣기로 했어요 (?) 聞くことにしました（か）
	만들다 （作る）	만들기로 해요！ 作ることにしましょう	만들기로 했어요 (?) 作ることにしました（か）

練習 1 例のように「-기로 해요/했어요」文に直してみましょう。

例 **친구를 만나다** (友達に会う)	**친구를 만나기로 해요！/ 했어요.** (友達に会うことにしましょう / しました。)
옷을 바꾸다 (服を変える)	
책을 읽다 (本を読む)	
같이 가다 (いっしょに行く)	
공원을 걷다 (公園を歩く)	
방을 청소하다 (部屋を掃除する)	

練習 2 次の文を日本語と韓国語に訳してみましょう。

⑴ **택시를 타기로 했어요.**

⑵ **일요일에 민속촌에 가기로 해요!** (민속촌：民俗村)

⑶ 明日、駅で会うことにしましょう！

解答 **練習 1**

옷을 바꾸다 (服を変える)	**옷을 바꾸기로 해요! / 했어요.**
책을 읽다 (本を読む)	**책을 읽기로 해요! / 했어요.**
같이 가다 (いっしょに行く)	**같이 가기로 해요! / 했어요.**
공원을 걷다 (公園を歩く)	**공원을 걷기로 해요! / 했어요.**
방을 청소하다 (部屋を掃除する)	**방을 청소하기로 해요! / 했어요.**

解答 **練習 2**

⑴ タクシーに乗ることにしました。⑵ 日曜日に民俗村に行くことにしましょう！

⑶ **내일 역에서 만나기로 해요!**

3-4 - 겠어요 ①〜（し）ます〈意志・意向〉②〜でしょう、 〜（し）そうです〈推量〉

動詞の語幹に「**겠어요/겠습니다**」をつけると、①自分の「意志・意向」を表します。なお、②主語が三人称の場合や形容詞の語幹につく場合は推量の意味を表します。名詞には「**(이)겠어요/(이)겠습니다**」をつけます。

また、初対面のときの「**처음 뵙겠습니다**（初めまして）」や食事のときの「**잘 먹겠습니다**（いただきます）」などのように慣用的な表現に使われることもあります。

보다 →　보겠어요
見る　　①見ます　②見るでしょう

먹다 →　먹겠어요
食べる　①食べます　②食べるでしょう

바쁘다 → 바쁘겠어요
忙しい　　②忙しいでしょう

좋다 →　좋겠어요
よい　　②よいでしょう

가짜 뉴스를 시작하겠습니다
（フェイクニュースを始めます）

잘 먹겠습니다.
（いただきます）

▷「**-겠어요**」の活用

区分	文型・意味		-겠어요 （し）ます・でしょう
母音 語幹	가다 (行く)	〈動〉	가겠어요 (行きます・行くでしょう)
	바쁘다 (忙しい)	〈形〉	바쁘겠어요 (忙しそうです・忙しいでしょう)
	학생이다 (学生だ)	〈指〉	학생이겠어요 (学生でしょう)
子音 語幹	읽다 (読む)	〈動〉	읽겠어요 (読みます・読むでしょう)
	좋다 (よい)	〈形〉	좋겠어요 (よさそうです・いいでしょう)

練習 1 例のように「-겠어요」文に直してみましょう。

例 제가 전화를 받다 (私が電話に出る)	제가 전화를 받겠어요. (私が電話に出ます。)
메일을 바로 보내다 (メールをすぐ送る)	
제가 오후에 가다 (私が午後に行く)	
곧 연락하다 (すぐ連絡する)	
값이 비싸다 (値段が高い)	
내일은 날씨가 좋다 (明日は天気がよい)	

練習 2 次の文を日本語と韓国語に訳してみましょう。

(1) 도쿄는 제가 안내하겠습니다.

(2) 유리 씨는 한국어를 잘하니까 좋겠어요.

(3) 今頃、ソウルは寒いでしょう。(今頃：지금쯤)

解答 **練習 1**

메일을 바로 보내다 (メールをすぐ送る)	메일을 바로 보내겠습니다.
제가 오후에 가다 (私が午後に行く)	제가 오후에 가겠습니다.
곧 연락하다 (すぐ連絡する)	곧 연락하겠습니다.
값이 비싸다 (値段が高い)	값이 비싸겠습니다.
내일은 날씨가 좋다 (明日は天気がよい)	내일은 날씨가 좋겠습니다.

解答 **練習 2**

(1) 東京は私がご案内します。(2) ユリさんは、韓国語が上手なのでいいでしょう。

(3) 지금쯤 서울은 춥겠습니다.

3-5 　-게 　〜く、〜に〈副詞形〉

形容詞の語幹に副詞形語尾「게」をつけると副詞のような働きをします。

크다 → 크게　　작다 → 작게
大きい　　大きく　　小さい　　小さく

練習1 例のように副詞形「-게」の文に直してみましょう。

例 바쁘다 (忙しい) ＋지내다 (過ごす)	바쁘게 지내요. (忙しく過ごしています。)
작다 (小さい) ＋만들다 (作る)	
맛있다 (おいしい) ＋먹다 (食べる)	
늦다 (遅い) ＋일어나다 (起きる)	
깨끗하다 (きれいだ) ＋닦다 (拭く)	

練習2 次の文を日本語と韓国語に訳してみましょう。

⑴ 구두를 깨끗하게 닦았어요.
⑵ 오늘 아침에 늦게 일어났어요.
⑶ 昼ご飯をおいしく食べました。

解答 練習1

작다 (小さい) ＋만들다 (作る)	작게 만들어요.
맛있다 (おいしい) ＋먹다 (食べる)	맛있게 먹어요.
늦다 (遅い) ＋일어나다 (起きる)	늦게 일어나요.
깨끗하다 (きれいだ) ＋닦다 (拭く)	깨끗하게 닦아요.

解答 練習2
⑴ 靴をきれいに磨きました。⑵ 今朝、遅く起きました。
⑶ 점심을 맛있게 먹었어요.

発音の決まり：流音化

「**편리**(便利)」や「**실내**(室内)」のように、パッチムとその後の子音の組み合わせが「ㄴ＋ㄹ」、「ㄹ＋ㄴ」の場合、[**펼리**]、[**실래**]のように [ㄹ＋ㄹ] で発音されます。ただし、外来語の場合はこの規則が適用されず、**온라인**オンライン [**온라인**]、**원룸**ワンルーム [**원룸**] と発音します。

편리 [**펼리**] 便利
ピョルリ
〈表記〉 〈発音〉

실내 [**실래**] 室内
シルレ
〈表記〉 〈発音〉

▷ **流音化**

パッチム＋子音	流音化	例
ㄴ ＋ ㄹ	→ ㄹ ㄹ	원래[월래] (元来) 인류[일류] (人類) 편리[펼리] (便利)
ㄹ ＋ ㄴ	→ ㄹ ㄹ	달나라[달라라] (月の国) 설날[설랄] (お正月) 실내[실래] (室内)

（練習問題）　次の語を例のように発音通りに書いてください。

例 편리 (便利) → [펼리]

① 신라 (新羅) → [　　　　　]　　② 진리 (真理) → [　　　　　]
③ 일년 (一年) → [　　　　　]　　④ 물냉면 (水冷麺) → [　　　　　]

解答　①[실라]　②[질리]　③[일련]　④[물랭면]

3-6 아서 / 어서① ～（し）て（から）〈動作の先行〉

　先行文の動詞の語幹末が陽母音の場合は「**아서**」、陰母音の場合は「**어서**」をつけると、その文の動作が後続文の動作に先行することを意味します。また、「**-아서/어서**」の「**서**」が省略され、「**-아/어**」だけで使われる場合も多いです。

* 「**-아서/어서**」は、「～て、～から、～（な）ので」という意味の原因・理由としても使われます。（**7-4**）を参照。

만나다 → 만나서　　　**찍다 → 찍어서**
　会う　　　　会ってから　　　撮る　　　撮ってから

앉아서 지구의 크기를 재다
（座って地球の大きさを測る）

캠핑 가서 잘 먹게 해 주세요
（キャンプに行ってよく食べるように
してください）

▷「**-아서/어서**」の活用

区分	文型・意味	-아서/어서　～てから
陽母音 語幹	가다 （行く）	가서 （行ってから）
	잡다 （つかむ）	잡아서 （つかんでから）
陰母音 語幹	서다 （立つ）	서서 （立ってから）
	싣다 （載せる）　ㄷ不規則	실어서 （載せてから）
	접다 （折る）	접어서 （折ってから）
	굽다 （焼く）　ㅂ不規則	구워서 （焼いてから）
하다 動詞	하다 （する）	해서 （やってから）
	전화하다 （電話する）	전화해서 （電話してから）

練習 1 例のように「-아서/어서」文に直してみましょう。

例 커피를 끓이다 (コーヒーをいれる) +마시다 (飲む)	커피를 끓여서 마셔요. (コーヒーをいれて飲みます。)
사과를 깎다 (リンゴをむく) +먹다 (食べる)	
학교에 가다 (学校に行く) +만나다 (会う)	
꽃을 사다 (花を買う) +주다 (あげる)	
친구를 만나다 (友達に会う) +가다 (行く)	
책을 사다 (本を買う) +읽다 (読む)	

練習 2 次の文を日本語と韓国語に訳してみましょう。

(1) 커피를 타서 마셨어요. (커피를 타다 : コーヒーをいれる)
(2) 사진을 찍어서 올려 주세요. (올리다 : アップする)
(3) トッポッキを作って食べました。

解答 練習 1

사과를 깎다 (リンゴをむく) +먹다 (食べる)	사과를 깎아서 먹어요.
학교에 가다 (学校に行く) +만나다 (会う)	학교에 가서 만나요.
꽃을 사다 (花を買う) +주다 (あげる)	꽃을 사서 줘요.
친구를 만나다 (友達に会う) +가다 (行く)	친구를 만나서 가요.
책을 사다 (本を買う) +읽다 (読む)	책을 사서 읽어요.

解答 練習 2

(1) コーヒーをいれて飲みました。(2) 写真を撮ってアップしてください。
(3) 떡볶이를 만들어서 먹었어요.

醤油	コチュジャン	テンジャン	塩	砂糖	ごま油	サラダオイル
간장	고추장	된장	소금	설탕	참기름	식용유

 韓国語コロケーション ③ 요리에 관한 말 (料理に関することば)

魚	ご飯	ビビンバ	スープ	水	野菜	大根
생선	**밥**	**비빔밥**	**국**	**물**	**채소**	**무**
생선을 구워요.	밥을 지어요.	비빔밥을 비벼요.	국을 데워요.	물을 끓여요.	채소를 볶아요.	무를 썰어요.
魚を 焼きます。	ご飯を 炊きます。	ビビンバを 混ぜます。	スープを 温めます。	水を 沸かします。	野菜を 炒めます。	大根を 切ります。

메모

비빔밥

　오늘은 하나와 함께 내가 자주 가는 단골 식당에 갔어요. 주인 아주머니는 친절하고 음식도 늘 푸짐하게 주세요. 음식 종류도 많고, 하나 하나 다 맛있어요.

　특히 주인 아저씨가 전주 분이라 전주비빔밥은 '강추'할 수 있는 음식이에요. 전주 비빔밥은 놋그릇에 담겨 나왔는데 채소도 싱싱하고 육회 등도 아주 맛있었어요. 하나도 한국 사람처럼 숟가락으로 쓱쓱 비벼서 맛있게 먹었어요.

ビビンバ

　今日はハナといっしょに私がよく行く行きつけの食堂に行きました。お店のおばさんは親切で、いつも料理もたくさんくれます。料理の種類も多く、一つ一つ全部おいしいです。

　特にお店のおじさんは全州の方なので、全州ビビンバは一押しできる料理です。全州ビビンバは真鍮の器に盛られて出されましたが、野菜も新鮮で、ユッケなどもとてもおいしかったです。ハナも韓国人のようにスプーンでさっと混ぜておいしく食べました。

上の「비빔밥」を書き写してみましょう。

1. 次の文を日本語に訳してみましょう。

(1) 요즘 읽는 책은 재미있어요?

→ _____

(2) 오늘 점심엔 삼계탕을 먹기로 해요.

→ _____

(3) 이 비빔밥은 맛있겠어요.

→ _____

(4) 오늘은 옷을 귀엽게 입었네요. (귀엽다 : 可愛い)

→ _____

(5) 도서관에 가서 책을 빌렸어요. (빌리다 : 借りる)

→ _____

2. 次の文を韓国語に訳してみましょう。（下線部に注意）

(1) 今、<u>聞いている</u>歌は誰の歌ですか。

→ _____

(2) 土曜日にソウルに<u>行くことにしました</u>。

→ _____

(3) 私が<u>電話に出ます</u>。（電話に出る : 전화를 받다）

→ _____

(4) ケーキを<u>小さく</u>作りました。（ケーキ : 케이크）

→ _____

(5) 弟に<u>会って</u>買い物しに行きました。（買い物する : 쇼핑하다）

→ _____

3. 次の質問に韓国語で答えましょう。

(1) 제일 좋아하는 음식은 뭐예요?

→ _____

(2) 자주 가는 식당은 어디예요?

→ _____

(3) 다음에는 어떤 드라마를 보기로 했어요?

→ _____

(4) 친구를 만나서 뭘 하고 싶어요?

→ _____

(5) 한국에 가면 뭘 하겠어요 ?

→ _____

메모

 **第 4 課**

인사동에 가려고 하는데요.
仁寺洞へ行こうと思いますが。

🎵 010

❶ 상우: **오늘 일요일인데 하나 씨 뭐 하세요?**

❷ 하나: **인사동에 가려고 하는데요… 어떻게 가야 해요?**

❸ 상우: **3호선을 타고 안국역에 내려서 걸어가면 돼요.**
　　　 가기 편리해요.

❹ 하나: **네, 고맙습니다. 그런데 어디가 좋아요?**

❺ 상우: **전통 찻집에 가 보세요. 예쁘고 맛있는 떡도 많아요.**

❻ 하나: **참, 친구 선물도 사야 돼요.**

❼ 상우: **아, 그래요? 쌈지길에 예쁜 선물가게가 많아요.**

🎵 011

유리: 어디 갈까?	ユリ : どこ行く?
하나: 인사동에 갈까?	ハナ : インサドンへ行く?
유리: 어떻게 가?	ユリ : どのように行くの?
하나: 3호선 안국역에서 내려서 걸어가.	ハナ : 3号線の安国駅で降りて歩いて行くよ。
유리: 전통 찻집에도 가자!	ユリ : 伝統茶屋にも行こうね。
하나: 그래! 맛있는 떡도 먹자!	ハナ : いいよ！おいしいお餅も食べよう！

4

発音

- 어떻게 [어떠케]
- 3호선을 [삼호서늘/사모서늘]
- 안국역 [안궁녁]
- 편리해요 [펼리해요]
- 찻집 [찯찝/차찝]
- 맛있는 [마신는/마딘는]
- 떡도 [떡또]
- 많아요 [마나요]

語彙・表現

❶ 일요일인데 : 日曜日なのに　인사동 [仁寺洞] : インサドン（ソウルの地名）

❷ 가려고 하는데요 : 行こうと思いますが　어떻게 : どうやって　가야 해요? : いけばいいですか。（「가다（行く）」の当為の疑問）

❸ 3호선 [三号線] :（ソウル地下鉄の）三号線　안국역 [安国駅] : 地下鉄の駅　내리다 : 降りる　걸어가면 돼요 : 歩いて行けばいいです　가기 편리 [便利] 해요 : 行くのに便利です。

❹ 그런데 : ところで

❺ 전통 [伝統] 찻집 : 伝統茶屋　가 보세요 : 行ってみてください　떡 : お餅

❻ 참 : あ！そうだ！　사야 돼요 : 買わなければいけません（「사다（買う）」の当為）

❼ 그래요? : そうですか　쌈지길 : サムジキル（仁寺洞にあるショッピングモール）　예쁜 : 可愛い～（「예쁘다（かわいい・きれいだ）」の現在連体形）

日本語訳

❶ サンウ：今日、日曜日ですがハナさん何をしますか。
❷ ハナ：　インサドンに行こうと思いますが…どうやって行けばいいですか。
❸ サンウ：3号線に乗って安国駅で降りて歩いて行けばいいです。行くのに便利です。
❹ ハナ：　はい、ありがとうございます。ところでどこがいいですか。
❺ サンウ：伝統茶屋に行ってみてください。きれいでおいしい餅も多いです。
❻ ハナ：　そうだ、友達へのプレゼントも買わなければいけません。
❼ サンウ：あ、そうですか。サムジキルにかわいいお土産屋さんが多いです。

69

4-1 　-는데요, -(으)ㄴ데요　～（し）ますが、～ですが
　　　　〈状況説明①〉

「**인사동에 가려고 하는데요**…（インサドンに行こうと思いますが…）」のように
動詞や存在詞（**있다・없다**）の語幹に「**는데요**」をつけると、状況の説明や
婉曲な表現になります。形容詞の母音語幹（語幹末にパッチムなし）には
「**ㄴ데요**」、子音語幹（語幹末にパッチムあり）には「**은데요**」、名詞の場合
は「**인데요**（～ですが）」をつけます。また、過去表現の場合、陽母音（ㅏ, ㅗ,
ㅑ）語幹には「**았는데요**」、陰母音（ㅏ, ㅗ, ㅑ以外）語幹には「**었는데요**」
をつけます。

저도 장사가 어려운데요.
（私も商売が大変ですが）

그런 책은 없는데요.
（そんな本はありませんよ）

가다 → 가는데요/**갔**는데요　　**넓다 → 넓**은데요/**넓었**는데요
行く　　行きますが / 行きましたが　　広い　　広いですが / 広かったですが

친구 → 친구인데요 / **친구였**는데요　　　会話では、「친군데요」
友達　　　友達ですが　 / 　友達でしたが　　　とも言います。

▷「**－는데요, －(으)ㄴ데요, －인데요**」の活用

区分		文型・意味	－는데요, －(으)ㄴ데요, －인데요 （～ますが、～ですが）
母音 語幹	바쁘다 (忙しい)	〈形〉	바쁜데요 (忙しいですが)
	학생이다 (学生だ)	〈指〉	학생인데요 (学生ですが)
子音 語幹	읽다 (読む)	〈動〉	읽는데요 (読みますが)
	돌다 (回る)	ㄹ語幹	도는데요 (回りますが)
	없다 (ない・いない)	〈存〉	없는데요 (ありませんが・いませんが)
	어렵다 (難しい)	ㅂ不規則	어려운데요 (難しいですが)

練習 1 例のように「－는데요, －(으)ㄴ데요, －인데요」の文に直してみましょう。

例 빵을 먹다 (パンを食べる)	빵을 먹는데요 . (パンを食べますが。)
비가 오다 (雨が降る)	
이 옷은 작다 (この服は小さい)	
장미꽃이 예쁘다 (バラの花がきれいだ)	
부탁이 있다 (お願いがある)	
내일은 휴일이다 (明日は休みだ)	
초컬릿을 좋아하다 (チョコレートが好きだ)	

練習 2 次の文を日本語と韓国語に訳してみましょう。

⑴ 죄송하지만 다음 주는 좀 바쁜데요.

⑵ 시험 공부를 열심히 했는데 성적이 안 좋아요.

⑶ この服はとてもきれいですが、ちょっと高いです。(きれいだ : 예쁘다)

解答 練習 1

비가 오다 (雨が降る)	비가 오는데요.
이 옷은 작다 (この服は小さい)	이 옷은 작은데요.
장미꽃이 예쁘다 (バラの花がきれいだ)	장미꽃이 예쁜데요.
부탁이 있다 (お願いがある)	부탁이 있는데요.
내일은 휴일이다 (明日は休みだ)	내일은 휴일인데요.
초컬릿을 좋아하다 (チョコレートが好きだ)	초컬릿을 좋아하는데요.

解答 練習 2

⑴ 申し訳ありませんが、来週はちょっと忙しいですが。

⑵ 試験勉強を一生懸命しましたが、成績がよくありません。

⑶ 이 옷은 아주 예쁜데 좀 비싸요.

4-2 -(으)려고 하는데요 : ～(し)ようと思いますが 〈状況説明②〉

目的や意図を表す「-(으)려고 (～しようと)」という表現は、動詞の母音語幹 (語幹末にパッチムなし) には「려고」を、子音語幹 (語幹末にパッチムあり) には「으려고」をつけます。この目的や意図を表す「-(으)려고」に状況説明の働きをする「하는데요」を付け加えて「(으)려고 하는데요 (しようと思いますが)」にすると、話し手の目的や意図などの状況説明の表現になります。

보다 → **보**려고 하는데요   **먹다** → **먹**으려고 하는데요
見る　　　見ようと思いますが　　　　食べる　　　食べようと思いますが

앗, 나를 잡아 먹으려고 해요!
(あっ、私を食おうとしています)

너무 잘하려고 하지 마세요
(頑張りすぎないようにしてください)

▷「-(으)려고 하는데요」の活用

区分	文型・意味	-(으)려고 하는데요 ～しようと思いますが
母音 語幹	가다 (行く)	가려고 하는데요 (行こうと思いますが)
	배우다 (習う)	배우려고 하는데요 (習おうと思いますが)
	전화하다 (電話する)	전화하려고 하는데요 (電話しようと思いますが)
子音 語幹	접다 (折る)	접으려고 하는데요 (折ろうと思いますが)
	돕다 (手伝う) ㅂ不規則	도우려고 하는데요 (手伝おうと思いますが)
	듣다 (聴く) ㄷ不規則	들으려고 하는데요 (聴こうと思いますが)
	만들다 (作る) ㄹ語幹	만들려고 하는데요 (作ろうと思いますが)

練習 1) 例のように「-(으)려고 하는데요」文に直してみましょう。

例 사인을 받다 (サインをもらう)	사인을 받으려고 하는데요. (サインをもらおうと思いますが。)
편지를 쓰다 (手紙を書く)	
전화를 걸다 (電話をかける)	
노래를 듣다 (歌を聴く)	
클럽에서 놀다 (クラブで遊ぶ)	
머리를 감다 (髪を洗う)	
열심히 운동하다 (一生懸命運動する)	

練習 2) 次の文を日本語と韓国語に訳してみましょう。

⑴ 오늘은 일찍 자려고 하는데요. 내일 또 이야기해요.

⑵ 공원에서 걸으려고 하는데 비가 왔어요.

⑶ 美容室には明日行こうと思いますが。(美容室 : 미용실)

解答 (練習 1)

편지를 쓰다 (手紙を書く)	편지를 쓰려고 하는데요.
전화를 걸다 (電話をかける)	전화를 걸려고 하는데요.
노래를 듣다 (歌を聴く)	노래를 들으려고 하는데요.
클럽에서 놀다 (クラブで遊ぶ)	클럽에서 놀려고 하는데요.
머리를 감다 (髪を洗う)	머리를 감으려고 하는데요.
열심히 운동하다 (一生懸命運動する)	열심히 운동하려고 하는데요.

解答 (練習 2)

⑴ 今日は早く寝ようと思いますが。また明日話しましょう。

⑵ 公園で歩こうと思いますが、雨が降りました。⑶ 미용실에는 내일 가려고 하는데요.

4-3　- 아야 / 어야 해요　〜(し)なければなりません
〈当為・義務・条件〉

　動詞や形容詞の語幹に「아야/어야 해요」をつけると「〜（し）なければなりません」といった当然のことや義務などの意味になります。また、疑問形にすると「〜（し）なければなりませんか、〜すればいいですか」という意味にもなります。

　陽母音（ㅏ，ㅗ，ㅑ）語幹には「아야 해요(?)」が、陰母音（ㅏ，ㅗ，ㅑ以外）語幹には「어야 해요(?)」がつきます。なお、「-아야/어야 해요(?)」を「-아야/어야 돼요(?)」とも言います。

받다 → 받아야 해요　　　**길다 →**　길어야 해요

もらう　もらわなければなりません　　長い　　長くなければなりません

건강보조식품 왜 먹어야
하는가?
（健康補助食品、なぜ食べない
といけないのか）

혼자 가야 해
（一人で行かなければならない）

▷「-아야/어야 해요（?）」の活用

区分		文型・意味	아야/어야 해요(?) 〜（し）なければなりません（か）
陽母音 語幹	잡다 (つかむ)	〈動〉	잡아야 해요 (?) つかまなければなりません (か)
	작다 (小さい)	〈形〉	작아야 해요 (?) 小さくなければなりません (か)
陰母音 語幹	접다 (折る)	〈動〉	접어야 해요 (?) 折らなければなりません (か)
	적다 (少ない)	〈形〉	적어야 해요 (?) 少なくなければなりません (か)

練習 1　例のように「-아야/어야 해요」文に直してみましょう。

例 약을 먹다 (薬を飲む)	약을 먹어야 해요. (薬を飲まなければなりません。)
창문을 열다 (窓を開ける)	
짐을 싣다 (荷物を載せる)	
약속을 지키다 (約束を守る)	
날씨가 좋다 (天気がよい)	
늘 건강하다 (いつも元気だ)	
회의를 시작하다 (会議を始める)	

練習 2　次の文を日本語と韓国語に訳してみましょう。

(1) 약속을 잘 지켜야 해요.
(2) 자동차에 짐을 실어야 했어요.
(3) 今日は勉強しなければなりません。

解答　練習 1

창문을 열다 (窓を開ける)	창문을 열어야 해요.
짐을 싣다 (荷物を載せる)	짐을 실어야 해요.
약속을 지키다 (約束を守る)	약속을 지켜야 해요.
날씨가 좋다 (天気がよい)	날씨가 좋아야 해요.
늘 건강하다 (いつも元気だ)	늘 건강해야 해요.
회의를 시작하다 (会議を始める)	회의를 시작해야 해요.

解答　練習 2

(1) 約束をちゃんと守らなければなりません。
(2) 車に荷物を載せなければなりませんでした。(3) 오늘은 공부해야 해요.

4-4　-기　～（する）こと、～（な）こと〈名詞化〉

動詞や形容詞の語幹に名詞形語尾「기」がついて名詞になるものがあります。

달리다　→　달리기　　　읽다 →　　읽기
走る　　　走ること、走り　　読む　　読むこと、読解

초등 읽기·쓰기 길잡이
(小学校の読み・書きガイド)

달리기의 과학
(走りの科学)

　なお、「-기」には、(1)名詞として定着し、辞書の見出し語として載っているものの他に、(2)スローガン、ルール、ことわざや予定のメモなどに使われるもの、(3)「-기 좋다/나쁘다（～しやすい／にくい）」のように慣用的に使われるものもあります。

일기 쓰기 싫어요!
(日記をつけるのが嫌です)

귀 기울이니 일이 잘
풀리기 시작했다
(耳を傾けたら、
仕事がうまく行き始めた)

76

1) 辞書の見出し語として載っているもの

基本形	名詞	基本形	名詞	基本形	名詞
말하다 (話す)	말하기 (話すこと、会話)	더하다 (足す)	더하기 (足し算)	달리다 (走る)	달리기 (走り)
듣다 (聞く)	듣기 (聞くこと、聞き取り)	빼다 (引く)	빼기 (引き算)	높이뛰다 (高く跳ぶ)	높이뛰기 (高跳び)
읽다 (読む)	읽기 (読むこと、読解)	크다 (大きい)	크기 (大きさ)	보다 (見る)	보기 (見ること、例)
쓰다 (書く)	쓰기 (書くこと、作文)	밝다 (明るい)	밝기 (明るさ)	기울다 (傾く)	기울기 (傾き)

2) スローガン、ルール、ことわざ、予定のメモなどに使われるもの

(1) 사회적 거리 유지하기　(社会的距離を維持すること)

(2) 신호 지키기　(信号を守ること)

(3) 누워서 떡 먹기　(横になって餅を食べること→朝飯前)

(4) memo:토요일―한국어 숙제하기　(土曜日―韓国語の宿題をすること)

3)「-기」が使われる慣用的表現

(1) **-기 좋다/나쁘다**　(〜しやすい/にくい)
　　이 공원은 걷기 좋아요.　(この公園は歩くのにいいです。)

(2) **-기 좋아하다/싫어하다**　(〜すること(が)好きだ/嫌いだ)
　　저는 운동하기 싫어해요.　(私は運動するのが嫌いです。)

(3) **-기 시작하다**　(〜し始める)
　　비가 내리기 시작했어요.　(雨が降り始めました。)

(4) **-기 힘들다**　(〜することが大変だ)
　　공부하기 힘들어요?　(勉強するのが大変ですか。)

(5) **-기 편하다/편리하다/불편하다**　(〜すること(が)楽だ/便利だ/不便だ)
　　회사에 다니기 편해요.　(会社に通うのが楽です。)

次を例のように、「-기」の文に直してみましょう。

例 먹다 (食べる) ＋좋다 (よい)	먹기 좋아요. (食べやすいです。)
놀다 (遊ぶ) ＋좋아하다 (好きだ)	
공부하다 (勉強する) ＋시작하다 (始める)	
알다 (わかる) ＋쉽다 (やすい)	
참다 (耐える) ＋어렵다 (難しい)	
청소하다 (掃除する) ＋힘들다 (大変だ)	
쓰다 (書く) ＋편하다 (楽だ)	

練習 2 次の文を日本語と韓国語に訳してみましょう。

⑴ 오늘은 밖에 나가기 싫어요.

⑵ 한국어는 재미있는데 단어를 외우기 힘들어요.

⑶ この駅は乗り換えが便利です。(乗り換え：갈아타기)

解答 練習 1

놀다 (遊ぶ) ＋좋아하다 (好きだ)	놀기 좋아해요.
공부하다 (勉強する) ＋시작하다 (始める)	공부하기 시작해요.
알다 (わかる) ＋쉽다 (やすい)	알기 쉬워요.
참다 (耐える) ＋어렵다 (難しい)	참기 어려워요.
청소하다 (掃除する) ＋힘들다 (大変だ)	청소하기 힘들어요.
쓰다 (書く) ＋편하다 (楽だ)	쓰기 편해요.

解答 練習 2

⑴ 今日は外に出たくありません。

⑵ 韓国語は面白いですが、単語を覚えにくいです。

⑶ 이 역은 갈아타기 편리해요.

ソウルの地下鉄

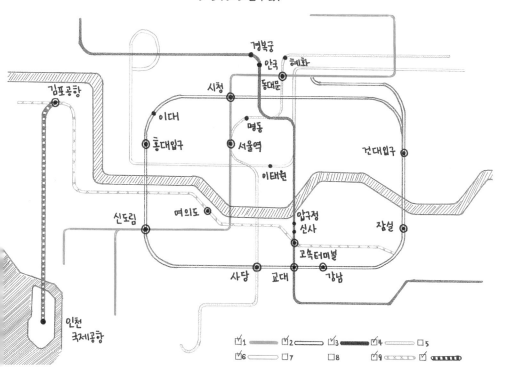

交通カード発売機

4-5　사이시옷 (サイシオッ) 〈つなぎの「ㅅ」〉

「**사이시옷** (サイシオッ)」とは、合成語を作るとき、名詞と名詞の間に入れる子音「**ㅅ** (**시옷**シオッ)」のことを言います。例えば「**바닷가** (海辺)」は「**바다** (海)」と「**가** (辺)」の合成語で、「**바다** (海)」にパッチムとして**사이시옷**「**ㅅ**」をつけたもので、「**사이시옷** (サイシオッ)」の役割は日本語の「～の～」にあたります。

바다(海)＋**ㅅ**＋**가**(ほとり) → **바닷가**(海辺)

차(茶)＋**ㅅ**＋**집**(店) → **찻집**(茶屋)

〈사이시옷のつけ方〉

①「固有語＋固有語」、②「固有語＋漢字語」、③「漢字語＋固有語」などのように「名詞＋名詞」のとき、先行する名詞が母音で終わる場合、「**사이시옷** (サイシオッ)」がつけられます。

後ろの名詞の初声が平音 (ㄱ, ㄷ, ㅂ, ㅅ, ㅈ) のとき、その発音は濃音 [ㄲ, ㄸ, ㅃ, ㅆ, ㅉ] に変わります。また、後ろの名詞の初声が鼻音 (ㄴ, ㅁ) のときは、前の名詞につけた「**사이시옷** (サイシオッ)」は鼻音化し「ㄴ」で発音します。

---

①「固有語＋固有語」
　나무(木) ＋ **가지**(枝) → **나뭇가지** [나묻까지]
　어제(昨日) ＋ **밤**(夜) → **어젯밤** [어젣빰]
　비(雨) ＋ **물**(水) → **빗물** [빋물 → 빈물]
②「固有語＋漢字語」
　위(上) ＋ **방**(房:部屋) → **윗방** [윋빵]
③「漢字語＋固有語」
　만두(饅頭:ギョーザ) ＋ **국**(スープ) → **만둣국** [만둗꾹]

ただし、後ろの名詞の初声が激音や濃音の場合はこの現象は起こりません。
例：**위** (上) ＋**층** (階) → **위층** (上の階)、**위** (上) ＋**쪽** (方) → **위쪽** (上の方)

練習1 例のように合成語に直し、発音を書いてみましょう。

例 바다 (海) ＋가 (ほとり)	바닷가 (海辺) [바닫까]
비 (雨) ＋길 (道)	
내 (川) ＋가 (ほとり)	
뒤 (裏) ＋문 (門)	
해 (太陽) ＋빛 (光)	
노래 (歌) ＋말 (詞)	

解答 練習1

비 (雨) ＋길 (道)	빗길 [빋낄]
내 (川) ＋가 (ほとり)	냇가 (川辺) [낻까]
뒤 (裏) ＋문 (門)	뒷문 (裏門) [뒨문]
해 (太陽) ＋빛 (光)	햇빛 (太陽の光) [핻삗]
노래 (歌) ＋말 (詞)	노랫말 (歌詞) [노랜말]

4-6　- 아 / 어 보세요　～ (し) てみてください〈試み・提案〉

「**가 보세요**（行ってみてください）」のように何かを柔らかく勧めるとき、動詞の陽母音（ㅏ, ㅗ, ㅑ）語幹には「**아 보세요**」、陰母音（ㅏ, ㅗ, ㅑ以外）語幹には「**어 보세요**」をつけます。また「**하다**動詞」は「**해 보세요**」になります。

오다 →　**와** 보세요　　　**먹다** →　**먹어** 보세요
来る　　　　来てみてください　　　食べる　　　食べてみてください

연락하다 →　**연락해** 보세요
連絡する　　　　連絡してみてください

나무를 만져 보세요　　　아프다고 말해 보세요　　　소리를 만들어 보세요
（木を触ってみてください）　　（痛いと言ってみてください）　　（音を作ってみてください）

▷「-아/어 보세요」の活用

区分	文型・意味	-아/어 보세요 ～ (し) てみてください
陽母音 語幹	닫다 (閉める)	닫아 보세요 (閉めてみてください)
	가다 (行く)	가 보세요 (行ってみてください)
	돕다 (手伝う) ㅂ不規則	도와 보세요 (手伝ってみてください)
陰母音 語幹	열다 (開ける)	열어 보세요 (開けてみてください)
	듣다 (聴く) ㄷ不規則	들어 보세요 (聴いてみてください)
	서다 (立つ)	서 보세요 (立ってみてください)
하다 動詞	하다 (する)	해 보세요 (やってみてください)
	전화하다 (電話する)	전화해 보세요 (電話してみてください)

練習1 次を例のように「-아/어 보세요」文に直してみましょう。

例 진찰을 받다 (診察を受ける)	진찰을 받아 보세요. (診察を受けてみてください。)
전철을 타다 (電車に乗る)	
김치를 만들다 (キムチを作る)	
나무를 심다 (木を植える)	
잠깐 기다리다 (しばらく待つ)	
생각을 말하다 (考えを話す)	

練習2 次の文を日本語と韓国語に訳してみましょう。

(1) 매일 조금씩 운동해 보세요.

(2) 김치 낫토 오믈렛을 만들어 보세요. (오믈렛：オムレツ)

(3) 博物館に行ってみてください。(博物館：박물관)

解答 練習1

전철을 타다 (電車に乗る)	전철을 타 보세요.
김치를 만들다 (キムチを作る)	김치를 만들어 보세요.
나무를 심다 (木を植える)	나무를 심어 보세요.
잠깐 기다리다 (しばらく待つ)	잠깐 기다려 보세요.
생각을 말하다 (考えを話す)	생각을 말해 보세요.

解答 練習2

(1) 毎日、少しずつ運動してみてください。

(2) キムチ納豆オムレツを作ってみてください。(3) 박물관에 가 보세요.

말모이 **4** 전통차 (伝統茶)

柚子茶	五味子茶	高麗人参茶	スジョングァ	シッケ	カレン茶	梅茶
유자차	오미자차	인삼차	수정과	식혜	모과차	매실차

 韓国語コロケーション **4** 탈것 (乗り物)

地下鉄	バス	タクシー	飛行機	自転車	トラック	新幹線
지하철	**버스**	**택시**	**비행기**	**자전거**	**트럭**	**신칸센**
지하철을 타요.	버스에서 내려요.	택시를 잡아요.	비행기가 편리해요.	자전거를 세워요.	트럭에 실어요.	신칸센이 빨라요.
地下鉄に 乗ります。	バスから 降ります。	タクシーを 拾います。	飛行機が 便利です。	自転車を 止めます。	トラックに 積みます。	新幹線が 速いです。

메모

읽을거리 ④

인사동 구경

어제는 인사동에 다녀왔어요. 길을 잘 몰라서 상우 씨한테 물어 보았어요. 지하철 3호선을 타고 안국역에 내려서 걸어갔는데 아주 편리했어요. 인사동엔 전통 찻집도 많았고 맛집도 많았어요.

경인미술관이라는 찻집은 마당도 넓고 운치가 있었어요. 또 쇼핑센터 쌈지길에는 예쁜 선물 가게가 많았는데 거기에서 친구들 선물도 샀어요.

仁寺洞見物

昨日、仁寺洞に行ってきました。道がよくわからなくて、サンウさんに聞いてみました。地下鉄3号線に乗って、安国駅に降りて歩いて行きましたが、とても便利でした。仁寺洞には伝統茶屋も多く、おいしいお店も多かったです。

京仁美術館という茶屋は庭も広く風情がありました。また、ショッピングセンターのサムジキルには、きれいなお土産のお店が多かったんですが、そこで友達のお土産も買いました。

上の「인사동 구경」を書き写してみましょう。

１. 次の文を日本語に訳してみましょう。

(1) 내일은 학교에 안 가는데요.

→ _____

(2) 비빔밥을 먹으려고 하는데요.

→ _____

(3) 감기에는 이 약을 먹어야 해요. (감기 : 風邪)

→ _____

(4) 지금 집은 살기 좋아요?

→ _____

(5) 창문을 열어 보세요.

→ _____

２. 次の文を韓国語に訳してみましょう。（下線部に注意）

(1) 今日は天気が<u>いいんですが</u>。

→ _____

(2) <u>友達に会おうと思いますが</u>。

→ _____

(3) この本を<u>読まなければなりません</u>。

→ _____

(4) このボールペンは<u>書きやすいですか</u>。

→ _____

(5) 先生に<u>電話してみてください</u>。

→ _____

3. 次の質問に韓国語で答えましょう。

(1) 오늘은 바쁘세요? (「-(으)ㄴ데요」を使って)

→ _____

(2) 이번 주 일요일에는 무엇을 해요? (「-(으)려고 해요」を使って)

→ _____

(3) 내일은 뭐 해요? (「-아야/어야 해요」を使って)

→ _____

(4) 언제부터 한국어 공부를 하기 시작했어요?

→ _____

(5) 이 방은 좀 더워요. (「-아/어 보세요」を使って)

→ _____

메모

아버님은 회사원이세요?
お父さんは会社員でいらっしゃいますか。

🎵 013

❶ 상우: **우리 가족 사진 보여 드릴게요. 이분들이 부모님이세요.
참, 하나 씨 가족 사진 있으세요?**

❷ 하나: **네, 이게 우리 가족 사진이에요.
앞에 앉아 계시는 두 분이 아버지하고 어머니, 뒤에
서 있는 사람은 언니하고 오빠 그리고 동생들이에요.**

❸ 상우: **형제분이 많으시군요. 그런데 아버님은
회사원이세요?**

❹ 하나: **네, 아버지는 회사원이세요. 미국 회사에 다니세요.**

❺ 상우: **실례지만 부모님 연세가 어떻게 되세요?**

❻ 하나: **아버지는 올해 환갑이시고 어머니는 한 살 어리세요.**

❼ 상우: **어! 아버님은 우리 아버지와 동갑이시네요.
그럼   돼지띠시겠네요!**

🎵 014

SNS

하나: 우리 가족 사진이야.	ハナ : うちの家族写真だわ。
유리: 와~ 멋지다!	ユリ : わ！素敵！
하나: 고마워!	ハナ : ありがとう！
유리: 모두 가족이야?	ユリ : 皆家族なの？
하나: ㅇㅇ! 언니, 오빠, 그리고 동생도 있어.	ハナ : うんうん！姉、兄、そして、妹や弟もいるよ。
유리: 형제들이 진짜 많다! 부럽다^^	ユリ : 本当に兄弟が多いね！うらやましい^^

発音

- 있으세요 [읻쓰세요/ 이쓰세요]
- 앉아[안자]
- 있는[인는]
- 많으시군요 [마느시군뇨]
- 어떻게[어떠케]
- 올해 [올해/오래]

語彙・表現

① 우리：うちの　가족：家族　사진：写真　보이다：見せる　보여 드릴게요：お見せします　이분：この方　부모님：ご両親　있으세요?：おありですか（「있다」の尊敬表現「있으시다」の丁寧な疑問形）

② 이게：これが（「이것이」の縮約形）　계시다：いらっしゃる（「있다」(いる)」の尊敬語　-분：方

③ 형제：兄弟　많으시군요：多いですね　그런데：ところが　아버님：お父様　-이세요?：〜でいらっしゃいますか（「이다(だ)」の尊敬表現「이시다(〜でいらっしゃる)」の疑問形）

④ 미국 [美国]：アメリカ　다니세요：勤めていらっしゃいます（「다니다(通う)」の尊敬表現「다니시다(通っていらっしゃる)」の丁寧形

⑤ 실례지만：失礼ですが　연세 [年歳]：お歳　연세가 어떻게 되세요?：おいくつですか（← 直 お歳がどうなっていらっしゃいますか）

⑥ 올해：今年　환갑 [還甲]：還暦　어리다：年下だ、幼い　어리세요：お若い（年下）です

⑦ 어!：あ！　동갑 [同甲]：同じ歳　그럼：では、それなら　돼지띠：イノシシ年

日本語訳

① サンウ：うちの家族の写真、お見せします。この人が両親です。
　　　　　そうだ！ハナさんの家族の写真おありですか。
② ハナ：　はい、これがうちの家族の写真です。前に座っているお二人がお父さんとお母さん、後ろに立っている人は、姉と兄そして、弟たちです。
③ サンウ：ご兄弟が多いんですね。ところで、お父さんは会社員ですか。
④ ハナ：　はい、お父さんは会社員です。アメリカの会社に勤めています。
⑤ サンウ：失礼ですが、ご両親はおいくつですか。
⑥ ハナ：　お父さんは今年還暦で、お母さんは1歳年下です。
⑦ サンウ：あ！お父さんはうちの父と同じ歳ですね。それなら、イノシシ年でしょうね！

5-1 -이세요 ～でいらっしゃいます 尊敬表現②

「이세요」は名詞につく尊敬を表す「-이시-」と丁寧を表す「-어요」の結合から成る「-이시어요」の縮約形で、「～でいらっしゃいます」という意味です。疑問形は「-이세요?」となり、会話では、パッチムのない名詞では「이」を省略して使う場合が多いです。

어머니 →　　어머니세요(?)

お母さん　　　お母さんでいらっしゃいます（か）

선생님 →　선생님이세요(?)

先生　　　　先生でいらっしゃいます（か）

딩동딩동 누구세요?
（ピンポーンどちら様ですか）

우주의 주인이세요.
（宇宙の主人でいらっしゃいます）

▷「-(이)세요(?)」の活用

	名詞	(이)세요(?) 　～でいらっしゃいます（か）
母音 終わり	아버지 （お父さん）	아버지세요 (?) お父さんでいらっしゃいます（か）
	오빠 （お兄さん）	오빠세요 (?) お兄さんです（か）
子音 終わり	생신 （お誕生日）	생신이세요 (?) お誕生日です（か）
	어머님 （お母さま）	어머님이세요 (?) お母さまでいらっしゃいます（か）

練習1 例のように「-(이)세요(?)」文に直してみましょう。

例 선생님이다 (先生だ)	선생님이세요(?)先生でいらっしゃいます(か。)
서울은 처음이다 (ソウルは初めてだ)	
선생님 댁이다 (先生のお宅だ)	
저분은 가수이다 (あの方は歌手だ)	
아버지는 의사이다(お父さんは医者だ)	

練習2 次の文を日本語と韓国語に訳してみましょう。

⑴ 저분이 선생님 아드님이세요? (아드님 : 息子さん)

⑵ 오늘 사장님 휴가세요? (휴가 [休暇] : 休み)

⑶ 明日はおじいさんのお誕生日です。

解答 練習1

서울은 처음이다 (ソウルは初めてだ)	서울은 처음이세요(?)
선생님 댁이다 (先生のお宅だ)	선생님 댁이세요(?)
저분은 가수이다 (あの方は歌手だ)	저분은 가수이세요(?)
아버지는 의사이다 (お父さんは医者だ)	아버지는 의사이세요(?)

解答 練習2

⑴ あの方が先生の息子さんですか。 ⑵ 今日、社長はお休みですか。

⑶ 내일은 할아버지 생신이세요.

5-2 特殊な尊敬語〈名詞〉 [尊敬表現3]

韓国語には「**성함** (お名前)、**댁** (お宅)」などのように、一部の名詞に特殊な尊敬語があります。また、「**아버님** (お父さま)，**어머님** (お母さま)，**아드님** (息子さん)，**따님** (お嬢さん)」などのように尊敬の意味を持つ接尾語「**님** (さま)」がついて尊敬の意を表す語もあります。

▷ **特殊な尊敬語**

名詞	尊敬名詞	名詞	尊敬名詞
우리 (私たち)	저희 (私ども) *	나이 (年)	연세 [年歳] (お年)
집 (家)	댁 [宅] (お宅)	생일 [生日] (誕生日)	생신 [生辰] (お誕生日)
말 (言葉，話)	말씀 (お言葉, お話)	식사 (食事)	진지 (お食事)
이름 (名前)	성함 [姓銜] (お名前)	술 (酒)	약주 [薬酒] * (お酒)

* 「**저희** (私ども)」は謙譲語、「**약주** (薬酒)」は美化語である。

(練習) 次の文を日本語と韓国語に訳してみましょう。

(1) 아버님은 어떤 약주를 좋아하세요?
(2) 아드님은 은행원이세요?
(3) 先生のお名前を教えてください。

解答 (練習)
(1) お父さまはどんなお酒がお好きですか。
(2) 息子さんは銀行員でいらっしゃいますか。(3) 선생님의 성함을 가르쳐 주세요.

5-3 特殊な尊敬表現〈存在詞〉 尊敬表現4
계시다 / 있으시다　いらっしゃる / おありだ

「**있다**」（いる、ある）の尊敬表現には①「**계시다**」（いらっしゃる）と②「**있으시다**」（おありだ）の二通りあります。なお、否定形は①「**안 계시다**（いらっしゃらない）」②「**없으시다**（おありでない）」となります。

▷ **存在詞の尊敬表現**

韓国語	있다		없다	
日本語	いる	ある	いない	ない
尊敬形	계시다 いらっしゃる	있으시다 おありだ	안 계시다 いらっしゃらない	없으시다 おありでない
尊敬の 해요体	계세요(?) いらっしゃいます（か）	있으세요(?) おありです（か）	안 계세요(?) いらっしゃいません（か）	없으세요(?) おありでないです（か）

엄마, 하나님은 어디 계세요?
（お母さん、神様はどこにいらっしゃいますか）

좋아하는 사람이 있으세요?
（好きな人がおありですか）

（練習）次の文を日本語と韓国語に訳してみましょう。

(1) 오후에 사무실에 계세요?
(2) 내일 약속 없으세요?
(3) 土曜日にお時間、おありですか。

解答 （練習）
(1) 午後、事務室にいらっしゃいますか。
(2) 明日、お約束ございませんか。(3) 토요일에 시간 있으세요?

5-4 特殊な尊敬語〈動詞〉 尊敬表現5

日本語にも「おっしゃる」、「お休みになる」という尊敬表現があるように、韓国語にも「**드시다**（召し上がる）」、「**주무시다**（お休みになる）」などのような特殊な尊敬語があります。

먹다 → **드시다** → **드세요!/드세요(?)**
食べる　　召し上がる　　召し上がってください！/召し上がります（か）

자다 → **주무시다** → **주무세요!/주무세요(?)**
寝る　　　お休みになる　　お休みください！/お休みになります（か）

맛있는 빵을 드세요!
（おいしいパンを召し上がってください）

안녕히 주무세요
（お休みください）

하나님 말씀하세요!
（神様、おっしゃってください）

▷ **動詞の特殊な尊敬表現**

	먹다(食べる)	**마시다**(飲む)	**자다**(寝る)	**말하다**(話す)
尊敬語	드시다 / 잡수시다* (召し上がる)	드시다 (召し上がる)	주무시다 (お休みになる)	말씀하시다 (おっしゃる)
해요体	드세요 / 잡수세요 召し上がります 召し上がってください	드세요 召し上がります 召し上がってください	주무세요 お休みになります お休みください	말씀하세요 おっしゃいます おっしゃってください

＊「**잡수시다**」は家庭で使う場合が多く、一般的に「**드시다**」をよく使います。

練習 1 　例のように下線の部分を尊敬の表現に直しましょう。

例）어머니가 저녁을 <u>먹어요.</u> → 어머니가 저녁을 <u>드세요.</u>
⑴ 아버지는 홍차를 <u>마셔요.</u> →
⑵ 할아버지께서 일찍 <u>자요.</u> →
⑶ 선생님이 점심을 <u>먹어요.</u> →

練習 2 　次の文を日本語と韓国語に訳してみましょう。

⑴ 선생님은 지금 안 계세요.
⑵ 보통 몇 시에 주무세요?
⑶ 朝ご飯は何を召し上がりますか。

解答 　練習 1
⑴ 아버지는 홍차를 드세요. ⑵ 할아버지께서 일찍 주무세요.
⑶ 선생님이 점심을 드세요.

解答 　練習 2
⑴ 先生は、今いらっしゃいません。⑵ 普段、何時にお休みになりますか。
⑶ 아침은 뭘 드세요?

- 아 / 어 있어요　～ (し)ています
〈動作の結果状態〉

　動詞の語幹に「아/어 있어요(?)」をつけると、「～ (し) ています (か)」という意味になり、ある動作が終わった後に、その状態が継続していることを表します。陽母音（ㅏ, ㅗ, ㅑ）語幹には「아 있어요 (?)」、陰母音（ㅏ, ㅗ, ㅑ以外）語幹には「어 있어요(?)」がつきます。この表現は「열리다 (開く)」、「닫히다 (閉まる)」、「놓이다 (置かれる)」などの自動詞といっしょに使われることが多いです。

앉다 → 앉아 있어요　　들다 → 들어 있어요
座る　　　　座っています　　　　入る　　　入っています

우리는 아직 살아 있어요.
(私たちはまだ生きています)

내 안엔 6개의 얼굴이 숨어 있다.
(私の中には6つの顔が隠れている)

▷「-아/어 있어요」の活用

区分	文型・意味	-아/어 있어요　～ (し) ています
陽母音語幹	가다 (行く)	가 있어요 (行っています)
	앉다 (座る)	앉아 있어요 (座っています)
陰母音語幹	서다 (立つ)	서 있어요 (立っています)
	숨다 (隠れる)	숨어 있어요 (隠れています)
	들다 (入る)	들어 있어요 (入っています)
	열리다 (開く)	열려 있어요 (開いています)
	닫히다 (閉まる)	닫혀 있어요 (閉まっています)

練習1 例のように「-아/어 있어요」文に直してみましょう。

例 서울에 가다 (ソウルに行く)	서울에 가 있어요. (ソウルに行っています。)
소파에 앉다 (ソファーに座る)	
꽃이 피다 (花が咲く)	
문이 잠기다 (ドアの鍵がかかる)	
창문이 열리다 (窓が開く)	
가게가 닫히다 (店が閉まる)	

練習2 次の文を日本語と韓国語に訳してみましょう。

(1) 가게 앞에 줄을 서 있어요. (줄을 서다 : 並ぶ)

(2) 나무 뒤에 숨어 있어요.

(3) ベンチに座っています。(ベンチ : 벤치)

解答 練習1

소파에 앉다 (ソファーに座る)	소파에 앉아 있어요.
꽃이 피다 (花が咲く)	꽃이 피어 있어요.
문이 잠기다 (ドアの鍵がかかる)	문이 잠겨 있어요.
창문이 열리다 (窓が開く)	창문이 열려 있어요.
가게가 닫히다 (店が閉まる)	가게가 닫혀 있어요.

解答 練習2

(1) 店の前に並んでいます。(2) 木の後ろに隠れています。(3) 벤치에 앉아 있어요.

5-6 -는군요、-군요 ～ (し)ますね、～ですね〈驚き・感嘆〉

　「-는군요，-군요」は他人から聞いたり、直接経験したりして、それまで知らなかったことに気づいたときの驚きや感嘆の表現です。

　動詞の語幹には「는군요」、形容詞の語幹には「군요」を、名詞には「(이)군요」をつけます。また、過去形は動詞も形容詞も「語幹＋았군요/었군요」をつけます。

가다 → 가는군요 / 갔군요　　먹다 → 먹는군요 / 먹었군요

行く　　　行きますね / 行ったんですね　　食べる　　　食べますね / 食べたんですね

크다 → 크군요 / 컸군요　　좋다 → 좋군요 / 좋았군요

大きい　　大きいですね / 大きかったんですね　　よい　　　いいですね / よかったんですね

주님, 나이 드는 것도 좋군요

（神様、年をとるのもいいですね）

아하! 세계엔 이런 나라가 있군요

（あ！　世界にはこんな国がありますね）

▷ 「-는군요/군요」の活用

区分		文型・意味	-는군요/군요 ～ (し) ますね・～ですね
母音終わり	가다 (行く)	〈動〉	가는군요 (行きますね)
	크다 (大きい)	〈形〉	크군요 (大きいですね)
	조용하다 (静かだ)	〈形〉	조용하군요 (静かですね)
	어제 (昨日)	〈名〉	어제군요 (昨日ですね)
子音終わり	듣다 (聴く)	〈動〉	듣는군요 (聴きますね)
	어렵다 (難しい)	〈形〉	어렵군요 (難しいですね)
	오늘 (今日)	〈名〉	오늘이군요 (今日ですね)

練習1　例のように「-군요」文に直してみましょう。

例 비가 오다 (雨が降る)	비가 오는군요. (雨が降りますね。)
많이 걷다 (たくさん歩く)	
자주 만나다 (よく会う)	
키가 크다 (背が高い)	
오늘은 덥다 (今日は暑い)	
동생은 학생이다 (弟は学生だ)	

練習2　次の文を日本語と韓国語に訳してみましょう。

(1) 이 문제는 좀 어렵군요. (문제：問題)

(2) 매일 아침에 운동하는군요.

(3) 今日も、雪がたくさん降りますね。

解答　練習1

많이 걷다 (たくさん歩く)	많이 걷는군요.
자주 만나다 (よく会う)	자주 만나는군요.
키가 크다 (背が高い)	키가 크군요.
오늘은 덥다 (今日は暑い)	오늘은 덥군요.
동생은 학생이다 (弟は学生だ)	동생은 학생이군요.

解答　練習2

(1) この問題はちょっと難しいですね。(2) 毎朝、運動しますね。
(3) 오늘도 눈이 많이 오는군요.

 말모이 **5** 직업 (職業)

会社員	公務員	歌手	ミュージカル俳優	消防士	記者	バリスタ
회사원	공무원	가수	뮤지컬배우	소방관	기자	바리스타

 韓国語コロケーション **5** 건강 (健康)

健康	インフルエンザ	鼻血	頭痛	血圧	お腹	体
건강	**독감**	**코피**	**두통**	**혈압**	**배**	**몸**
건강에 좋아요.	독감에 걸렸어요.	코피가 나요.	두통이 나았어요.	혈압을 재요.	배가 아파요.	몸이 튼튼해요.
健康に いいです。	インフルエンザに かかりました。	鼻血が 出ます。	頭痛が 治りました。	血圧を 測ります。	お腹が 痛いです。	体が 丈夫です。

메모

가족 소개

안녕하세요? 오늘은 저희 가족을 소개하겠습니다. 저희 부모님은 지금 요코하마에 살고 계세요. 아버지는 회사원이시고 미국 회사에 다니고 계세요. 어머니는 주부이신데 요리를 아주 잘하세요. 어머니가 만드시는 음식은 정말 맛있어요. 그리고 저희는 5 남매예요. 형제가 많지요? 오빠와 언니 그리고 동생들이 있어요. 사이가 좋아서 늘 집안에 웃음소리가 가득해요.

家族紹介

こんにちは！今日は私の家族をご紹介します。私の両親は今、横浜に住んでいます。父は会社員で、アメリカの会社に勤めて（通って）います。母は主婦ですが、とても料理が上手です。母が作る料理は本当においしいです。そして、私は 5 人兄弟です。兄弟が多いでしょう。兄と姉、そして弟と妹がいます。仲がよくて、いつも家の中に笑い声がいっぱいです。

✏️ 上の「가족 소개」を書き写してみましょう。

1. 次の文を日本語に訳してみましょう。

(1) 사장님 아드님이세요?

→ _____

(2) 어머님의 생신은 언제세요?

→ _____

(3) 선배님, 내일 시간 있으세요? (선배님 : 先輩)

→ _____

(4) 평소에 점심은 뭘 드세요? (평소[平素] : 普段)

→ _____

(5) 오늘도 비가 오는군요.

→ _____

2. 次の文を韓国語に訳してみましょう。

(1) あの方が先生の娘さんでいらっしゃいますか。

→ _____

(2) 息子さんは会社員でいらっしゃいますか

→ _____

(3) 明日の午後、会社にいらっしゃいますか。

→ _____

(4) おばあさんは早くお休みになりますか。

→ _____

(5) 花がたくさん咲いています。

→ _____

3. 次の質問に韓国語で答えましょう。

(1) 댁은 어디세요?

→ _____

(2) 지금 어디 계세요?

→ _____

(3) 보통 몇 시에 주무세요?

→ _____

(4) 아침에는 뭘 드세요?

→ _____

(5) 지금 창문이 열려 있어요?

→ _____

메모

1. 次の語彙の意味を韓国語は日本語で、日本語は韓国語で書いてください。

① 바지　(　　　　　)　② 색깔　　(　　　　　　)　③ 마을　(　　　　　)

④ 식당　(　　　　　)　⑤ 음식　　(　　　　　　)　⑥ 주말　(　　　　　)

⑦ 떡　　(　　　　　)　⑧ 불고기 (　　　　　　)　⑨ 부탁　(　　　　　)

⑩ 솜씨　(　　　　　)　⑪ 今年　　(　　　　　　)　⑫ 日曜日(　　　　　)

⑬ 兄弟　(　　　　　)　⑭ 家族　　(　　　　　　)　⑮ 市場　(　　　　　)

⑯ お土産(　　　　　)　⑰ 写真　　(　　　　　　)　⑱ 会社　(　　　　　)

2. 次を例のように、発音通りにハングルで書いてください。

例 못 가요 [몯까요]

① 많이　　　[　　　　　]　② 읽으세요 [　　　　　　]

③ 좋네요　　[　　　　　]　④ 가잖아요 [　　　　　　]

⑤ 괜찮고요 [　　　　　]　⑥ 맛있는　　[　　　　　　]

⑦ 편리　　　[　　　　　]　⑧ 이렇게　　[　　　　　　]

3. 例のように文章を作って日本語訳をしてみましょう。

例 가면, 지금, 돼요 → 지금 가면 돼요.

(1) 좋고, 멋지잖아요, 디자인도, 색깔도

→ _____

(2) 먹을, 있는, 좋은, 수, 맛있는, 식당이에요, 음식을

→ _____

(3) 제일, 내가, 영화예요, 좋아하는

→ _____

(4) 많아요, 예쁘고, 떡도, 맛있는

→ _____

(5) 친구하고, 갈, 놀러, 예정이에요, 같이

→ _____

4. 例のように後ろの単語を適切な形に変えてください。

例 果物を洗って召し上がってください。

과일을 (씻어서) 드세요. 〈씻다〉

⑴ Tシャツを探しています。

→티셔츠를 (   ) 있어요. 〈찾다〉

⑵ 今日は天気がよさそうです。

→오늘은 날씨가 (.) 〈좋다〉

⑶ このカルビは食べやすいです。

→이 갈비는 (.) 〈먹다〉

⑷ 値段も安くておいしいです。

→값도 (   ) 맛도 좋아요. 〈싸다〉

⑸ この小説、面白いから読んでみてください。

→이 소설 재미있으니까 (   ) 보세요. 〈읽다〉

⑹ 今日は学校に行かなければなりません。

→오늘은 학교에 (.) 〈가다〉

⑺ 今、聞く歌はとてもいいです。

→지금 (   ) 노래는 참 좋아요. 〈듣다〉

⑻ 髪を短くカットしました。

→머리를 (   ) 깎았어요. 〈짧다〉

⑼ 昨日は友達に会って映画を見ました。

→어제는 친구를 (   ) 영화를 봤어요. 〈만나다〉

⑽ 扉が開いています。

→문이 (   ) 있어요. 〈열리다〉

5. 次の文を日本語に訳してみましょう。

(1) 박물관에도 가 보세요.

　　→ _____

(2) 오늘은 회사에 가야 해요.

　　→ _____

(3) 서울에 가 보려고 하는데요.

　　→ _____

(4) 사진 찍기 좋은 것 같아요.

　　→ _____

(5) 부모님 연세가 어떻게 되세요?

　　→ _____

6. 次の文を韓国語に訳してみましょう。

(1) 美術館に行ってみてください。(美術館：미술관)

　　→ _____

(2) 混ぜて食べるとおいしいです。(混ぜる：비비다)

　　→ _____

(3) カルビは一番好きな食べ物です。

　　→ _____

(4) 釜山には大きな水産市場があります。(水産市場：수산시장)

　　→ _____

(5) うちの家族写真をお見せします。

　　→ _____

7. 次の質問に韓国語で答えましょう。(声を出して‼)

(1) 가장 받고 싶은 생일 선물은 뭐예요? (가장：一番)

→ _____

(2) 한국에 여행 가면 어디에 가고 싶어요?

→ _____

(3) 제일 좋아하는 음식은 뭐예요?

→ _____

(4) 예쁜 옷을 파는 가게를 알아요?

→ _____

(5) 집 가까이에 멋진 카페나 맛집이 있어요? (가까이에：近くに)

→ _____

제 6 과 주말엔 뭐 할 거예요?

週末は何をするつもりですか。

♫ 016

① 하나: **주말엔 집에서 쉴 생각인데 상우 씨는 뭐 할 거예요?**

② 상우: **친구들하고 남양주에 놀러 갈 예정이에요. 하나 씨도 같이 안 갈래요? 강변에 멋진 카페와 맛집이 많아요.**

③ 하나: **좋아요! 저도 같이 갈래요. 그런데 주말에 비가 안 올까요?**

④ 상우: **비는 오지 않을 것 같아요. 제가 차를 빌릴게요.**

⑤ 하나: **감사합니다. 그럼 저는 마실 것 좀 살게요.**

⑥ 상우: **고마워요! 그럼 부탁 좀 할게요.**

♫ 017

SNS

유리: 주말에 뭐 해?   ユリ : 週末に何する？

하나: 상우 씨하고 놀러 가.   ハナ : サンウさんと遊びに行く。

유리: 정말? 어디?   ユリ : 本当！どこへ？

하나: 남양주에.   ハナ : 南楊州へ。

유리: 아, 남양주? 멋진 카페랑 맛집이 많이 있지!   ユリ : あ！南楊州ね。素敵なカフェやおいしいお店がいっぱいあるね！

하나: 상우 씨한테 들었어. 기대된다^^   ハナ : サンウさんから聞いたわ。お楽しみ ^^

発音

- 할 거예요 [할꺼예요]
- 갈 건데 [갈껀데]
- 멋진 [멀찐/머찐]
- 맛집 [맏찝/마찝]
- 많아요 [마나요]
- 좋아요 [조아요]
- 같이 [가치]
- 않을 것 [아늘껃]
- 같아요 [가타요]
- 빌릴게요 [빌릴께요]
- 마실 것 [마실껃]
- 살게요 [살께요]
- 할게요 [할께요]

語彙・表現

❶ 쉴：休む〜（「쉬다（休む）」の未来連体形）　뭐：何（「무엇」の縮約形）

❷ 남양주 [南楊州]：ソウル近郊にある地名　갈：行く〜（「가다」（行く）の未来連体形）　건데：〜のですが（「것인데」の縮約形）　갈래요?：行きましょうか（「가다（行く）」の丁寧な勧誘形）

❸ 갈래요：行きます（「가다（行く）」の丁寧な意志形）　그런데：ところで　비가 오다：雨が降る（←直 雨が来る）　올까요?：降るでしょうか（「오다（来る・降る）」の丁寧な推量疑問形）

❹ -(으)ㄹ 것 같아요：〜ようです、みたいです　빌릴게요：借ります（「빌리다（借りる）」の丁寧な意志形）

❺ 마실 것：飲み物　살게요：買います（「사다（買う）」の丁寧な意志形）

❻ 고마워요!：ありがとうございます　부탁 [付託] 하다：頼む　할게요：します（「하다（する）」の丁寧な意志形）

日本語訳

❶ ハナ：　週末には家で休むつもりですが、サンウさんは何をするつもりですか。
❷ サンウ：友達と南楊州に遊びに行く予定です。ハナさんも一緒に行きませんか。
　　　　　川辺に素敵なカフェとおいしいお店が多いです。
❸ ハナ：　いいですね！私も一緒に行きます。
　　　　　ところで週末に雨は降らないでしょうか。
❹ サンウ：雨は降らないようです。私が車を借ります。
❺ ハナ：　ありがとうございます。では、私はちょっと飲み物を買います。
❻ サンウ：ありがとうございます！では、ちょっとお願いします。

6-1 (으)ㄹ ～(する)＋名詞、～(な)＋名詞 〈未来連体形〉

　動詞や形容詞などの語幹に「(으)ㄹ」をつけると後ろの名詞を修飾する未来連体形になります。「저는 내일 영화 보러 갈 거예요. (私は明日、映画を見に行きます)」のように、まだ実現してない、つまり、「(これから) ～する～」という未来のことや予定や意志、一般的な事柄などを表すときに使います。

　また、「비가 올 것 같아요. (雨は降りそうです。)」、「날씨가 좋을 것 같아요. (天気がよいようです。)」のように推量の意を表すときも使います。母音語幹には「ㄹ」を、子音語幹には「을」をつけます。〈＊参考 6-5 〉

보다 → 볼
見る　　見る～

먹다 → 먹을
食べる　食べる～

나쁘다 → 나쁠
悪い　　悪い～

좋다 → 좋을
よい　　よい～

볼 것도 많다. 살 것도 많다.
(見るものも多い。買うものも多い。)

▷「-(으)ㄹ」の活用

区分		文型・意味	-(으)ㄹ (～する～、～な～)
母音語幹	보다 (見る)	〈動〉	볼 (見る～)
	바쁘다 (忙しい)	〈形〉	바쁠 (忙しい～)
子音語幹	읽다 (読む)	〈動〉	읽을 (読む～)
	듣다 (聴く)	ㄷ不規則	들을 (聴く～)
	만들다 (作る)	ㄹ語幹	만들 (作る～)
	돕다 (手伝う)	ㅂ不規則	도울 (手伝う～)
	많다 (多い)	〈形〉	많을 (多い～)
	쉽다 (易しい)	ㅂ不規則	쉬울 (易しい～)

練習1 例のように「-(으)ㄹ」の文に直してみましょう。

例 내일 만나다 (会う) ＋친구 (友達)	내일 만날 친구 (明日会う友達)
이제 쉬다 (もう休む) ＋시간 (時間)	
요즘은 바쁘다 (この頃は忙しい) ＋때 (とき)	
이따가 먹다 (あとで食べる) ＋빵 (パン)	
다음에 만들다 (次に作る) ＋음식 (料理)	
일을 돕다 (手伝う) ＋사람 (人)	

練習2 次の文を日本語と韓国語に訳してみましょう。

⑴ 주말에 영화 보러 갈 것 같아요.

⑵ 아플 때는 이 약을 드세요.

⑶ これは明日食べるパンです。

解答 練習1

이제 쉬다 (もう休む) ＋시간 (時間)	이제 쉴 시간
요즘은 바쁘다 (この頃は忙しい) ＋때 (とき)	요즘은 바쁠 때
이따가 먹다 (あとで食べる) ＋빵 (パン)	이따가 먹을 빵
다음에 만들다 (次に作る) ＋음식 (料理)	다음에 만들 음식
일을 돕다 (手伝う) ＋사람 (人)	일을 도울 사람

解答 練習2

⑴ 週末に映画を見に行くと思います。

⑵ 体の具合が悪いときはこの薬を飲んでください。

⑶ 이것은 내일 먹을 빵입니다.

6-2 -(으)ㄹ 거예요① ～(する)つもりです
〈意志・計画・約束〉

　動詞の語幹に「(으)ㄹ 거예요(?)」がつくと、「뭐 할 거예요? (何をするつもりですか、何をしますか」のように、これからの意志や計画・予定などを表します。母音語幹には「ㄹ 거예요(?)」、子音語幹には「을 거예요(?)」をつけます。

＊推量の「-(으)ㄹ 거예요② ～でしょう、～と思います」は、(14-6)を参照。

보다 → 볼 거예요　　**먹다 → 먹을 거예요**
　見る　　　見るつもりです　　　食べる　　　食べるつもりです

춤을 출 거예요
(踊りを踊るつもりです)

학교를 끊을 거예요
(学校をやめるつもりです)

▷「-(으)ㄹ 거예요」の活用

区分	文型・意味	-(으)ㄹ 거예요(?)　～するつもりです(か)
母音語幹	가다 (行く)	갈 거예요 (?)　行くつもりです (か)
	배우다 (学ぶ)	배울 거예요 (?)　学ぶつもりです (か)
	보다 (見る)	볼 거예요 (?)　見るつもりです (か)
子音語幹	읽다 (読む)	읽을 거예요 (?)　読むつもりです (か)
	듣다 (聴く) ㄷ不規則	들을 거예요 (?)　聴くつもりです (か)
	만들다 (作る) ㄹ語幹	만들 거예요 (?)　作るつもりです (か)
	굽다 (焼く) ㅂ語幹	구울 거예요 (?)　焼くつもりです (か)

練習 1 例のように「-(으)ㄹ 거예요」文に直してみましょう。

例 미국에 가다 (アメリカに行く)	미국에 갈 거예요. (アメリカに行くつもりです。)
문을 닫다 (扉を閉める)	
비빔밥을 만들다 (ビビンバを作る)	
한국 요리를 배우다 (韓国料理を学ぶ)	
책상을 정리하다 (机を整理する)	
영화를 보다 (映画を見る)	
매일 걷다 (毎日歩く)	

練習 2 次の文を日本語と韓国語に訳してみましょう。

⑴ 저는 내일 친구를 만날 거예요.

⑵ 제주도 여행은 언제 갈 거예요?

⑶ ラジオを聴くつもりです。

解答 練習 1

문을 닫다 (扉を閉める)	문을 닫을 거예요.
비빔밥을 만들다 (ビビンバを作る)	비빔밥을 만들 거예요.
한국 요리를 배우다 (韓国料理を学ぶ)	한국 요리를 배울 거예요.
책상을 정리하다 (机を整理する)	책상을 정리할 거예요.
영화를 보다 (映画を見る)	영화를 볼 거예요.
매일 걷다 (毎日歩く)	매일 걸을 거예요.

解答 練習 2

⑴ 私は、明日友達に会うつもりです。⑵ チェジュ島旅行はいつ行きますか。

⑶ 라디오를 들을 거예요.

6-3　-(으)ㄹ래요(?)　～します（か）〈意向・意志・提案〉

「-(으)ㄹ래요(?)」は「같이 갈래요?（一緒に行きましょうか・ませんか）」のように相手の意向を尋ねたり、「네, 저도 갈래요（はい、私も行きます）」のように自分の意志を表したりするときに使います。動詞の母音語幹には「ㄹ래요(?)」、子音語幹には「을래요(?)」をつけます。

보다 → 볼래요(?)　　먹다 → 먹을래요(?)
見る　　見ます（か）　　食べる　　食べます（か）

이사 안 갈래요
（引っ越しません）

내가 먹을래요
（僕が食べます）

듣고 싶은 말만 들을래요
（聞きたいことばだけ聞きます）

▷「-(으)ㄹ 거예요 (?)」の活用

区分	文型・意味	-(으)ㄹ래요(?)　～します（か）
母音語幹	오다 (来る)	올래요 (?)　来ます（か）
	배우다 (習う)	배울래요 (?)　習います（か）
子音語幹	읽다 (読む)	읽을래요 (?)　読みます（か）
	받다 (もらう)	받을래요 (?)　もらいます（か）
	듣다 (聴く) ㄷ不規則	들을래요 (?)　聴きます（か）
	만들다 (作る) ㄹ語幹	만들래요 (?)　作ります（か）
	돕다 (手伝う) ㅂ不規則	도울래요 (?)　手伝います（か）

練習1　例のように「-(으)ㄹ래요」文に直してみましょう。

例 비빔밥을 먹다 (ビビンバを食べる)	비빔밥을 먹을래요. (ビビンバを食べます。)
커피를 마시다 (コーヒーを飲む)	
유학을 가다 (留学に行く)	
머리를 감다 (髪を洗う)	
노래를 듣다 (歌を聴く)	
시골에서 살다 (田舎で暮らす)	
집에서 빨래하다 (家で洗濯する)	

練習2　次の文を日本語と韓国語に訳してみましょう。

(1) 무슨 커피 드실래요?　(드시다 : 召し上がる)

(2) 공원에서 좀 걸을래요.

(3) 今日は家で休みます。

解答　練習1

커피를 마시다 (コーヒーを飲む)	커피를 마실래요.
유학을 가다 (留学に行く)	유학을 갈래요.
머리를 감다 (髪を洗う)	머리를 감을래요.
노래를 듣다 (歌を聴く)	노래를 들을래요.
시골에서 살다 (田舎で暮らす)	시골에서 살래요.
집에서 빨래하다 (家で洗濯する)	집에서 빨래할래요.

解答　練習2

(1) どんなコーヒーを召し上がりますか。

(2) 公園でちょっと歩きます。(3) 오늘은 집에서 쉴래요.

「-(으)ㄹ까요?」は、「～でしょうか」という意味で、話し手の疑問や推量を表すときに使います。動詞や形容詞の母音語幹には「ㄹ까요?」、子音語幹には「을까요?」を、名詞には「일까요?」をつけます。

＊勧誘の「(으)ㄹ까요?　②～しましょうか」は、 7-3 を参照。

보다 → 볼까요?
見る　　見るでしょうか

먹다 → 먹을까요?
食べる　食べるでしょうか

나쁘다 → 나쁠까요?
悪い　　悪いでしょうか

좋다 → 좋을까요?
よい　　よいでしょうか

누가 무엇을 먹을까요?
（誰が何を食べるでしょうか）

▷ -(으)ㄹ까요? の活用

区分		文型・意味	-(으)ㄹ까요? ～でしょうか
母音語幹	가다 (行く)	〈動〉	갈까요？ (行くでしょうか)
	바쁘다 (忙しい)	〈形〉	바쁠까요？ (忙しいでしょうか)
	친구이다 (友達だ)	〈指〉	친구일까요？ (友達でしょうか)
子音語幹	읽다 (読む)	〈動〉	읽을까요？ (読むでしょうか)
	듣다 (聴く)	ㄷ不規則	들을까요？ (聴くでしょうか)
	살다 (住む)	ㄹ語幹	살까요？ (住むでしょうか)
	돕다 (手伝う)	ㅂ不規則	도울까요？ (手伝うでしょうか)
	많다 (多い)	〈形〉	많을까요？ (多いでしょうか)

練習1　例のように「(으)ㄹ까요?」文に直してみましょう。

例 노래를 부르다 (歌を歌う)	노래를 부를까요? (歌を歌うでしょうか。)
지금도 비가 오다 (今も雨が降る)	
음악을 듣다 (音楽を聴く)	
날씨가 따뜻하다 (天気が暖かい)	
요즘도 건강하다 (最近も元気だ)	
아직도 서울에서 살다 (まだ、ソウルで暮らす)	
열심히 공부하다 (一生懸命勉強する)	

練習2　次の文を日本語と韓国語に訳してみましょう。

⑴ 지금쯤 벚꽃이 피어 있을까요?　(지금쯤 : 今頃、벚꽃 : 桜、피다 : 咲く)
⑵ 올해도 눈이 많이 올까요?　(올해 : 今年)
⑶ 10月には涼しいでしょうか。　(10月 : 시월、涼しい : 시원하다)

解答　練習1

지금도 비가 오다 (今も雨が降る)	지금도 비가 올까요?
음악을 듣다 (音楽を聴く)	음악을 들을까요?
날씨가 따뜻하다 (天気が暖かい)	날씨가 따뜻할까요?
요즘도 건강하다 (最近も元気だ)	요즘도 건강할까요?
아직도 서울에서 살다 (まだ、ソウルで暮らす)	아직도 서울에서 살까요?
열심히 공부하다 (一生懸命勉強する)	열심히 공부할까요?

解答　練習2

⑴ 今頃、桜が咲いているでしょうか。 ⑵ 今年も雪がたくさん降るでしょうか。
⑶ 시월에는 시원할까요?

「-(으)ㄹ 것 같아요(?)」は「〜(する)ようです(か)、〜(し)そうです(か)」という意味で、漠然とした推量や婉曲に言うときに用います。動詞や形容詞の母音語幹には「ㄹ　것 같아요(?)」、子音語幹には「을 것 같아요(?)」を、名詞には「일　것 같아요(?)」をつけます。過去のことには「았을 것/었을 것 같아요(?)，이었을 것 같아요(?)」をつけます。

보다 →　볼 것 같아요
見る　　見るようです / そうです

먹다 →　먹을 것 같아요
食べる　食べるようです / そうです

나쁘다 → 나쁠 것 같아요
悪い　　　悪そうです

좋다 → 좋을 것 같아요
よい　　　よさそうです

▷「-(으)ㄹ 것 같아요(?)」の活用

区分		文型・意味	-(으)ㄹ 것 같아요(?) 〜(し)そうです(か)
母音 終わり	가다 (行く)	〈動〉	갈 것 같아요 (?) 行きそうです (か)
	바쁘다 (忙しい)	〈形〉	바쁠 것 같아요 (?) 忙しそうです (か)
	동생이다 (妹・弟だ)	〈指〉	동생일 것 같아요 (?) 妹・弟だと思います (か)
子音 終わり	읽다 (読む)	〈動〉	읽을 것 같아요 (?) 読みそうです (か)
	듣다 (聴く)	ㄷ不規則	들을 것 같아요 (?) 聴きそうです (か)
	만들다 (作る)	ㄹ語幹	만들 것 같아요 (?) 作りそうです (か)
	많다 (多い)	〈形〉	많을 것 같아요 (?) 多そうです (か)
	춥다 (寒い)	ㅂ不規則	추울 것 같아요 (?) 寒そうです (か)

練習 1 例のように「-(으)ㄹ 것 같아요」文に直してみましょう。

例 비가 오다 (雨が降る)	비가 올 것 같아요.(雨が降りそうです。)
사진을 많이 찍다(写真をたくさん撮る)	
시간이 없다 (時間がない)	
날씨가 따뜻하다 (天気が暖かい)	
잡지에 싣다 (雑誌に載せる)	
미국에 살다 (アメリカに住む)	
서울에 도착했다 (ソウルに到着した)	

練習 2 次の文を日本語と韓国語に訳してみましょう。

⑴ 오후에는 좀 바쁠 것 같아요.
⑵ 내일은 날씨가 추울 것 같아요.
⑶ 今日は雪がたくさん降りそうです。

解答 練習1

사진을 많이 찍다 (写真をたくさん撮る)	사진을 많이 찍을 것 같아요.
시간이 없다 (時間がない)	시간이 없을 것 같아요.
날씨가 따뜻하다 (天気が暖かい)	날씨가 따뜻할 것 같아요.
잡지에 싣다 (雑誌に載せる)	잡지에 실을 것 같아요.
미국에 살다 (アメリカに住む)	미국에 살 것 같아요.
서울에 도착했다 (ソウルに到着した)	서울에 도착했을 것 같아요.

解答 練習2

⑴ 午後はちょっと忙しそうです。 ⑵ 明日は天気が寒そうです。
⑶ 오늘은 눈이 많이 올 것 같아요.

6-6 -(으)ㄹ게요 ～(し)ます〈意志・約束〉

「-(으)ㄹ게요」は、「(これから)～をします(ね)」のように話し手の意志や約束などを表します。動詞の母音語幹には「ㄹ게요」を、子音語幹には「을게요」をつけます。

보다 → 볼게요
見る　　見ます

먹다 → 먹을게요
食べる　　食べます

나쁜 버릇, 내일부터
고칠게요
(悪い癖、明日から直します)

기다릴게요, 미스터 판다
(待ちます、ミスターパンダ)

난 한 조각만 먹을게
(私は一切れだけ食べるよ)

▷「-(으)ㄹ게요(～します)」の活用

区分	文型・意味	-(으)ㄹ게요 (～します)
母音語幹	가다 (行く)	갈게요 (行きます)
	드리다 (差し上げる)	드릴게요 (差し上げます)
	공부하다 (勉強する)	공부할게요 (勉強します)
子音語幹	읽다 (読む)	읽을게요 (読みます)
	앉다 (座る)	앉을게요 (座ります)
	걷다 (歩く) ㄷ不規則	걸을게요 (歩きます)
	열다 (開ける) ㄹ語幹	열게요 (開けます)
	돕다 (手伝う) ㅂ不規則	도울게요 (手伝います)

練習1　例のように「-(으)ㄹ게요（〜します）」文に直してみましょう。

例 내일 가다 (明日行く)	내일 갈게요. (明日行きます。)
맛있게 먹다 (おいしく食べる)	
이를 닦다 (歯を磨く)	
모자를 벗다 (帽子を脱ぐ)	
메일을 보내다 (メールを送る)	
모르면 묻다 (わからなければ聞く)	
이따가 전화하다 (あとで電話する)	

練習2　次の文を日本語と韓国語に訳してみましょう。

⑴　친구가 기다려요. 저는 먼저 갈게요.
⑵　간식으로 떡볶이를 만들게요. (간식 : おやつ)
⑶　来るときまで図書館で待ちますよ。

解答　練習1

맛있게 먹다 (おいしく食べる)	맛있게 먹을게요.
이를 닦다 (歯を磨く)	이를 닦을게요.
모자를 벗다 (帽子を脱ぐ)	모자를 벗을게요.
메일을 보내다 (メールを送る)	메일을 보낼게요.
모르면 묻다 (わからなければ聞く)	모르면 물을게요.
이따가 전화하다 (あとで電話する)	이따가 전화할게요.

解答　練習2

⑴　友達が待っています。私は先に帰ります。
⑵　おやつでトッポッキを作ります。⑶　올 때까지 도서관에서 기다릴게요.

6-7 -들 ～たち〈複数形〉

韓国語で「**들** (～たち、～ら)」は「**학생들** (学生たち)、**아이들** (子どもたち)」のように名詞について複数の意味を表す接尾辞です。また、「**우리들** (わたしたち)、**모두들** (みんな)」のように複数を表す名詞について複数の意を強めたりもします。

학생 → 학생들   아이 → 아이들
学生　　　学生たち　　子ども　　子どもたち

さらに、「**어서들 오세요** (みなさまようこそ←直早く**たち**いらしてください)」、「**안녕들 하세요?** (みなさまお元気ですか←直安寧**たち**でいらっしゃいますか)」のように一部の名詞や副詞について動作主が複数であることを表します。

누에콩과 친구들의 하늘하늘
풀놀이
(そら豆と友達のゆらゆら草遊び)

남자애들은 왜?
(男の子たちはなんで？)

発音の決まり：濃音化(「-(으)ㄹ」の直後の濃音化)

「살게요 (買います)」、「할거예요 (するつもりです・するでしょう)」のように未来連体形「-(으)ㄹ」の後に平音「ㄱ, ㄷ, ㅂ, ㅅ, ㅈ」で始まる語尾がつくとその平音は濃音で発音され [살께요]、[할꺼예요] となります。

마실 것 [마실껃]
〈飲み物〉　　　　〈発音〉

살게요 [살께요]　할거예요 [할꺼예요]
（買います）　　〈発音〉　　　（するつもりです）　　　〈発音〉

엄마가 달려갈게!
（ママが駆けつけるよ！）

친구가 생길 것 같아
（友達ができそうだよ）

오늘 밤 코끼리와
모험을 떠날 거예요
（今晩、象さんと冒険に出る
つもりです）

(練習問題) 次の語を例のように発音通りに書いてください。

例 할거예요? (しますか) → [할꺼예요]

① 갈게요. (行きます) → [　　　　　　]

② 먹을게요. (食べます) → [　　　　　　]

③ 볼거예요. (見るつもりです) → [　　　　　　]

④ 좋을 것 같아요. (よいでしょう) → [　　　　　　]

解答　①[갈께요]　②[머글께요]　③[볼꺼예요]　④[조을껃가타요]

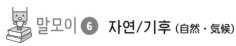

말모이 ⑥ 자연/기후 (自然・気候)

野原	畑	小雨	雨風	台風	天の川	流星
들	밭	이슬비	비바람	태풍	은하수	별똥별

韓国語コロケーション ⑥ 자연/기후 (自然・気候)

風	霧	洪水	地震	雷	虹	波
바람	**안개**	**홍수**	**지진**	**천둥**	**무지개**	**파도**
바람이 불어요.	안개가 끼었어요.	홍수가 났어요.	지진이 났어요.	천둥이 쳐요.	무지개가 떴어요.	파도가 쳐요.
風が 吹きます。	霧が かかりました。	洪水に なりました。	地震が 起きました。	雷が 鳴ります。	虹が かかりました。	波が 打ちます。

메모

읽을거리 ⑥ 🎵 018

남양주 이야기

주말에 상우 씨와 같이 남양주에 놀러 가기로 했어요. 남양주가 어떤 곳인지 잘 몰라 인터넷에서 찾아 봤어요. 남양주는 서울에서 가까운 곳인데 멋있는 카페와 유명한 맛집이 많다고 해요. 다음은 한 카페의 블로그인데 한번 가 보고 싶어요.

「저희 카페는 담쟁이덩굴이 건물 외부를 덮고 있어 운치가 있는 카페입니다. 커다란 통유리창 밖으로 남한강이 보이고, 야외 테라스 자리도 널찍합니다. 창밖으로 넓게 펼쳐진 강과 하늘을 바라보며 한껏 여유를 즐겨 보세요!」

南楊州のお話

週末にサンウさんといっしょに南楊州に遊びに行くことにしました。南楊州はどんなところなのかよく知らなくて、ネットで調べてみました。南楊州はソウルから近いところですが、素敵なカフェと有名なおいしいお店が多いそうです。次はあるカフェのブログですが、一度行ってみたいです。

「うちのカフェはツタのつるが建物の外部を覆っていて、風情のあるカフェです。大きな全面ガラスの窓から南漢江が見え、屋外のテラス席も広々としています。窓の外に広がる川と空を眺めながら、おもいっきり余裕を楽しんでみてください。」

 上の「남양주 이야기」を書き写してみましょう。

１. 次の文を日本語に訳してみましょう。

(1) 오늘 점심은 비빔밥을 먹을 예정이에요.

　→ _____

(2) 박물관은 다섯 시에 문을 닫을 거예요. (닫다 : 閉める)

　→ _____

(3) 커피 한잔 마실래요?

　→ _____

(4) 홋카이도에 지금도 눈이 올까요?

　→ _____

(5) 내일은 날씨가 좋을 것 같아요.

　→ _____

２. 次の文を韓国語に訳してみましょう。(下線部に注意)

(1) 勉強する時間がありません。(-(으)ㄹを使って)

　→ _____

(2) その映画は面白いでしょう。(-(으)ㄹ 거예요を使って)

　→ _____

(3) 来年、韓国に行きましょうか。(-(으)ㄹ래요を使って)

　→ _____

(4) 兄は今日も忙しいでしょうか。(-(으)ㄹ 것 같아요を使って)

　→ _____

(5) 明日メールを送ります。(-(으)ㄹ 게요を使って)

　→ _____

6

3. 次の質問に韓国語で答えましょう。

(1) 시간이 많으면 뭘 할 거예요? (-(으)ㄹ 거예요を使って)

→ _____

(2) 내일 점심엔 뭐 먹을래요? (-(으)ㄹ래요を使って)

→ _____

(3) 같이 백화점에 갈까요?

→ _____

(4) 내일 비가 올 것 같아요? (-(으)ㄹ 것 같아요を使って)

→ _____

(5) 다음 주는 몇 시까지 올래요? (-(으)ㄹ게요を使って)

→ _____

메모

_____

_____

_____

_____

_____

_____

_____

강남에 갈까 해요. 같이 갈까요?

江南へ行こうかと思います。いっしょに行きましょうか。

🎵 019

❶ 하나: **내일 강남에** 갈까 해요. 시간이 되면 **같이 갈까요?**

❷ 상우: **미안해요. 내일은 다른 일이** 있어서 **못 가요.**

❸ 하나: **그럼 다음 주는 어때요?**
다음 주면 시험도 끝나니까 이번 주보다 더 **낫겠어요.**

❹ 상우: **그래요. 나도** 다음 주라면 **여유가 좀 있으니까 같이**
가도록 해요. **강남에 가서 맛있는 거 먹어요.**

❺ 하나: **뭘 먹으면 좋을까요?**

❻ 상우: **신사동에 유명한 간장게장집이 있어요. 거기서 밥**
먹고 커피도 마시고 서점에도 가고요.

 🎵 020

하나: 내일도 시험?	ハナ : 明日もテスト？
유리: 아니 ! 왜?	ユリ : いいえ、どうした？
하나: 서점에 갈까 해서.	ハナ : 本屋に行こうかと思って。
유리: 그래? 같이 가자! 서점이라면 언제든지 ㅇㅋ!	ユリ : そう？一緒に行こう！本屋なら いつでもオッケー。
하나: 그래^^ 광화문이 낫겠지? 경복궁에도 가고!	ハナ : そうね、光化門のほうがいいで しょうね？景福宮にも行ける し！
유리: ㅇㅇ! 광화문 쪽으로 가자!	ユリ : うんうん！光化門のほうに行こ う！

発音

- 같이[가치]
- 있어서 [잇써서/이써서]
- 못 가요 [몯까요/모까요]
- 다음 주[다음쭈]
- 끝나니까 [끈나니까]
- 낫겠어요 [낟껟써요/ 나께써요]
- 있으니까 [잇쓰니까/ 이쓰니까]
- 맛있는[마신는]
- 게장집이 [게장찌비]
- 밥 먹고[밤먹꼬]

語彙・表現

❶ **강남** [江南]：ソウルの地名　**갈까 해요**：行こうかと思います　**갈까요?**：行きましょうか

❷ **미안해요**：すみません（「**미안하다**（すまない）」の丁寧形）　**있어서**：あって、あるので（「**있다**（ある）」の原因・理由を表す表現

❸ **어때요?**：どうですか　**-면**：〜なら（仮定）、**끝나니까**：終わるから（「**끝나다**（終わる）」の理由を表す表現　**더**：もっと　**낫겠어요**：いいと思います（「**낫다**（ましだ、いい）」の推量形）

❹ **-라면**：〜なら（仮定）　**여유**：余裕　**있으니까**：あるから　あるので（「**있다**（ある）」の理由・原因を表す表現）　**가도록 해요**：行くようにしましょう　**거**：もの（「**것**」の縮約形で会話でよく使う）

❺ **좋을까요?**：いいでしょうか

❻ **신사동** [新沙洞]：ソウルの地名　**유명한**：有名な　**간장 게장**：カンジャンゲジャン（醤油漬けのカニ）

日本語訳

❶ ハナ：　明日、江南に行こうかと思います。時間があったら一緒に行きましょうか。
❷ サンウ：ごめんなさい。明日は他の用事があるので行けません。
❸ ハナ：　それでは来週はどうですか。
　　　　　来週ならテストも終わるので、今週よりもっといいです。
❹ サンウ：そうですね、私も来週なら余裕が少しあるから一緒に行くようにしましょう。江南に行っておいしいものを食べましょう。
❺ ハナ：　何を食べたらいいでしょうか。
❻ サンウ：シンサドン（新沙洞）に有名なカンジャンゲジャンのお店があります。そこでご飯を食べて、コーヒーも飲んで、本屋にも行きましょうね。

7-1 -(으)ㄹ까 해요 ～(し)ようかと思います
〈漠然とした意志・計画〉

　動詞の語幹末に「-(으)ㄹ까 해요」をつけると、「～（し）ようかと思います、～したいと思います」という意味になります。「내일 강남에 갈까 해요 (明日江南に行こうかと思います)」、「점심 때 비빔밥을 먹을까 해요 (お昼のとき、ビビンバを食べたいと思います)」などのように、話し手の漠然とした意志や計画を表します。母音語幹には「ㄹ까 해요」、子音語幹には「을까 해요」をつけます。

＊「(으)ㄹ 거예요　6-2 」と比べると確実性が低いです。

보다 → 볼까 해요
　見る　　見ようかと思います

먹다 → 먹을까 해요
　食べる　食べようかと思います

2월부터는 책을 읽어 볼까?
（2月からは本を読んでみようか）

▷「-(으)ㄹ까 해요」の活用

区分	文型・意味	-(으)ㄹ까 해요　（～しようかと思います）
母音語幹	가다 (行く)	갈까 해요 (行こうかと思います)
	기다리다 (待つ)	기다릴까 해요 (待とうかと思います)
	산책하다 (散歩する)	산책할까 해요 (散歩しようかと思います)
子音語幹	만들다 (作る) ㄹ語幹	만들까 해요 (作ろうかと思います)
	읽다 (読む)	읽을까 해요 (読もうかと思います)
	찍다 (撮る)	찍을까 해요 (撮ろうかと思います)
	걷다 (歩く) ㄷ不規則	걸을까 해요 (歩こうかと思います)
	굽다 (焼く) ㅂ不規則	구울까 해요 (焼こうかと思います)

130

練習1 例のように「-(으)ㄹ까 해요」文に直してみましょう。

例 점심을 먹다 (昼ご飯を食べる)	점심을 먹을까 해요. (昼ご飯を食べようかと思います。)
낮잠을 자다 (昼寝をする)	
일찍 일어나다 (早く起きる)	
라디오를 듣다 (ラジオを聞く)	
반찬을 만들다 (おかずを作る)	
빵을 굽다 (パンを焼く)	
매일 운동하다 (毎日、運動する)	

練習2 次の文を日本語と韓国語に訳してみましょう。

(1) 일요일에 북한산에 등산을 갈까 해요. (북한산[北漢山]：ソウルにある山)
(2) 오늘은 집에서 저녁을 먹을까 해요. (저녁：夕ご飯)
(3) 魚を焼こうかと思います。(생선：魚)

解答 練習1

낮잠을 자다 (昼寝をする)	낮잠을 잘까 해요.
일찍 일어나다 (早く起きる)	일찍 일어날까 해요.
라디오를 듣다 (ラジオを聞く)	라디오를 들을까 해요.
반찬을 만들다 (おかずを作る)	반찬을 만들까 해요.
빵을 굽다 (パンを焼く)	빵을 구울까 해요.
매일 운동하다 (毎日、運動する)	매일 운동할까 해요.

解答 練習2

(1) 日曜日に北漢山に登山に行こうかと思います。
(2) 今日は家で夕ご飯を食べようかと思います。(3) 생선을 구울까 해요.

이 / 가 되다　〜になる〈変化〉

「〜になる」は直訳すると「-에 되다」ですが、韓国語の表現は「-이/가 되다 (〜がなる)」となります。

의사가 돼요(?)　　**대학생이** 돼요(?)

医師になります（か）　　大学生になります（か）

내가 어른이 되면
（私が大人になったら）

여행의 자유가 삶의 열정이 되다
（旅行の自由が生の情熱になる）

▷「-이/가 돼요」の活用

区分	文型・意味	-이/가 돼요　（〜になります）
母音終わり	가수 (歌手)	가수가 돼요 (歌手になります)
	엄마 아빠 (ママパパ)	엄마 아빠가 돼요 (ママパパになります)
子音終わり	어른 (大人)	어른이 돼요 (大人になります)
	사회인 (社会人)	사회인이 돼요 (社会人になります)

練習 1 例のように「-이/가 돼요」文に直してみましょう。

例 의사 (医者)	의사가 돼요. (医者になります。)		
가을 (秋)		부부 (夫婦)	

練習 2 次の文を日本語と韓国語に訳してみましょう。

⑴ 우리 이제 친구가 됐어요.
⑵ 사장이 되고 싶어요.
⑶ いつ大学生になりますか。

解答 **練習 1**

가을 (秋)	가을이 돼요.	부부 (夫婦)	부부가 돼요.

解答 **練習 2**

⑴ 私たちはもう友達になりました。⑵ 社長になりたいです。
⑶ 언제 대학생이 돼요?

메모

7-3 -(으)ㄹ까요? ②～(し)ましょうか〈意向・勧誘〉

6-4 での推量の「-(으)ㄹ까요? ①（～するでしょうか）」に対して、ここでの「(으)ㄹ까요?」は「～（し）ましょうか」という意味で、聞き手の意向を尋ねたり勧誘したりするとき使います。動詞の母音語幹には「ㄹ까요?」を、子音語幹には「을까요?」をつけます。

보다 → 볼까요?
見る　　見ましょうか

먹다 → 먹을까요?
食べる　食べましょうか

무엇을 먹을까요?
（何を食べましょうか）

다음엔 무얼 입을까요?
（次は何を着ましょうか）

오늘은 어떤 이야기를 읽을까요?
（今日はどんなお話を読みましょうか）

▷ -(으)ㄹ까요? の活用

区分	文型・意味		(으)ㄹ까요? ～(し)ましょうか
母音 語幹	가다 (行く)		갈까요? (行きましょうか)
	배우다 (学ぶ)		배울까요? (学びましょうか)
子音 語幹	만들다 (作る)	ㄹ語幹	만들까요? (作りましょうか)
	읽다 (読む)		읽을까요? (読みましょうか)
	앉다 (座る)		앉을까요? (座りましょうか)
	걷다 (歩く)	ㄷ不規則	걸을까요? (歩きましょうか)
	굽다 (焼く)	ㅂ不規則	구울까요? (焼きましょうか)

練習1 例のように「-(으)ㄹ까요?」文に直してみましょう。

例 뮤지컬을 보다 (ミュージカルを見る)	뮤지컬을 볼까요？ (ミュージカルを見ましょうか。)
그림을 그리다 (絵を描く)	
골프를 치다 (ゴルフをする)	
운동화를 신다 (スニーカーを履く)	
천천히 걷다 (ゆっくり歩く)	
계란을 풀다 (卵をとく)	
쓰레기를 줍다 (ゴミを拾う)	

練習2 次の文を日本語と韓国語に訳してみましょう。

⑴ 서점에서 같이 기다릴까요?
⑵ 어디에서 점심을 먹을까요?
⑶ 窓を開けましょうか。

解答 練習1

그림을 그리다 (絵を描く)	그림을 그릴까요？
골프를 치다 (ゴルフをする)	골프를 칠까요？
운동화를 신다 (スニーカーを履く)	운동화를 신을까요？
천천히 걷다 (ゆっくり歩く)	천천히 걸을까요？
계란을 풀다 (卵をとく)	계란을 풀까요？
쓰레기를 줍다 (ゴミを拾う)	쓰레기를 주울까요？

解答 練習2

⑴ いっしょに本屋で待ちましょうか。
⑵ どこで昼ご飯を食べましょうか。⑶ 창문을 열까요?

7-4　- 아서 / 어서②　～(し)て、～から、～(な)ので
〈原因・理由〉

　動詞や形容詞の語幹に「아서/어서」をつけると「～（し）て、～から、～（な）ので」という原因・理由の意味を表します。陽母語幹には「아서」を、陰母語幹には「어서」をつけます。名詞には「이어서/여서」をつけますが、会話ではよく「(이)라서」が使われます。なお、「아서/어서」は「(으)니까」とは異なって、<u>過去のことであっても過去形でつけることはできません</u>。また、<u>後続文には勧誘形・命令形・禁止形を用いることもできません</u>。

＊原因・理由の「-(으)니까（～から・ので）」は （1-3）、動作の先行の「-아서/어서（～てから）①」は （3-6）を参照。

받다 →	받아서	먹다 →	먹어서
もらう	もらうので、もらったので	食べる	食べるので、食べたので

작다 →	작아서	적다 →	적어서
小さい	小さいので、小さかったので	少ない	少ないので、少なかったので

▷「-아서/어서」の活用

区分		文型　意味		-아서/어서 ～(し)て、～から、～(な)ので
陽母音 語幹	자다 (寝る)		〈動〉	자서 (寝て、寝たので)
	돕다 (手伝う)　ㅂ不規則			도와서 (手伝って、手伝ったので)
	좋다 (よい)		〈形〉	좋아서 (よくて、よかったので)
	달다 (甘い)　ㄹ語幹			달아서 (甘くて、甘かったので)
陰母音 語幹	싣다 (載せる) ㄷ不規則		〈動〉	실어서 (載せて、載せたので)
	싫다 (いやだ)		〈形〉	싫어서 (いやなので、いやだったので)
	맛있다 (おいしい)			맛있어서 (おいしくて、おいしかったので)
하다 用言	전화하다 (電話する)		〈動〉	전화해서 (電話して、電話したので)
	편리하다 (便利だ)		〈形〉	편리해서 (便利なので、便利だったので)

練習1 次を例のように「-아서/어서」の文に直してみましょう。

例 밥을 먹다 (ご飯を食べる)	밥을 먹어서 (ご飯を食べて / 食べたので)
늦잠을 자다 (朝寝坊をする)	
많이 걷다 (たくさん歩く)	
날씨가 춥다 (天気が寒い)	
불고기가 맛있다 (焼き肉がおいしい)	
교실이 조용하다 (教室が静かだ)	
아직 학생이다 (まだ、学生だ)	

練習2 次の文を日本語と韓国語に訳してみましょう。

⑴ 어제는 피곤해서 일찍 잤어요.
⑵ 눈이 많이 와서 못 갔어요.
⑶ 交通が便利でいいです。

解答 練習1

늦잠을 자다 (朝寝坊をする)	늦잠을 자서
많이 걷다 (たくさん歩く)	많이 걸어서
날씨가 춥다 (天気が寒い)	날씨가 추워서
불고기가 맛있다 (焼き肉がおいしい)	불고기가 맛있어서
교실이 조용하다 (教室が静かだ)	교실이 조용해서
아직 학생이다 (まだ、学生だ)	아직 학생이어서 / 이라서

解答 練習2
⑴ 昨日は疲れていたので早く寝ました。
⑵ 雪がたくさん降っていたので、行けませんでした。⑶ 교통이 편리해서 좋아요.

名詞にパッチムがない場合は「라면」を、ある場合は「이라면」をつけると「〜なら、〜ならば」という意味の仮定や条件を表します。

다음 주 → 다음 주라면　　내일 → 내일이라면

来週　　　　　来週なら　　　明日　　　明日なら

50이라면 마음 청소
（50ならば心の掃除）

지구가 100명의 마을이라면
（地球が100名の村だったら）

지금、혼자라면
맹자를 만나라
（今、一人であれば
孟子に会えよ）

▷ 〜なら、〜ならば：-(이)라면

| パッチなし | - 라면 | 나라면　私なら |
| パッチあり | - 이라면 | 시간이라면　　時間なら |

練習1 次を例のように「-(이)라면」の文に直してください。

例 영어 (英語)	영어라면 (英語なら)	음악 (音楽)	
사회 (社会)		체육 (体育)	

練習2 次の文を日本語と韓国語に訳してみましょう。

⑴ 운동이라면 뭐든지 다 잘해요.

⑵ 영어라면 자신이 있어요.

⑶ 明日なら行けます。

解答 練習1

수학 (数学)	수학이라면	미술 (美術)	미술이라면
사회 (社会)	사회라면	체육 (体育)	체육이라면

解答 練習2

⑴ 運動なら何でもよくできます。⑵ 英語なら自信があります。

⑶ 내일이라면 갈 수 있어요.

7-6　　- 도록　～(する)ように〈意志・到達目標〉

　動詞の語幹に「도록」をつけると意志や到達目標を表す「～(する)ように、～(する)まで」という意味になります。

　「내일 가도록 해요 (明日、行くようにしましょう／します／してください)」のように勧誘や意志、命令などを表すとき使います。

　なお、「죽도록 보고 싶어요 (死ぬほど会いたいです)」のように、「-도록」には、「～(する)ほど、～(する)まで」という意味もあります。

보다 → 보도록　　먹다 → 먹도록
見る　　見るように　　食べる　食べるように

고래들이 노래하도록
(クジラが歌うように)

팔백만 원이 수 십억이 되도록
(8百万ウォンが数十億になるように)

죽도록 즐기기
(死ぬほど楽しむこと)

▷「-도록 해요」の活用

区分	文型・意味	-도록 해요 ～(する)ようにしましょう・します・してください
母音 語幹	가다 (行く)	가도록 해요 (行くようにしましょう)
	보다 (見る)	보도록 해요 (見るようにしましょう)
子音 語幹	읽다 (読む)	읽도록 해요 (読むようにしましょう)
	먹다 (食べる)	먹도록 해요 (食べるようにしましょう)
	걷다 (歩く)	걷도록 해요 (歩くようにしましょう)
	만들다 (作る)	만들도록 해요 (作るようにしましょう)
	돕다 (手伝う)	돕도록 해요 (手伝うようにしましょう)

練習1 例のように「-도록 해요」文に直してみましょう。

例 메일을 보내다 (メールを送る)	메일을 보내도록 해요. (メールを送るようにしましょう。)
일찍 가다 (早く行く)	
택시를 타다 (タクシーに乗る)	
여관에서 묵다 (旅館で泊まる)	
같이 놀다 (いっしょに遊ぶ)	
돈을 찾다 (お金を下す)	
방을 청소하다 (部屋を掃除する)	

練習2 次の文を日本語と韓国語に訳してみましょう。

⑴ 추우니까 창문을 닫도록 해요.

⑵ 오늘은 전철을 타도록 해요.

⑶ ホテルで泊まるようにしましょう。

解答 練習1

일찍 가다 (早く行く)	일찍 가도록 해요.
택시를 타다 (タクシーに乗る)	택시를 타도록 해요.
여관에서 묵다 (旅館で泊まる)	여관에서 묵도록 해요.
같이 놀다 (いっしょに遊ぶ)	같이 놀도록 해요.
돈을 찾다 (お金を下す)	돈을 찾도록 해요.
방을 청소하다 (部屋を掃除する)	방을 청소하도록 해요.

解答 練習2

⑴ 寒いから窓を閉めるようにしましょう。

⑵ 今日は電車に乗るようにしましょう。⑶ 호텔에서 묵기로 해요.

 말모이 **7** 공부 (勉強)

宿題	予習	復習	入試	合格	入学	卒業
숙제	예습	복습	입시	합격	입학	졸업

 韓国語コロケーション **7** 공부 (勉強)

試験	問題	答え	成績	宿題	単語	発音
시험	**문제**	**답**	**성적**	**숙제**	**단어**	**발음**
시험을 봐요.	문제를 풀어요.	답을 맞추어요.	성적이 올랐어요.	숙제를 냈어요.	단어를 외워요!	발음을 들어요.
試験を 受けます。	問題を 解きます。	答えを 合わせます。	成績が 上がりました。	宿題を 出しました。	単語を 覚えましょう。	発音を 聞きます。

메모

강남 나들이

　상우와 같이 내일 강남에 가려고 했는데 내일은 다른 약속이 있어서 못 간다고 했다. 그래서 다음 주에 시험이 끝난 후에 가기로 했다. 신사동은 성형외과가 많기로 널리 알려져 있지만 유명한 간장게장집도 있다고 한다. 거기서 점심을 먹고 카페하고 서점에도 가자고 했다. 서점에 가게 되면 한국 요리에 관한 책도 몇 권 사야겠다.

江南へのお出かけ

　サンウさんといっしょに明日、江南に行こうとしたけど明日は他の約束があって行けないと言った。それで来週、試験が終わったあと、行くことにした。シンサドンは整形外科が多いことで広く知られているが、有名なカンジャンゲジャンのお店もあると言う。そこで昼ご飯を食べて、カフェと書店にも行こうと言った。書店に行くことになると、韓国料理に関する本も何冊か買いたい。

✏️ 上の「강남 나들이」を書き写してみましょう。

1. 次の文を日本語に訳してみましょう。

(1) 내일 아침에는 일찍 일어날까 해요.

→ _____

(2) 점심을 같이 먹을까요?

→ _____

(3) 늦잠을 자서 못 갔어요. (늦잠을 자다 : 朝寝坊する)

→ _____

(4) 동생은 올해 대학생이 됐어요. (올해 : 今年)

→ _____

(5) 백화점에는 내일 가도록 해요.

→ _____

2. 次の文を韓国語に訳してみましょう。(下線部に注意)

(1) 土曜日に友達に会おうかと思います。

→ _____

(2) 今日の午後、映画を見ましょうか。

→ _____

(3) 焼き肉がおいしくてたくさん食べました。(아서/어서を使って)

→ _____

(4) スポーツなら自信があります。

→ _____

(5) 今日はタクシーに乗るようにしましょう。

→ _____

7

3. 次の質問に韓国語で答えましょう。

(1) 이번 일요일에 뭘 해요? (「-(으)ㄹ까 해요」를使って)

→ _____

(2) 내일 커피숍에서 만날까요?

→ _____

(3) 어제는 날씨가 어땠어요? (「-아서/어서」를使って)

→ _____

(4) 요즘 어떤 일이 걱정이 돼요? (「-아서/어서」를使って)

→ _____

(5) 내일 뭐 할까요? (「-도록 해요」를使って)

→ _____

메모

_____

_____

_____

_____

_____

_____

샘플로 받은 거예요.

試供品でもらったものです。

🎵 022

❶ 상우: 이 화장품은 어디서 산 거예요?

❷ 하나: 동네 마트에서 샀어요. 이게 다 샘플로 준 거예요.

❸ 상우: 저도 샘플을 받은 적 있는데 쓰기 좋더라고요.

❹ 하나: 이건 쌀로 만든 비누인데 써 본 다음에 좋으면
몇 개 더 살까 해요.

❺ 상우: 미리 사지 마세요. 일본으로 돌아가기 전에 같이
쇼핑해요.

❻ 하나: 정말요? 고맙습니다.

🎵 023

유리: 대박! 어디서 산 거?

하나: 동네 마트에서 샘플로 받은 거~

유리: 진짜? 나도 샘플 받아
본 적 있는데 좋더라고.

하나: 다음에 만나면 좀 줄게 ^^

유리: 고마워! 근데 나도 당장 살까?

하나: 미리 사지 말고 샘플
써 본 다음에 좋으면~

ユリ：すごい！どこで買ったの？

ハナ：近所のスーパーで試供品でも
らったもの〜。

ユリ：本当？私も試供品をもらったこ
とがあるんだけど良かったよ。

ハナ：今度会ったらちょっとあげるね
^^。

ユリ：ありがとう！ところが私もすぐ
買おうかな？

ハナ：先に買わないで、試供品使って
みてよかったら〜！

発音

- 샀어요
  [삳써요/사써요]
- 있는데[인는데]
- 좋더라고요
  [조터라고요]
- 다음 주[다음쭈]
- 몇 개
  [면깨/며깨]
- 같이[가치]
- 정말요[정말료]
- 고맙습니다
  [고맙씀니다]

語彙・表現

❶ **화장품**：化粧品 **산**：買った〜（「**사다**（買う）」の過去連体形） **거**：もの（「**것**」の縮約形）

❷ **동네**：町、近所 **마트**：スーパー **샀어요**：買いました（「**사다**（買う）」の丁寧な過去形） **이게**：これが **다**：全部 **샘플**：試供品 **준**：くれた〜（「**주다**（くれる・あげる）」の過去連体形）

❸ **받은**：もらった〜（「**받다**（もらう）」の過去連体形） **적**：こと **쓰기 좋다**：使いやすい **-더라고요**：〜でしたよ（経験したことを回想しながら話すとき使う）

❹ **쌀**：米 **만든**：作った〜（「**만들다**（作る）」の過去連体形） **비누**：石けん、**써 보다**：使ってみる **몇 개**：いくつか **더**：もっと **살까 해요**：買おうかと思います

❺ **미리**：あらかじめ、前もって、先に **사지 마세요**：買わないでください **돌아가다**：帰る **-기 전에**：〜（する）前に

❻ **정말요?**：本当ですか

日本語訳

❶ サンウ：この化粧品はどこで買ったものですか。
❷ ハナ：近所のスーパーで買いました。これは全部試供品でくれたものです。
❸ サンウ：僕も試供品をもらったことがあるんですが、使い勝手がよかったですよ。
❹ ハナ：これは米で作った石鹸ですが、使ってみて良かったらいくつかもっと買おうかと思います。
❺ サンウ：先に買わないでください。日本に帰る前に一緒にショッピングしましょう。
❻ ハナ：本当ですか。ありがとうございます。

8-1　-(으)ㄴ②　～(し)た＋名詞　〈過去連体形〉

　動詞の母音語幹に「ㄴ」を、子音語幹に「은」をつけると「～(し)た＋名詞」
のように後ろの名詞を修飾する過去連体形になります。

＊「-(으)ㄴ①」形容詞の現在連体形は 2-3 を参照。

보다 → 본　　먹다 → 먹은
見る　　見た～　　食べる　　食べた～

내가 만난 꿈의 지도
(私が会った夢の地図)

동화책을 먹은 바둑이
(童話の本を食べたわんちゃん)

과학실에서 읽은 시
(科学室で読んだ詩)

▷「-(으)ㄴ」の活用

区分	文型・意味	-(으)ㄴ ～ (し) た～
母音語幹	보다 (見る)	본 (見た～)
	배우다 (習う)	배운 (習った～)
	약속하다 (約束する)	약속한 (約束した～)
子音語幹	만들다 (作る)　ㄹ語幹	만든 (作った～)
	읽다 (読む)	읽은 (読んだ～)
	듣다 (聴く)　ㄷ不規則	들은 (聴いた～)
	돕다 (手伝う)　ㅂ不規則	도운 (手伝った～)

練習 1　例のように過去連体形「-(으)ㄴ」の文に直してみましょう。

例 어제 사다 (昨日、買う) ＋옷 (服)	어제 산 옷 (昨日買った服)
작년에 만나다 (昨年、会う) ＋선배 (先輩)	
아까 부르다 (先、歌う) ＋노래 (歌)	
지난번에 걷다 (この前、歩く) ＋길 (道)	
지금 마치다 (今、終わる) ＋회의 (会議)	
전에 신다 (以前、履く) ＋운동화 (スニーカー)	
같이 공부하다 (いっしょに勉強する) ＋내용 (内容)	

練習 2　次の文を日本語と韓国語に訳してみましょう。

⑴ 어제 본 영화는 재미있었어요.

⑵ 약속한 걸 잊어버렸어요.

⑶ 昨日、作った白菜チヂミはおいしかったです。(白菜チヂミ：배추전)

解答　練習 1

작년에 만나다 (昨年、会う) ＋선배 (先輩)	어제 만난 선배
아까 부르다 (先、歌う) ＋노래 (歌)	아까 부른 노래
지난번에 걷다 (この前、歩く) ＋길 (道)	지난번에 걸은 길
지금 마치다 (今、終わる) ＋회의 (会議)	지금 마친 회의
전에 신다 (以前、履く) ＋운동화 (スニーカー)	전에 신은 운동화
같이 공부하다 (いっしょに勉強する) ＋내용 (内容)	같이 공부한 내용

解答　練習 2

⑴ 昨日見た映画は面白かったです。⑵ 約束したのを忘れてしまいました。

⑶ 어제 만든 배추전은 맛있었어요.

8-2 -(으)ㄴ 적이 있어요 ～（し）たことがあります 〈過去の経験〉

「먹은 적이 있어요（食べたことがあります）」のように、「-(은)ㄴ 적이 있어요/없어요（～（し）たことがあります／ありません）」は過去の経験の有無を表す表現です。動詞の母音語幹に「ㄴ 적이 있어요/없어요」を、子音語幹に「은 적이 있어요/없어요」をつけます。

また、会話では「먹어 본 적이 있어요（食べてみたことがあります）」のように、「-아/어 본 적이 있어요/없어요（～（し）てみたことがあります／ありません）」という表現もよく使います。

보다 → 본 적이 있어요 / 없어요
見る　　　　　見たことがあります　/　ありません

먹다 → 먹은 적이 있어요 / 없어요
食べる　　　　食べたことがあります　/　ありません

그 사람을 본 적이 있나요?
（彼を見たことがありますか）

▷「-(으)ㄴ 적이 있어요/없어요」の活用

区分	文型・意味	-(으)ㄴ 적이 있어요/없어요 ～（し）たことがあります／ありません
母音 語幹	보다 (見る)	본 적이 있어요 (見たことがあります)
	배우다 (習う)	배운 적이 없어요 (習ったことがありません)
子音 語幹	만들다 (作る)　ㄹ語幹	만든 적이 없어요 (作ったことがありません)
	읽다 (読む)	읽은 적이 없어요? (読んだことがありませんか)
	듣다 (聴く)　ㄷ不規則	들은 적이 있어요? (聴いたことがありますか)
	돕다 (手伝う)　ㅂ不規則	도운 적이 있어요 (手伝ったことがあります)

練習 1 例のように「-(으)ㄴ 적이 있어요/없어요」文に直してみましょう。

例 우산을 잃어버리다 (傘を失くしてしまう)	우산을 잃어버린 적이 있어요. / 없어요. (傘を失くしてしまったことがあります。／ありません。)
요가를 배우다 (ヨガを習う)	
골프를 치다 (ゴルフをする)	
바둑을 두다? (碁を打つ)	
스키를 타다 (スキーをする)	
이야기를 듣다 (話を聞く)	

練習 2 次の文を日本語と韓国語に訳してみましょう。

(1) 비빔밥을 먹은 적이 있어요.

(2) 약속을 잊은 적이 있어요?

(3) その歌を聴いたことがありません。

解答 練習 1

요가를 배우다 (ヨガを習う)	요가를 배운 적이 있어요. / 없어요.
골프를 치다 (ゴルフをする)	골프를 친 적이 있어요. / 없어요.
바둑을 두다? (碁を打つ)	바둑을 둔 적이 있어요? / 없어요?
스키를 타다 (スキーをする)	스키를 탄 적이 있어요. / 없어요.
이야기를 듣다 (話を聞く)	이야기를 들은 적이 있어요. / 없어요.

解答 練習 2

(1) ビビンバを食べたことがあります。

(2) 約束を忘れたことがありますか。(3) 그 노래를 들은 적이 없어요.

8-3　- 더라고요　～(し)ていたんですよ、～でしたよ、～かったんですよ〈過去の回想〉

　動詞や形容詞の語幹に「**더라고요**」をつけると、「～（し）ていたんですよ、～でしたよ、～かったんですよ、～だったんですよ」などのように、話し手が新しく経験したことや感じたことなどを思い出しながら伝えるとき使います。

　動詞や形容詞の場合は、語幹に「**더라고요**」を、名詞には「**(이)더라고요**」をつけます。話し言葉ではよく「**더라구요**」も使います。また、あることが完了したことを回想して言うときは「語幹＋**았/었더라고요**」を使います。

보다 → **보**더라고요　　　**먹다** → **먹**더라고요
見る　　　見ていましたよ　　　食べる　　食べていましたよ

크다 → **크**더라고요　　　**좋다** → **좋**더라고요
大きい　　大きかったですよ　　よい　　　よかったですよ

▷「**-더라고요**」の活用

区分	文型・意味		**-더라고요** ～(し)ていたんですよ、～でしたよ
母音 終わり	가다 (行く)	〈動〉	가더라고요 (行っていたんですよ)
	보다 (見る)		보더라고요 (見ていたんですよ)
	바쁘다 (忙しい)	〈形〉	바쁘더라고요 (忙しかったんですよ)
	친구 (友達)	〈名〉	친구(이)더라고요 (友達でしたよ)
子音 終わり	읽다 (読む)	〈動〉	읽더라고요 (読んでいましたよ)
	먹다 (食べる)		먹더라고요 (食べていましたよ)
	걷다 (歩く)		걷더라고요 (歩いていましたよ)
	만들다 (作る)		만들더라고요 (作っていましたよ)
	많다 (多い)	〈形〉	많더라고요 (多かったですよ)
	어렵다 (難しい)		어렵더라고요 (難しかったですよ)
	학생 (学生)	〈名〉	학생이더라고요 (学生でしたよ)

練習1 例のように「-더라고요」文に直してみましょう。

例 그 영화는 재미있다 (その映画は面白い)	그 영화는 재미있더라고요. (その映画は面白かったですよ。)
눈이 많이 오다 (雪がたくさん降る)	
날씨가 춥다 (天気が寒い)	
목소리가 크다 (声が大きい)	
늦게까지 공부하다 (遅くまで勉強する)	
아직 학생이다 (まだ、学生だ)	

練習2 次の文を日本語と韓国語に訳してみましょう。

(1) 7~8월에는 비가 참 많이 오더라고요.
(2) 그 카페는 분위기가 꽤 좋더라고요.
(3) ソウルには本当に山が多かったですよ。

解答 練習1

눈이 많이 오다 (雪がたくさん降る)	눈이 많이 오더라고요.
날씨가 춥다 (天気が寒い)	날씨가 춥더라고요.
목소리가 크다 (声が大きい)	목소리가 크더라고요.
늦게까지 공부하다 (遅くまで勉強する)	늦게까지 공부하더라고요.
아직 학생이다 (まだ、学生だ)	아직 학생이더라고요.

解答 練習2

(1) 7、8月には、雨がたくさん降っていましたよ。
(2) あのカフェは雰囲気がかなりよかったですよ。
(3) 서울에는 정말로 산이 많더라고요.

8-4 -(으)ㄴ 다음에 ～(し)た後に〈後続の動作〉

「-(으)ㄴ 다음에/후에」は「먹은 다음에 (食べた後に)」のように、何かをした後に他の動作をするとき使う表現で、動詞の母音語幹に「ㄴ 다음에/후에」を、子音語幹に「은 다음에/후에」をつけます。また、「졸업 후에 (卒業の後に)」、「은퇴 후에 (引退の後に)」のように「名詞＋후에」という表現もあります。

보다 → 본 다음에/본 후에
見る　　　　　見た後に

먹다 → 먹은 다음에/먹은 후에
食べる　　　　　食べた後に

아기를 낳은 후에 남편을
미워하지 않는 법
(赤ちゃんを産んだ後、夫を憎まない方法)

은퇴 후에도 나는 더 일하고 싶다
(引退後も私はもっと働きたい)

▷「-(으)ㄴ 다음에/후에」の活用

区分	文型・意味	-(으)ㄴ 다음에/후에 ～（し）た後に
母音 語幹	보다 (見る)	본 다음에 / 후에 (見た後に)
	배우다 (習う)	배운 다음에 / 후에 (習った後に)
子音 語幹	만들다 (作る)　ㄹ語幹	만든 다음에 / 후에 (作った後に)
	읽다 (読む)	읽은 다음에 / 후에 (読んだ後に)
	듣다 (聴く)　ㄷ不規則	들은 다음에 / 후에 (聴いた後に)
	돕다 (手伝う)　ㅂ不規則	도운 다음에 / 후에 (手伝った後に)

練習1 例のように「-(으)ㄴ 다음에/후에」の文に直してみましょう。

囫 점심을 먹다 (昼ご飯を食べる)	점심을 먹은 다음에 / 후에 (昼ご飯を食べた後に)
수업을 마치다 (授業が終わる)	
친구하고 놀다 (友達と遊ぶ)	
이야기를 나누다 (話を交わす)	
라디오를 듣다 (ラジオを聞く)	
학교를 졸업하다 (学校を卒業する)	

練習2 次の文を日本語と韓国語に訳してみましょう。

⑴ 청소를 마친 후에 커피를 마셨어요.

⑵ 숙제를 한 다음에 공부했어요.

⑶ 大学を卒業した後、就職しました。(就職する : 취직하다)

解答 練習1

수업을 마치다 (授業が終わる)	수업을 마친 다음에 / 후에
친구하고 놀다 (友達と遊ぶ)	친구하고 논 다음에 / 후에
이야기를 나누다 (話を交わす)	이야기를 나눈 다음에 / 후에
라디오를 듣다 (ラジオを聞く)	라디오를 들은 다음에 / 후에
학교를 졸업하다 (学校を卒業する)	학교를 졸업한 다음에 / 후에

解答 練習2

⑴ 掃除が終わった後にコーヒーを飲みました。

⑵ 宿題をした後に勉強しました。⑶ 대학을 졸업한 다음에 취직했어요.

8-5 - 지 마세요 ～(し)ないでください 〈禁止〉

「사지 마세요 (買わないでください)」の「-지 마세요」は、「～（し）ないで
ください」という意味で、聞き手にある行動をしないように要請したり、命
令したりするとき使います。動詞の語幹に「지 마세요」を、もっと丁寧に話
すときは「지 마십시오」をつけます。

보다 → 보지 마세요/보지 마십시오
見る　　　　　　　見ないでください

먹다 → 먹지 마세요/먹지 마십시오
食べる　　　　　　食べないでください

저를 찾지 마세요
（僕を探さないでください）

절대 보지 마세요!
절대 듣지 마세요!
（絶対、見ないでください
絶対聞かないでください）

엄마 미치지 마세요
（おかあさん、おかしくな
らないでください）

▷「-지 마세요」の活用

区分	文型・意味	- 지 마세요 ～（し）ないでください
母音語幹	가다 (行く)	가지 마세요 (行かないでください)
	보다 (見る)	보지 마세요 (見ないでください)
子音語幹	읽다 (読む)	읽지 마세요 (読まないでください)
	먹다 (食べる)	먹지 마세요 (食べないでください)
	걷다 (歩く)	걷지 마세요 (歩かないでください)
	만들다 (作る)	만들지 마세요 (作らないでください)
	눕다 (横になる)	눕지 마세요 (横にならないでください)

練習1 例のように「-지 마세요」文に直してみましょう。

例 많이 먹다 (たくさん食べる)	많이 먹지 마세요. (たくさん食べないでください。)
늦잠을 자다 (朝寝坊をする)	
꾸벅꾸벅 졸다 (うとうと居眠りする)	
밖에 나가다 (外に出る)	
늦게까지 기다리다 (遅くまで待つ)	
나이를 묻다 (歳を聞く)	
약속 시간에 늦다 (約束の時間に遅れる)	

練習2 次の文を日本語と韓国語に訳してみましょう。

⑴ 그 영화는 보지 마세요. 별로 재미없어요.

⑵ 수업 시간에 졸지 마세요.

⑶ 歳を聞かないでください。失礼です。〈失礼：실례〉

解答 練習1

늦잠을 자다 (朝寝坊をする)	늦잠을 자지 마세요.
꾸벅꾸벅 졸다 (うとうと居眠りする)	꾸벅꾸벅 졸지 마세요.
밖에 나가다 (外に出る)	밖에 나가지 마세요.
늦게까지 기다리다 (遅くまで待つ)	늦게까지 기다리지 마세요.
나이를 묻다 (歳を聞く)	나이를 묻지 마세요.
약속 시간에 늦다 (約束の時間に遅れる)	약속 시간에 늦지 마세요.

解答 練習2

⑴ あの映画は見ないでください。あまり面白くありません。

⑵ 授業の時間に居眠りしないでください。⑶ 나이를 묻지 마세요. 실례예요.

8-6 - 기 전에 ～(する)前に〈先行の動作〉

「**일본으로 돌아가기 전에**（日本に帰る前に）」のように動詞の語幹に「**기 전에**」をつけると、「～する前に」という意味になります。

また、「**졸업 전에**（卒業の前に）、**수업 전에**（授業の前に）」のように名詞の後に「**전에**」をつける表現もあります。

보다 → 보기 전에　　**먹다 → 먹기 전에**

　見る　　　　見る前に　　　食べる　　　食べる前に

저리 가! 잡아먹기 전에
（あっち行け！　食われる前に）

먹기 전에는 꼭 손을 씻어요
（食べる前は必ず手を洗いなさい）

졸업 전에 취업하라
（卒業の前に就職せよ）

▷「-기 전에」の活用

区分	文型・意味	-기 전에 ～（する）前に
母音語幹	가다 （行く）	가기 전에 （行く前に）
	보다 （見る）	보기 전에 （見る前に）
子音語幹	읽다 （読む）	읽기 전에 （読む前に）
	묵다 （泊まる）	묵기 전에 （泊まる前に）
	걷다 （歩く）	걷기 전에 （歩く前に）
	풀다 （解く）	풀기 전에 （解く前に）
	돕다 （手伝う）	돕기 전에 （手伝う前に）

練習 1 例のように「-기 전에」の文に直してみましょう。

例 아침을 먹다 (朝ご飯を食べる)	아침을 먹기 전에(朝ご飯を食べる前に)
선물을 사다 (プレゼントを買う)	
옷을 입다 (服を着る)	
자리에 앉다 (席に座る)	
뉴스를 듣다 (ニュースを聞く)	
친구한테 전화하다 (友達に電話する)	

練習 2 次の文を日本語と韓国語に訳してみましょう。

(1) 먹기 전에 계산을 해야 돼요. (계산 : 勘定)
(2) 식당에 가기 전에 예약을 했어요.
(3) 寝る前に勉強をします。

解答 練習 1

선물을 사다 (プレゼントを買う)	선물을 사기 전에
옷을 입다 (服を着る)	옷을 입기 전에
자리에 앉다 (席に座る)	자리에 앉기 전에
뉴스를 듣다 (ニュースを聞く)	뉴스를 듣기 전에
친구한테 전화하다 (友達に電話する)	친구한테 전화하기 전에

解答 練習 2

(1) 食べる前に勘定をしなければなりません。(2) 食堂に行く前に予約をしました。
(3) 자기 전에 공부를 해요.

말모이 **8** **일용품** (日用品)

歯磨き粉	歯ブラシ	かみそり	ティッシュ	石鹸	シャンプ	コンディショナー
치약	치솔	면도기	티슈	비누	샴푸	린스

 韓国語コロケーション **8** **일용품** (日用品)

手帳	ボールペン	財布	マスク	ハンドクリーム	香水	ハンカチ
수첩	**볼펜**	**지갑**	**마스크**	**핸드크림**	**향수**	**손수건**
수첩에 적어요. 手帳に つけます.	볼펜으로 써요. ボールペン で書きます.	지갑에 넣어요. 財布に 入れます.	마스크를 써요. マスクを します.	핸드크림을 발라요. ハンドクリーム をつけます.	향수를 뿌려요. 香水を つけます.	손수건으로 닦아요. ハンカチで 拭きます.

메모

읽을거리 ⑧

🎵 024

화장품 가게에서

　어제 명동에 있는 화장품 가게에 갔어요. 그 매장은 예쁘고 깜찍했어요. 또 매장 언니가 마음이 좋아 샘플도 듬뿍듬뿍 주었어요.

　중저가이면서도 허브를 많이 사용한 고급스러운 화장품도 있었어요. 나는 밀크베이스의 크림하고 허브가루를 샀는데, 집에 와서 둘을 '사이좋게' 섞어 얼굴에 팩을 했어요.

化粧品のお店で

　昨日、明洞にある化粧品のお店に行きました。その売り場はきれいで、かわいかったです。また、店員さんが気前がよく、試供品もたっぷりくれました。

　中低価格帯でありながら、ハーブをたくさん使った高級な化粧品もありました。私はミルクベースのクリームとハーブの粉を買いましたが、家に帰ってから二つを「仲良く」混ぜて顔にパックしました。

　上の「화장품 가게에서」を書き写してみましょう。

1. 次の文を日本語に訳してみましょう。

(1) 공부한 내용이 시험에 나왔어요.

→ _____

(2) 요즘 라디오를 들은 적이 있어요?

→ _____

(3) 이 화장품은 참 좋더라고요.

→ _____

(4) 친구를 만난 다음에 뭐 했어요?

→ _____

(5) 너무 늦게 자지 마세요. 건강에 안 좋아요.

→ _____

2. 次の文を韓国語に訳してみましょう。(下線部に注意)

(1) この間、読んだ本は面白かったです。(この間：요전에)

→ _____

(2) KTX に乗ったことがあります。

→ _____

(3) あのカルビはとてもおいしかったですよ。(「-더라고요」を使って)

→ _____

(4) 昼ご飯を食べたあと、コーヒーを飲みました。

→ _____

(5) 会議の時間に遅れないでください。(-지 마세요を使って)

→ _____

8

3. 次の質問に韓国語で答えましょう。

(1) 요즘 본 영화는 어떤 영화예요?

→ _____

(2) 비빔밥을 먹은 적이 있어요?

→ _____

(3) 친구들 하고 여행을 가 본 적이 있어요?

→ _____

(4) 아침을 먹은 다음에 뭐 했어요?

→ _____

(5) 보통 자기 전에 뭐 해요?

→ _____

메모

_____
_____
_____
_____
_____
_____
_____

오늘은 뭘 만드세요?

今日は何を作りますか。

🎵 025

❶ 상우: **하나 씨! 지금 뭐 하고 있어요?**

❷ 하나: **한국 요리를 하기 위해 인터넷 검색을 하고 있어요.**

❸ 상우: **정말요? 한국 음식을 자주 만드세요?**

❹ 하나: **네, 가끔 김밥이나 떡볶이를 만들기도 해요.
오늘은 잡채 좀 만들어 볼까 하는데 재료가 많이
드네요.**

❺ 상우: **냉장고에 있는 기본 재료만으로 만들어도 돼요.
모든 재료를 다 넣지 않아도 돼요. 내가 가르쳐
줄게요.**

❻ 하나: **아, 그래요? 인터넷보다 상우 씨가 더 친절하네요.**

🎵 026

SNS

유리: 지금 뭐 해?

하나: 인터넷 검색~
한국 요리 하려고!!

유리: 정말? 자주 해?

하나: 가끔^^~ 김밥, 떡볶이 등
만들기도 해. 오늘은 잡채
좀 만들까 하는데 재료가 많네.

유리: 재료를 다 넣지 않아도 돼.

하나: 다행이다!
있는 재료만으로 만들어야겠다.

ユリ：今何してる？？

ハナ：インターネット検索〜 韓国料理
をしようと!!

ユリ：本当？よくやるの？

ハナ：たまに^^〜キムパ、トッポッ
キなど作ったりもするよ。
今日はチャプチェを作ろうかと
思うんだけど、材料が多いね。

ユリ：材料を全部入れなくてもいいよ。

ハナ：よかった！有り合わせの材料だ
けで作ろう。

発音

- 한국 요리
  [한궁뇨리]
- 정말요[정말료]
- 김밥이나
  [김빠비나]
- 떡볶이를
  [떡뽀끼를]
- 많네요[만네요]
- 있는[인는]
- 넣지[너치]
- 않아도[아나도]
- 줄게요[줄께요]

語彙・表現

❷ 하기 위해 : するため　인터넷 : インターネット
　검색 : 検索

❸ 정말요? : 本当ですか

❹ 가끔 : たまに　-이나 : ～や　만들기도 해요 :
　作ったりもします　잡채 [雑菜] : チャプチェ
　좀 : ちょっと　만들어 볼까 : 作ってみようか
　하는데 : するんですが、思いますが　들다 : (お
　金、ものなどが) かかる、入る

❺ 냉장고 : 冷蔵庫　기본 : 基本　재료 : 材料　만으
　로 : だけで　만들어도 돼요 : 作ってもいいです
　모든 : 全ての　다 : 全部、全て　넣다 : 入れる
　가르치다 : 教える

❻ 그래요? : そうですか　～보다 : より　더 : もっ
　と　친절하다 : 親切だ

日本語訳

❶ サンウ：ハナさん、今何をしていますか。
❷ ハナ：　韓国料理をするためインターネットで検索をしています。
❸ サンウ：本当ですか。韓国料理をよく作りますか。
❹ ハナ：　はい、たまにキンパやトッポッキを作ったりもします。今日はちょっとチャプチェを作ってみようかと思いますが、材料がたくさんいりますね。
❺ サンウ：冷蔵庫にある基本材料だけで作ってもいいですよ。すべての材料を全部入れなくてもいいです。私が教えてあげます。
❻ ハナ：　あ、そうですか。インターネットよりサンウさん（の方）がもっと親切ですね。

9-1 　-기 위해서 　～(する)ために 〈目的・意図〉

「-기 위해서」は「보기 위해서 (見るために)」「먹기 위해서 (食べるために)」
などのように、目的や意図を表す表現です。動詞の語幹に「기 위해서」をつ
けると、「～するために」という意味になります。なお、「서」を省略した形
の「기 위해」もよく使われます。

보다 → 보기 위해서　　　**먹다 → 먹기 위해서**
　見る　　　　見るために　　　　食べる　　　食べるために

**좋은 친구를 만나기
위해 떠나는 여행**
(いい友達に会うために旅
立つ旅行)

**뜨거운 지구 열차
를 멈추기 위해**
(熱い地球列車を止めさ
せるために)

**넌 사랑 받기 위해 태어
났단다**
(君は愛されるために生まれて
きたのよ)

▷「-기 위해서」の活用

区分	文型・意味	-기 위해서 ～(する)ために
母音語幹	가다 (行く)	가기 위해서 (行くために)
	보다 (見る)	보기 위해서 (見るために)
子音語幹	읽다 (読む)	읽기 위해서 (読むために)
	먹다 (食べる)	먹기 위해서 (食べるために)
	걷다 (歩く)	걷기 위해서 (歩くために)
	만들다 (作る)	만들기 위해서 (作るために)
	돕다 (手伝う)	돕기 위해서 (手伝うために)

（練習1）例のように「-기 위해서」の文に直してみましょう。

例 친구를 만나다 (友達に会う)	친구를 만나기 위해서 (友達に会うために)
자동차를 사다 (車を買う)	
책을 빌리다 (本を借りる)	
전화를 받다 (電話に出る)	
이야기를 듣다 (話を聞く)	
회사에 취직하다 (会社に就職する)	

（練習2）次の文を日本語と韓国語に訳してみましょう。

(1) 가방을 사기 위해 백화점에 갔어요.
(2) 번호표를 받기 위해서 줄을 섰어요. (번호표 : 番号札, 줄을 서다 : 並ぶ)
(3) 本を借りるために図書館に行きました。

解答（練習1）

자동차를 사다 (車を買う)	자동차를 사기 위해서
책을 빌리다 (本を借りる)	책을 빌리기 위해서
전화를 받다 (電話に出る)	전화를 받기 위해서
이야기를 듣다 (話を聞く)	이야기를 듣기 위해서
회사에 취직하다 (会社に就職する)	회사에 취직하기 위해서

解答（練習2）

(1) かばんを買うためにデパートに行きました
(2) 番号札をもらうために並びました。(3) 책을 빌리기 위해서 도서관에 갔어요.

9-2 「ㄹ」語幹用言

「**뭘 만드세요?** (何をお作りになりますか)」での「**만들다** (作る)」のように「**살
다** (住む)，**놀다** (遊ぶ)，**달다** (甘い)」などのようにパッチムが「ㄹ」で終わ
る動詞や形容詞を「ㄹ語幹用言」と言います。語幹末のパッチム「ㄹ」の後
に「(으)ㅅ，(스)ㅂ，(으)오，(으)ㄹ，(으)ㄴ」がくるとパッチム「ㄹ」は
脱落します。

▷「-ㄹ語幹」の活用

> 「ㄹ」の次にㅅㅂㅇㄹㄴが続くと
> 「ㄹ」はすぽ～んと抜けるね！

	後続の文字	動詞 살다 (住む、暮らす)	形容詞 길다 (長い)
ㄹ脱落	(으)ㅅ	살＋세요→사세요 (お住みです)	길＋세요→기세요 (お長いです)
	(스)ㅂ (パッチム)	살＋ㅂ니다→삽니다 (住んでいます)	길＋ㅂ니다→깁니다 (長いです)
	(으)오	살＋오→사오 (住みます)	길＋오→기오 (長いです)
	(으)ㄹ (パッチム)	살＋ㄹ까요→살까요? (住むでしょうか)	길＋ㄹ까요→길까요? (長いでしょうか)
	(으)ㄴ	살＋ㄴ→산 (住んでいた～) 살＋니까→사니까 (住むから)	길＋ㄴ→긴 (長い～) 길＋니까→기니까 (長いから)
	ㄴ	살＋는→사는 (住む～)	—
ㄹ残る	ㄱ	살＋고→살고 (住んで)	길＋고→길고 (長くて)
	ㄷ	살＋던→살던 (住んでいた～)	길＋던→길던 (長かった～)
	(으)ㄹ (初声)	살＋려고→살려고 (住もうと)	—
	(으)ㅁ	살＋면→살면 (住めば)	길＋면→길면 (長ければ)
	아 / 어	살＋아요→살아요 (住んでいます)	길＋어요→길어요 (長いです)
	ㅈ	살＋지만→살지만 (住んでいるが)	길＋지만→길지만 (長いけど)

練習 1 次を例のように直してみましょう。

例 살다 (住む)	살고 (住んで)	살면 (住めば)	살아요 (住みます)	사는 (住む~)	사세요 (お住みです)
걸다 (かける)					
놀다 (遊ぶ)					
돌다 (回る)					
열다 (開ける)					
멀다 (遠い)				―	

練習 2 次の文を日本語と韓国語に訳してみましょう。

⑴ 한국은 아파트에 사는 사람들이 많아요? (아파트 : マンション)

⑵ 요즘도 서울에 사세요?

⑶ 最近、田舎に住んでいます。(田舎 : 시골)

解答 **練習 1**

걸다 (かける)	걸고	걸면	걸어요	거는	거세요
놀다 (遊ぶ)	놀고	놀면	놀아요	노는	노세요
돌다 (回る)	돌고	돌면	돌아요	도는	도세요
열다 (開ける)	열고	열면	열어요	여는	여세요
멀다 (遠い)	멀고	멀면	멀어요	―	머세요

解答 **練習 2**

⑴ 韓国は、マンションに住んでいる人が多いですか。

⑵ 最近もソウルに住んでいますか。⑶ 요즘 시골에 살고 있어요.

9-3　-기도 해요　～(し)たりもします　〈追加・選択・感嘆〉

　動詞・形容詞の語幹に「기도 해요」をつけると「만들기도 해요 (作ったり もします)」のように、「～たりもします」という意味になります。また、名詞 の場合は「저는 학생이기도 해요 (私が学生でもあります)」のように「이기도 해요」をつけると「～でもあります」という意味になります。

가다 → 가기도 해요
行く　　行ったりもします

먹다 → 먹기도 해요
食べる　食べたりもします

바쁘다 → 바쁘기도 해요
忙しい　　忙しかったりもします

춥다 → 춥기도 해요
寒い　　寒かったりもします

가수 → 가수이기도 해요
歌手　　　歌手でもあります

시인 → 시인이기도 해요
詩人　　　詩人でもあります

▷「-기도 해요」の活用

区分		文型・意味	-기도 해요　～ (し) たりもします
母音終わり	보다 (見る)	〈動〉	보기도 해요 (見たりもします)
	바쁘다 (忙しい)	〈形〉	바쁘기도 해요 (忙しかったりもします)
	친구 (友達)	〈名〉	친구이기도 해요 (友達でもあります)
子音終わり	읽다 (読む)	〈動〉	읽기도 해요 (読んだりもします)
	걷다 (歩く)		걷기도 해요 (歩いたりもします)
	만들다 (作る)		만들기도 해요 (作ったりもします)
	돕다 (手伝う)		돕기도 해요 (手伝ったりもします)
	좋다 (よい)	〈形〉	좋기도 해요 (よかったりもします)
	학생 (学生)	〈名〉	학생이기도 해요 (学生でもあります)

練習1 例のように「-기도 해요」文に直してみましょう。

例 감동을 받다 (感動を受ける)	감동을 받기도 해요. (感動を受けたりもします。)
감기에 걸리다 (風邪を引く)	
얼음이 얼다 (氷が凍る)	
좀 어렵다 (ちょっと難しい)	
바람이 세다 (風が強い)	
시인이다 (詩人である)	
수업에 지각하다 (授業に遅刻する)	

練習2 次の文を日本語と韓国語に訳してみましょう。

⑴ 학교에 늦게 가기도 해요.
⑵ 겨울에는 한강이 얼기도 해요. (한강 : 漢江)
⑶ 昼間はまだ時々、暑かったりもします。(昼間 : 낮, 時々 : 가끔)

解答 練習1

감기에 걸리다 (風邪を引く)	감기에 걸리기도 해요.
얼음이 얼다 (氷が凍る)	얼음이 얼기도 해요.
좀 어렵다 (ちょっと難しい)	좀 어렵기도 해요.
바람이 세다 (風が強い)	바람이 세기도 해요.
시인이다 (詩人である)	시인이기도 해요.
수업에 지각하다 (授業に遅刻する)	수업에 지각하기도 해요.

解答 練習2

⑴ 学校に遅く行ったりもします。⑵ 冬は漢江が凍ったりもします。
⑶ 낮에는 아직 가끔 덥기도 해요.

9-4　-아/어 볼까 해요　～(し)てみようかと思います〈意向〉

　話し手の意向を表す表現の「-(으)ㄹ까 해요（～しようかと思います、～したいと思います）　7-1 」という表現がありましたが、その前に、試みの意を持つ「～してみる（-아/어 보다）」をつけて「-아/어 볼까 해요」にすると「～してみようかと思います」という意味になります。動詞の語幹末が陽母音の場合は「아 볼까 해요」、陰母音の場合は「어 볼까 해요」をつけます。

가다 → 　가 볼까 해요
行く　　　　行ってみようかと思います

먹다 → 　먹어 볼까 해요
食べる　　　食べてみようかと思います

▷「-아/어 볼까 해요」の活用

区分	文型・意味	-아/어 볼까 해요 ～（し）てみようかと思います
陽母音 語幹	가다 (行く)	가 볼까 해요 (行ってみようかと思います)
	보다 (見る)	봐 볼까 해요 (見てみようかと思います)
	살다 (住む)　ㄹ語幹	살아 볼까 해요 (住んでみようかと思います)
陰母音 語幹	읽다 (読む)	읽어 볼까 해요 (読んでみようかと思います)
	먹다 (食べる)	먹어 볼까 해요 (食べてみようかと思います)
	걷다 (歩く)　ㄷ不規則	걸어 볼까 해요 (歩いてみようかと思います)
	굽다 (焼く)　ㅂ不規則	구워 볼까 해요 (焼いてみようかと思います)
하다 動詞	공부하다 (勉強する)	공부해 볼까 해요 (勉強してみようかと思います)
	산책하다 (散歩する)	산책해 볼까 해요 (散歩してみようかと思います)

練習 1) 例のように「-아/어 볼까 해요」文に直してみましょう。

例 감기약을 먹다 (風邪薬を飲む)	감기약을 먹어 볼까 해요. (風邪薬を飲んでみようかと思います。)
좀 기다리다 (ちょっと待つ)	
이야기를 듣다 (話を聞く)	
창문을 닦다 (窓を拭く)	
기타를 치다 (ギターを弾く)	
과자를 만들다 (お菓子を作る)	
이따가 전화하다 (後で電話する)	

練習 2) 次の文を日本語と韓国語に訳してみましょう。

⑴ 토요일에 서점에 가 볼까 해요. (서점：本屋)

⑵ 이 시집을 읽어 볼까 해요. (시집：詩集)

⑶ この歌を聞いてみようかと思います。

解答 練習 1

좀 기다리다 (ちょっと待つ)	좀 기다려 볼까 해요.
이야기를 듣다 (話を聞く)	이야기를 들어 볼까 해요.
창문을 닦다 (窓を拭く)	창문을 닦아 볼까 해요.
기타를 치다 (ギターを弾く)	기타를 쳐 볼까 해요.
과자를 만들다 (お菓子を作る)	과자를 만들어 볼까 해요.
이따가 전화하다 (後で電話する)	이따가 전화해 볼까 해요.

解答 練習 2

⑴ 土曜日に本屋に行ってみようかと思います。

⑵ この詩集を読んでみようかと思います。⑶ 이 노래를 들어 볼까 해요.

動詞の語幹末に「아도/어도 돼요」をつけると「만들어도 돼요（作っても良いです）」のように「～してもいいです」の意味になります。

動詞の語幹末が陽母音の場合は「아도 돼요」、陰母音の場合は「어도 돼요」をつけます。また、否定は「-(으)면 안 돼요（～してはいけません）」と言います。

놀다 → 놀아도 돼요(?) ⇔ 놀면 안 돼요(?)
遊ぶ　　遊んでもいいです（か）　　　遊んではいけません（か）

적다 → 적어도 돼요(?) ⇔ 적으면 안 돼요(?)
少ない　少なくてもいいです（か）　　　少ないといけません（か）

▷「-아도/어도 돼요(?)」の活用

区分	文型・意味		-아도/어도 돼요(?) ～（し）てもいいです（か）
陽母音 語幹	보다 (見る)	〈動〉	봐도 돼요 (?)　見てもいいです（か）
	놀다 (遊ぶ)		놀아도 돼요 (?)　遊んでもいいです（か）
陰母音 語幹	읽다 (読む)	〈動〉	읽어도 돼요 (?)　読んでもいいです（か）
	걷다 (歩く) ㄷ不規則		걸어도 돼요 (?)　歩いてもいいです（か）
	춥다 (寒い) ㅂ不規則	〈形〉	추워도 돼요 (?)　寒くてもいいです（か）
하다 用言	전화하다 (電話する)	〈動〉	전화해도 돼요 (?)　電話してもいいです（か）

練習 1 例のように〈「-아도/어도 돼요(?)」文に直してみましょう。

例 지금 가다 (今、行く)	지금 가도 돼요(?) 今、行ってもいいです（か。）
여기서 기다리다 (ここで待つ)	
좀 늦다 (少し遅れる)	
실내가 춥다 (室内が寒い)	
노래를 듣다 (歌を聴く)	
좀 비싸다 (少し高い)	
여기에서 계산하다 (ここで会計する)	

練習 2 次の文を日本語と韓国語に訳してみましょう。

⑴ 지금 들어가도 돼요?

⑵ 이 옷을 입어 봐도 돼요?

⑶ 野菜を炒めてもいいですか。(野菜：야채、炒める：볶다)

解答 練習 1

여기서 기다리다 (ここで待つ)	여기서 기다려도 돼요(?)
좀 늦다 (少し遅れる)	좀 늦어도 돼요(?)
실내가 춥다 (室内が寒い)	실내가 추워도 돼요(?)
노래를 듣다 (歌を聴く)	노래를 들어도 돼요(?)
좀 비싸다 (少し高い)	좀 비싸도 돼요(?)
여기에서 계산하다 (ここで会計する)	여기에서 계산해도 돼요(?)

解答 練習 2

⑴ 今、入ってもいいですか。 ⑵ この服を着てみてもいいですか。

⑶ 야채를 볶아도 돼요?

9-6 　-지 않아도 돼요　〜（し）なくてもいいです 〈許可・許容〉

　動詞や形容詞の語幹に「**지 않아도 돼요(?)**」をつけると、「**넣지 않아도 돼요(?)**（入れなくてもいいです（か）」「**많지 않아도 돼요(?)**（多くなくてもいいです（か）」のように「〜（し）なくてもいいです（か）」という意味になります。また、「**돼요(?)**」の代わりに「**괜찮아요(?)**」にしてもいいです。

가다 → 가지 않아도 돼요(?)
行く　　　行かなくてもいいです（か）

넓다 →넓지 않아도 돼요(?)
広い　　広くなくてもいいです（か）

힘내지 않아도
괜찮아
（頑張らなくてもいいよ）

▷「**-지 않아도 돼요(?)**」の活用

区分	文型・意味	-지 않아도 돼요(?) 〜（し）なくてもいいです（か）
母音 語幹	보다 (見る)	보지 않아도 돼요(?) 見なくてもいいです（か）
	연락하다 (連絡する)	연락하지 않아도 돼요(?) 連絡しなくてもいいです（か）
	먹다 (食べる)	먹지 않아도 돼요(?) 食べなくてもいいです（か）
	크다 (大きい)	크지 않아도 돼요(?) 大きくなくてもいいです（か）
子音 語幹	걷다 (歩く)	걷지 않아도 돼요(?) 歩かなくてもいいです（か）
	놀다 (遊ぶ)	놀지 않아도 돼요(?) 遊ばなくてもいいです（か）
	돕다 (手伝う)	돕지 않아도 돼요(?) 手伝わなくてもいいです（か）
	달다 (甘い)	달지 않아도 돼요(?) 甘くなくてもいいです（か）

（練習1）　例のように直してみましょう。

例 버스를 타다 (バスに乗る)	버스를 타지 않아도 돼요 (?) (バスに乗らなくてもいいです（か。）
신문을 보다 (新聞を読む)	
일찍 일어나다 (早く起きる)	
설명서를 읽다 (説明書を読む)	
짐을 싣다 (荷物を載せる)	
더 시키다 (もっと注文する)	
생선을 굽다 (魚を焼く)	

（練習2）　次の文を日本語と韓国語に訳してみましょう。

⑴　표는 미리 사지 않아도 돼요?　(표 : チケット、미리 : 先に)

⑵　슬리퍼를 신지 않아도 괜찮아요.　(슬리퍼 : スリッパ)

⑶　ダイエットはしなくてもいいです。　(ダイエット : 다이어트)

解答　（練習1）

신문을 보다 (新聞を読む)	신문을 보지 않아도 돼요 (?)
일찍 일어나다 (早く起きる)	일찍 일어나지 않아도 돼요 (?)
설명서를 읽다 (説明書を読む)	설명서를 읽지 않아도 돼요 (?)
짐을 싣다 (荷物を載せる)	짐을 싣지 않아도 돼요 (?)
더 시키다 (もっと注文する)	더 시키지 않아도 돼요 (?)
생선을 굽다 (魚を焼く)	생선을 굽지 않아도 돼요 (?)

解答　（練習2）

⑴　チケットは先に買わなくてもいいですか。

⑵　スリッパを履かなくてもいいです。⑶ 다이어트는 안 해도 돼요.

 말모이 **9** **가전제품** (家電製品)

冷蔵庫	洗濯機	食器洗浄機	電子レンジ	加湿器	トースター	ミキサー
냉장고	세탁기	식기세척기	전자레인지	가습기	토스터	믹서

 韓国語コロケーション **9** **조리기구 등** (調理器具など)

スプーン	箸	ナイフ	皿	フライパン	ヤカン	杓子
숟가락	**젓가락**	**칼**	**접시**	**프라이팬**	**주전자**	**주걱**
숟가락으로 먹다.	젓가락으로 집다.	칼로 자르다.	접시에 담다.	프라이팬에 볶다.	주전자에 끓이다.	주걱으로 밥을 푸다.
スプーンで食べる。	箸でつまむ。	ナイフで切る。	お皿に盛る。	フライパンに炒める。	やかんに煮る。	しゃもじで飯をよそう。

메모

잡채 만들기

잡채를 만들려고 인터넷을 찾아 봤어요.

조리법

당면은 끓는 물에 넣고 잠시 삶은 후에 체에 걸러 볼에 담아 주세요.

그리고 다진마늘과 간장, 참기름을 넣고 버무려 주세요. 버무린 당면과 고기, 당근, 시금치 등 준비된 재료를 프라이팬에 모두 넣어서 살짝 볶아 주세요.

이 내용을 봐도 잘 모르는 부분이 있었는데 상우 씨가 친절하게 잘 가르쳐 주어서 맛있게 만들 수 있었어요.

チャプチェ作り

チャプチェを作るためにネットを探してみました。

調理法

「タンミョンは熱湯に入れて、しばらくゆでたあと、ふるいにかけてボールに入れてください。そして、みじん切りしたニンニクと醤油、ごま油を入れて混ぜ合わせてください。混ぜたタンミョンと肉、ニンジン、ホウレンソウなど準備した材料をフライパンに全部入れてさっと炒めてください。」

この内容を見ても、よくわからない部分がありましたが、サンウさんが親切に教えてくれて、おいしく作ることができました。

 上の「잡채 만들기」を書き写してみましょう。

1. 次の文を日本語に訳してみましょう。

(1) 비행기를 타기 위해서 공항에 갔어요.

→ _____

(2) 요즘도 고베에서 사세요?

→ _____

(3) 한국 요리도 배워 볼까 해요.

→ _____

(4) 김치가 매우면 먹지 않아도 돼요. (맵다 : 辛い)

→ _____

(5) 한국어 공부는 재미있지만 어렵기도 해요.

→ _____

2. 次の文を韓国語に訳してみましょう。(下線部に注意)

(1) 友達に会うためにカフェに行きました。(カフェ : 카페)

→ _____

(2) 会社は家から遠いですか。

→ _____

(3) 今日はちょっと歩いてみようかと思います。

→ _____

(4) タクシーに乗らなくてもいいです。

→ _____

(5) たまに韓国の歌を歌ったりもします。

→ _____

9

3. 次の質問に韓国語で答えましょう。

(1) 한국어를 잘하기 위해서 어떻게 공부해요?

→ _____

(2) 일본에도 아파트에 사는 사람들이 많아요? (아파트 : マンション)

→ _____

(3) 토요일에는 회사에 가지 않아도 돼요?

→ _____

(4) 내일은 뭐 할 거예요? (「-아/어 볼까 해요」を使って)

→ _____

(5) 보통 주말에는 뭘 해요? (「-기도 해요」を使って)

→ _____

메모

_____

_____

_____

_____

_____

_____

_____

_____

매운탕은 안 매워요?

メウンタンは辛くありませんか。

🎵 028

❶ 상우: **오늘 저녁에 시간 괜찮으면 같이 매운탕 먹으러 갑시다.**

❷ 하나: **시간 괜찮아요. 그런데 매운탕은 안 매워요?**

❸ 상우: **하나 씨한테는 좀 매울지도 모르겠는데 맛있어요. 보통보다 덜 맵게 하면 돼요.**

<매운탕집에서>

❹ 상우: **안 맵게 해 주세요!**

❺ 하나: **보기만 해도 매울 것 같아요. 와! 진짜 맵고 뜨거워요!**

❻ 상우: **아, 시원하다! 역시 더울 땐 얼큰한 음식이 최고예요. 바로 이게 '이열치열'이에요.**

❼ 하나: **좋아요! '이열치열' 합시다!**

🎵 029

하나: 오늘 시간 괜찮아?	ハナ : 今日、時間ある？
유리: 응, 왜?	ユリ : うん、どうして？
하나: 매운 거 괜찮으면 매운탕 먹으러 갈래?	ハナ : 辛いのがよければメウンタン食べに行く？
유리: 매운탕? 듣기만 해도 맵네!	ユリ : メウンタン？聞いただけでも辛いね！
하나: 덜 맵게 하면 돼. '이열치열' 하자!	ハナ : 辛さを控えめにすればいいよ。「以熱治熱」しよう！

発音

- 괜찮으면
  [괜차느면]
- 괜찮아요
  [괜차나요]
- 매울지 [매울찌]
- 모르겠는데
  [모르겐는데]
- 맵게 [맵께]
- 매울 것 [매울껃]
- 맵고 [맵꼬]
- 역시 [역씨]
- 얼큰한
  [얼큰한/얼크난]

語彙・表現

❶ **매운탕**：メウンタン　**시간 괜찮으면**：時間が
あったら（←直 時間大丈夫であれば）　**먹으러**：
食べに　**갑시다**：行きましょう

❷ **시간 괜찮아요**：時間あります（←直 時間大丈夫
です）　**안 매워요?**：辛くないですか

❸ **매울지도 모르겠다**：辛いかもしれない　**보통**[普
通]　**-보다**：～より　**덜 맵게**：辛くないように
（←直 少なめに辛く）　**-게 하다**：～ようにする

❹ **안 맵게**：辛くないように

❺ **보기만 해도**：見るだけでも　**매울 것 같아요.**：
辛そうです（「맵다（辛い）」の丁寧な推量形）
와!：わぁ！　**뜨거워요**：熱いです

❻ **시원하다**：すっきりする（←直 涼しい）　**역시**：
やっぱり　**더울 땐**：暑いときは（「더울 때는」の
縮約形）　**얼큰한**：辛い（「얼큰하다（辛い）」の現
在連体形）　**최고예요**：最高です　**바로**：まさに
이열치열 [以熱治熱]：熱を以って熱を治す

日本語訳

❶ サンウ：今晩時間があったら一緒にメウンタン食べに行きましょう。
❷ ハナ：　時間大丈夫です。ところでメウンタンは辛くないですか。
❸ サンウ：ハナさんにはちょっと辛いかもしれませんが、おいしいです。
　　　　　普通より辛くないようにすればいいです。
〈メウンタンの店で〉
❹ サンウ：辛くないようにしてください！
❺ ハナ：　見ただけでも辛そうです。
　　　　　わぁ！本当に辛くて熱いです！
❻ サンウ：あ、すっきり！やはり暑いときは辛い食べ物が最高です。
　　　　　まさにこれが「以熱治熱」です。
❼ ハナ：　いいですね！「以熱治熱」しましょう！

10-1 -(으)ㅂ시다 ～(し)ましょう〈勧誘〉

人を誘う表現には、「**같이 가요** (一緒に行きましょう)，**같이 먹어요** (一緒に食べましょう) のような柔らかい「**해요体**」と「**갑시다** (行きましょう)，**먹읍시다** (食べましょう)」のように、動詞の語幹に「**(으)ㅂ시다**」をつけるあらたまった表現の「**합니다体**」があります。

また、「～しないようにしましょう」という禁止の表現は「**가지 맙시다** (行かないようにしましょう)，**먹지 맙시다** (食べないようにしましょう)」のように動詞の語幹に「**지 맙시다**」をつけます。

가다 → **갑시다** ⇔ **가지 맙시다**
行く　　　行きましょう　　行かないようにしましょう

먹다 → **먹읍시다** ⇔ **먹지 맙시다**
食べる　　食べましょう　　食べないようにしましょう

같이 갑시다
(いっしょに行きましょう)

▷「-(으)ㅂ시다/-지 맙시다」の活用

区分	文型・意味	-(으)ㅂ시다 ～ (し) ましょう	-지 맙시다 ～(し)ないようにしましょう
母音 語幹	가다 (行く)	갑시다 (行きましょう)	가지 맙시다 (行かないようにしましょう)
	하다 (する)	합시다 (しましょう)	하지 맙시다 (しないようにしましょう)
子音 語幹	만들다 (作る) ㄹ語幹	만듭시다 (作りましょう)	만들지 맙시다 (作らないようにしましょう)
	먹다 (食べる)	먹읍시다 (食べましょう)	먹지 맙시다 (食べないようにしましょう)
	싣다 (載せる) ㄷ不規則	실읍시다 (載せましょう)	싣지 맙시다 (載せないようにしましょう)
	돕다 (手伝う) ㅂ不規則	도웁시다 (手伝いましょう)	돕지 맙시다 (手伝わないようにしましょう)

練習 1 例のように「-(으)ㅂ시다/-지 맙시다」文に直してみましょう。

例 먼저 먹다 (先に食べる)	먼저 먹읍시다 (先に食べましょう)	먼저 먹지 맙시다. (先に食べないようにしましょう。)
창문을 닫다 (窓を閉める)		
빨리 걷다 (速く歩く)		
많이 만들다 (たくさん作る)		
지금 출발하다 (今、出発する)		

練習 2 次の文を日本語と韓国語に訳してみましょう。

⑴ 시간이 없으니까 빨리 걸읍시다. (빨리 : 速く)

⑵ 오늘은 가지 맙시다. 내일 갑시다.

⑶ 地下鉄に乗りましょう。(地下鉄 : 지하철)

解答 練習 1

창문을 닫다 (窓を閉める)	창문을 닫읍시다	창문을 닫지 맙시다.
빨리 걷다 (速く歩く)	빨리 걸읍시다	빨리 걷지 맙시다.
많이 만들다 (たくさん作る)	많이 만듭시다	많이 만들지 맙시다.
지금 출발하다 (今、出発する)	지금 출발합시다	지금 출발하지 맙시다.

解答 練習 2

⑴ 時間がないから速く歩きましょう。

⑵ 今日は行かないようにしましょう。明日行きましょう。

⑶ 지하철을 탑시다.

10-2 「ㅂ」不規則（変則）

※ピウプ

　韓国語の用言の活用には、語幹が不規則に変化するものがあります。それを不規則用言と言います。ここでは、「ㅂ（ピウプ）不規則」について見てみましょう。

　「매운탕은 매워요 (メウンタンは辛いです)」の「매워요」は「맵다 (辛い)」の語幹に「어요」がついて変則が起きたものです。つまり、語幹末が「ㅂ」の「굽다 (焼く)，춥다 (寒い)，덥다 (暑い)」のような一部の動詞や形容詞は、パッチム「ㅂ」の次に「아/어」がつくと、「ㅂ」と「아/어」は「워」に変わります。他方、「돕다 (助ける)，곱다 (綺麗だ)」だけは「와」に変わり「도와，고와」となります。また、パッチム「ㅂ」の次に「으」が続くと「ㅂ」と「으」は「우」に変わり、「맵다」は「매우면，매운」、「고맙다」は「고마우면，고마운」となります。

▷ ㅂ不規則・規則用言

ㅂ不規則	動詞	굽다 (焼く) 눕다 (横になる) 돕다 (手伝う、助ける)
	形容詞	가깝다 (近い) 가볍다 (軽い) 고맙다 (ありがたい) 곱다 (綺麗だ) 더럽다 (汚い) 덥다 (暑い) 맵다 (辛い) 무겁다 (重い) 밉다 (憎い) 쉽다 (易しい) 시끄럽다 (うるさい) 아깝다 (もったいない) 아름답다 (美しい) 어둡다 (暗い) 어렵다 (難しい) 춥다 (寒い)
ㅂ規則	動詞	굽다 (曲がる) 뽑다 (引き抜く) 업다 (おんぶする) 입다 (着る) 잡다 (つかむ)
	形容詞	좁다 (狭い)

▷ 「ㅂ」不規則活用

굽다 → 구워요/구운
焼く　　焼きます／焼いた〜

돕다 → 도와요/도운
手伝う　手伝います／手伝った〜

맵다 → 매워요/매운
辛い　　辛いです／辛い〜

곱다 → 고와요/고운
綺麗だ　綺麗です／綺麗な〜

▷「ㅂ」不規則

	接続	ㅂ+아/어→워		ㅂ+으→우	
	基本形	連用形 -아/어 ～て	丁寧形 -아요/어요 ～です、～ます	仮定形 -(으)면 ～たら、～ば	連体形 -(으)ㄴ 形容詞：～い～ 動詞：～た～
ㅂ 不 規 則	맵다 (辛い)	매워 (辛くて)	매워요 (辛いです)	매우면 (辛ければ)	매운 (辛い～)
	가깝다 (近い)	가까워	가까워요	가까우면	가까운
	춥다 (寒い)	추워	추워요	추우면	추운
	굽다 (焼く)	구워	구워요	구우면	구운
		(ㅂ→와)			
	곱다 (綺麗だ)	고와	고와요	고우면	고운
	돕다 (手伝う)	도와	도와요	도우면	도운

▷「ㅂ」規則

	接続	ㅂ+아/어		ㅂ+으	
	基本形	連用形 -아/어 ～て	丁寧形 -아요/어요 ～です、～ます	仮定形 -(으)면 ～たら、～ば	連体形 -(으)ㄴ 形容詞：～い～ 動詞：～た～
ㅂ 規 則	좁다 (狭い)	좁아 (狭くて)	좁아요 (狭いです)	좁으면 (狭かったら)	좁은 (狭い～)
	입다 (着る)	입어	입어요	입으면	입은

次を例のように「-(으)면, -(으)ㄴ, -아/어요」に直してみましょう。

基本形	-(으)면	-(으)ㄴ	- 아요/어요
例 맵다 (辛い)	매우면 (辛ければ)	매운 (辛い〜)	매워요 (辛いです)
돕다 (手伝う)			
덥다 (暑い)			
아름답다 (美しい)			
굽다 (焼く)			
어렵다 (難しい)			
잡다 (つかむ)			

練習 2 次の文を日本語と韓国語に訳してみましょう。

(1) 오늘은 아주 추워요.

(2) 좀 어려운 질문이네요 .

(3) このキムチはちょっと辛いです。

解答 練習 1

돕다 (手伝う)	도우면	도운	도와요
덥다 (暑い)	더우면	더운	더워요
아름답다 (美しい)	아름다우면	아름다운	아름다워요
굽다 (焼く)	구우면	구운	구워요
어렵다 (難しい)	어려우면	어려운	어려워요
잡다 (つかむ)	잡으면	잡은	잡아요

解答 練習 2

(1) 今日はとても寒いです。(2) ちょっと難しい質問ですね。(3) 이 김치는 좀 매워요.

10-3 「더（多めに）」と「덜（少なめに）」

「**더**」は基準より「多めに、もっと」という意味、「**덜**」は基準より「少なめに、控えめに、まだ～ない」という意味です。

맵다 → **더 맵다** ⇔ **덜 맵다**
辛い　　もっと辛い　　控えめに辛い

자다 → **더 자다** ⇔ **덜 자다**
寝る　　もっと寝る　　少なめに寝る

덜 미워하고 더 사랑하겠습니다
（憎しみを減らしもっと愛します）

▷ 「**더**」と「**덜**」の使用例

基本形	더（もっと）	덜（控えめに・少なめに）
덥다（暑い）	**더 덥다**（もっと暑い）	**덜 덥다**（暑さが控えめだ）
짜다（しょっぱい）	**더 짜다**（もっとしょっぱい）	**덜 짜다**（塩加減が控えめだ）
달다（甘い）	**더 달다**（もっと甘い）	**덜 달다**（甘さが控えめだ）
받다（もらう）	**더 받다**（もっともらう）	**덜 받다**（少なめにもらう）
먹다（食べる）	**더 먹다**（もっと食べる）	**덜 먹다**（少なめに食べる）

（練習）次を日本語と韓国語に訳してみましょう。

(1) 더 열심히 공부하겠습니다.

(2) 좀 덜 맵게 해 주세요.

(3) サンチュ、もっとください。　（サンチュ：상추）

解答（練習）

(1) もっと一生懸命に勉強します。

(2) もう少し辛さを控えめにしてください。(3) 상추 더 주세요.

10-4　-(으)ㄹ지도 모르겠어요　～かもしれません
〈不確実な推測・情報〉

　「-(으)ㄹ지도 모르겠어요 (～かもしれません)」は、「좀 매울지도 모르겠어요 (ちょっと辛いかもしれません)」のように不確実な推測の意を表します。動詞・形容詞の母音語幹に「ㄹ지도 모르겠어요」を、子音語幹に「을지도 모르겠어요」を、名詞に「일지도 모르겠어요」をつけます。

보다 → 볼지도 모르겠어요	먹다 → 먹을지도 모르겠어요
見る　　　　見るかもしれません	食べる　　　食べるかもしれません

나쁘다 → 나쁠지도 모르겠어요	오늘 → 오늘일지도 모르겠어요
悪い　　　　悪いかもしれません	今日　　　今日かもしれません

▷「-(으)ㄹ지도 모르겠어요」の活用

区分		文型・意味	(으)ㄹ지도 모르겠어요 ～かもしれません
母音 終わり	가다 (行く)	〈動〉	갈지도 모르겠어요 (行くかもしれません)
	바쁘다 (忙しい)	〈形〉	바쁠지도 모르겠어요 (忙しいかもしれません)
	친구 (友達)	〈名〉	친구일지도 모르겠어요 (友達かもしれません)
子音 終わり	살다 (住む)	〈動〉 ㄹ語幹	살지도 모르겠어요 (住むかもしれません)
	읽다 (読む)	〈動〉	읽을지도 모르겠어요 (読むかもしれません)
	듣다 (聴く)	ㄷ不規則	들을지도 모르겠어요 (聴くかもしれません)
	돕다 (手伝う)	ㅂ不規則	도울지도 모르겠어요 (手伝うかもしれません)

（練習1） 例のように「-(으)ㄹ지도 모르겠어요」文に直してみましょう。

例 눈이 오다 (雪が降る)	눈이 올지도 모르겠어요. (雪が降るかもしれません。)
이야기를 듣다 (話を聞く)	
술을 마시다 (お酒を飲む)	
김치가 맵다 (キムチが辛い)	
공원이 조용하다 (公園が静かだ)	
영화가 재미없다 (映画がつまらない)	
아직 대학생이다 (まだ大学生だ)	

（練習2） 次の文を日本語と韓国語に訳してみましょう。

⑴ 내일은 추울지도 모르겠어요.
⑵ 친구 동생은 아직 중학생일지도 모르겠어요.
⑶ この小説は面白くないかもしれません。(小説：소설)

解答 （練習1）

이야기를 듣다 (話を聞く)	이야기를 들을지도 모르겠어요.
술을 마시다 (お酒を飲む)	술을 마실지도 모르겠어요.
김치가 맵다 (キムチが辛い)	김치가 매울지도 모르겠어요.
공원이 조용하다 (公園が静かだ)	공원이 조용할지도 모르겠어요.
영화가 재미없다 (映画がつまらない)	영화가 재미없을지도 모르겠어요.
아직 대학생이다 (まだ大学生だ)	아직 대학생일지도 모르겠어요.

解答 （練習2）
⑴ 明日は寒いかもしれません。⑵ 友達の弟はまだ、中学生かもしれません。
⑶ 이 소설은 재미없을지도 모르겠어요.

10-5 -게 하다　～ようにする、～させる、～くする〈変化〉

「맵게 하다 (辛くする)」のように、「-게 하다」は、副詞形語尾「-게」に「하다」がついた形で、「～ようにする、させる、～くする」という意味になります。動詞・形容詞の語幹に「게 하다」を、また、丁寧な表現には「게 해요/게 했어요」をつけます。

가다　→　가게 해요　　　먹다　→　　먹게 해요
行く　　　行くようにします　　食べる　　食べるようにします

나쁘다　→ 나쁘게 해요　　좋다　→ 좋게 해요
悪い　　　　悪くします　　　　よい　　　よくします

사랑하게 해
줘서 고마워
(愛するようにして
くれてありがとう)

우리 아이 잘 먹게
해 주세요
(うちの子、よく食べる
ようにしてください)

우리 아이들 좀 놀게
합시다
(うちの子どもたち、ちょっ
と遊ばせましょう)

▷「-게 해요」の活用

区分	文型・意味		- 게 해요 (～ようにする、～させる、～くする)
母音 語幹	가다 (行く)	〈動〉	가게 해요 (行くようにします)
	크다 (大きい)	〈形〉	크게 해요 (大きくします)
子音 語幹	듣다 (聴く)	〈動〉	듣게 해요 (聴くようにします)
	어렵다 (難しい)	〈形〉	어렵게 해요 (難しくします)

練習1 例のように「-게 해요」文に直してみましょう。

例 공부를 하다 (勉強をする)	공부를 하게 해요. (勉強をするようにします。)
책을 읽다 (本を読む)	
손을 씻다 (手を洗う)	
이를 닦다 (歯を磨く)	
더 달다 (もっと甘い)	
조용하다 (静かだ)	
좀 쉽다 (ちょっと易しい)	

練習2 次の文を日本語と韓国語に訳してみましょう。

(1) 이번에는 김치를 맵게 했어요.
(2) 교실에서 숙제를 하게 했어요.
(3) 家で休むようにしました。

解答 練習1

책을 읽다 (本を読む)	책을 읽게 해요.
손을 씻다 (手を洗う)	손을 씻게 해요.
이를 닦다 (歯を磨く)	이를 닦게 해요.
더 달다 (もっと甘い)	더 달게 해요.
조용하다 (静かだ)	조용하게 해요.
좀 쉽다 (ちょっと易しい)	좀 쉽게 해요.

解答 練習2

(1) 今度はキムチを辛くしました。(2) 教室で宿題するようにしました。
(3) 집에서 쉬게 했어요.

10-6　- 기만 해도　～（する）だけでも、～（し）ただけでも〈最少の条件〉

「보기만 해도 매울 것 같아요.（見るだけでも辛そうです）」での「-기만 해도（～だけても）」は、最少の条件を表します。動詞の語幹に「기만 해도」をつけます。

가다 → 가기만 해도
行く　　　行くだけでも

먹다 → 먹기만 해도
食べる　　食べるだけでも

병의 90%는
걷기만 해도 낫는다
（病気の90%は歩くだけ
でも治る）

엉덩이를 주무르기만 해도
통증의 90%는 사라진다
（お尻を揉むだけでも痛みの90%は
消える）

듣기만 해도 느는
토익
（聞くだけでも伸びる
TOEIC）

▷「-기만 해도」の活用

区分	文型・意味	-기만 해도 ～（する）だけでも、～（し）ただけでも
母音語幹	가다 (行く)	가기만 해도 (行くだけでも)
	보다 (見る)	보기만 해도 (見るだけでも)
子音語幹	듣다 (聴く)	듣기만 해도 (聴くだけでも)
	먹다 (食べる)	먹기만 해도 (食べるだけでも)

練習1 例のように「-기만 해도」の文に直してみましょう。

例 이야기를 듣다 (話を聞く)	이야기를 듣기만 해도 (話を聞くだけでも)
다리를 움직이다 (脚を動かす)	
신문을 보다 (新聞を読む)	
여유가 좀 있다 (ちょっと余裕がある)	
가끔 만나다 (たまに合う)	

練習2 次の文を日本語と韓国語に訳してみましょう。

⑴ 매일 조금씩 걷기만해도 좋은 운동이 돼요.

⑵ 일찍 자고 일찍 일어나기만 해도 건강에 좋아요. (건강 : 健康)

⑶ 新聞を読むだけでも勉強になります。

解答 練習1

다리를 움직이다 (脚を動かす)	다리를 움직이기만 해도
신문을 보다 (新聞を読む)	신문을 보기만 해도
여유가 좀 있다 (ちょっと余裕がある)	여유가 좀 있기만 해도
가끔 만나다 (たまに合う)	가끔 만나기만 해도

解答 練習2

⑴ 毎日、少しずつ歩くだけでもいい運動になります。

⑵ 早く寝て早く起きるだけでも健康にいいです。

⑶ 신문을 읽기만 해도 공부가 돼요.

말모이 ⑩ 맛에 관한 표현 (味に関する表現)

甘い	ピリ辛だ	やや酸っぱい	さっぱりする	香ばしい	風味がある	脂っこい
달콤하다	매콤하다	새콤하다	담박하다	고소하다	구수하다	느끼하다

 韓国語コロケーション ⑩ 맛에 관한 표현 (味に関する表現)

甘い	辛い	しょっぱい	酸っぱい	苦い	うすい	辛くて スッキリする
달다	**맵다**	**짜다**	**시다**	**쓰다**	**싱겁다**	**얼큰하다**
설탕은 달아요.	고추가 매워요.	소금은 짜요.	레몬이 시어요.	커피가 써요.	국이 싱거워요.	육개장이 얼큰해요.
砂糖は 甘いです。	唐辛子が 辛いです。	塩は しょっぱいです。	レモンが 酸っぱいです。	コーヒーが 苦いです。	お汁が 薄いです。	ユッケジャン は辛いです。

메모

읽을거리 ⑩

🎵 030

아 ~ 시원하다!

어제 처음으로 매운탕을 먹어 봤어요. 꽤 매웠지만 맛있었어요. 나중에는 수제비도 넣어 주었어요. 매운탕은 여러가지 해산물과 무, 팽이버섯, 대파, 쑥갓 등 채소를 함께 넣고 펄펄 끓인 얼큰한 음식이에요.

상우 씨는 뜨거운 매운탕을 먹으면서 "아~ 시원하다!"라고 했어요. '시원하다'라는 말에는 날씨뿐만이 아니라, 음식이 차거나, 맵고 뜨거우면서 속을 후련하게 한다는 뜻도 있다는 걸 처음 알았어요.

あ〜シウォナダ！

　昨日、初めてメウンタンを食べてみました。かなり辛かったんですが、おいしかったです。あとはスイトンも入れてくれました。メウンタンはいろんな魚介類と大根、エノキタケ、長ネギ、春菊など、野菜をいっしょに入れて煮立たせた辛い料理です。

　サンウさんは熱いメウンタンを食べながら、「あ、シウォナダ！」と言いました。「シウォナダ」という言葉には天気だけでなく、料理が冷たかったり、辛くて熱いながら胃の中をすっきりさせるという意味もあるということを初めて知りました。

✏️ 上の「아 ~ 시원하다!」を書き写してみましょう。

1. 次の文を日本語に訳してみましょう。

(1) 술을 많이 마시지 맙시다.

→ _____

(2) 경치가 제일 아름다운 곳은 어디예요?（경치：景色）

→ _____

(3) 오늘 오후는 좀 바쁠지도 모르겠어요.

→ _____

(4) 커피를 덜 달게 해 주세요.

→ _____

(5) 걷기만 해도 건강이 좋아져요!

→ _____

2. 次の文を韓国語に訳してみましょう。（下線部に注意）

(1) 今日は雨が降るから明日<u>行きましょう</u>。（「-ㅂ시다」を使って）

→ _____

(2) 試験問題が<u>難しかったですか</u>。

→ _____

(3) 明日は天気が<u>悪いかもしれません</u>。（「-(으)ㄹ지도 모르겠어요」を使って）

→ _____

(4) 掃除を<u>するようにしました</u>。（「-게 하다」を使って）

→ _____

(5) ドラマを<u>見るだけでも</u>勉強になります。（「-기만 해도」を使って）

→ _____

3. 次の質問に韓国語で答えましょう。

(1) 같이 점심을 먹으러 갑시다.

→ _____

(2) 한국어 공부는 뭐가 제일 어려워요?

→ _____

(3) 이번 주말에는 뭐 해요? (「-(으)ㄹ지도 모르겠어요」を使って)

→ _____

(4) 건강을 위해 어떻게 하면 좋아요? (「-기만 해도」を使って)

→ _____

(5) 매운 걸 잘 드세요?

→ _____

메모

_____
_____
_____
_____
_____
_____
_____

1. 次の語彙の意味を韓国語は日本語で、日本語は韓国語で書いてください。

① 예정 (　　　　　)　② 강변　(　　　　　)　③ 서점 (　　　　　)

④ 간장 (　　　　　)　⑤ 여유　(　　　　　)　⑥ 동네 (　　　　　)

⑦ 쌀　 (　　　　　)　⑧ 친절　(　　　　　)　⑨ 보통 (　　　　　)

⑩ 가끔 (　　　　　)　⑪ 雨　 (　　　　　)　⑫ 家　 (　　　　　)

⑬ 時間 (　　　　　)　⑭ 有名だ (　　　　　)　⑮ 料理 (　　　　　)

⑯ 化粧品(　　　　　)　⑰ せっけん(　　　　　)　⑱ やはり (　　　　　)

⑲ 本当に(　　　　　)　⑳ インターネット(　　　　　　　)

2. 例のように、次の単語を発音通りにハングルで書いてください。

例 못 가요 [몯까요]

① 먹을게요 [　　　　　]　② 매울 것 같아요 [　　　　　　]

③ 정말요　[　　　　　]　④ 많네요　　　 [　　　　　　]

⑤ 있는데　[　　　　　]　⑥ 끝나니까　　 [　　　　　　]

3. 例のように文章を作ってみましょう。

例 가면, 지금, 돼요 → 지금 가면 돼요.

⑴ 놀러 갈, 명동에, 예정이에요, 친구하고

　　→ _____

⑵ 있어서, 내일은, 못 가요, 다른 일이

　　→ _____

⑶ 화장품은, 이, 산 거예요?, 어디서

　　→ _____

⑷ 많아요, 예쁘고, 떡도, 맛있는

　　→ _____

⑸ 떡볶이를, 가끔, 김밥이나, 해요, 만들기도

　　→ _____

4. 例のように後ろの単語を適切な形に変えてください。

例 果物を洗って召し上がってください。

　　과일을 (씻어서) 드세요. 〈씻다〉

⑴ 明日は家で休むつもりです。

　　→내일은 집에서 (　　　　) 생각이에요. 〈쉬다〉

⑵ 時間があればいっしょに行きましょうか。

　　→시간이 (　　　　) 같이 갈까요? 〈되다〉

⑶ 今日は行かないでください。

　　→오늘은 (　　　　　　　　　　) 〈가다〉

⑷ これはお米で作ったせっけんです。

　　→이건 쌀로 (　　　　) 비누예요. 〈만들다〉

⑸ すべての材料を入れなくても大丈夫です。

　　→모든 재료를 다 (　　　　　) 돼요. 〈넣다〉

⑹ そこでご飯を食べてコーヒーを飲みましょう。

　　→거기서 밥을 (　　　　) 커피를 마셔요. 〈먹다〉

⑺ 辛くないようにしてください。

　　→(　　　　　) 해 주세요. 〈맵다〉

⑻ 他の用事があるので行けません。

　　→다른 일이 (　　　　) 못 가요. 〈있다〉

⑼ 料理をするためにインターネットで探しています。

　　→요리를 (　　　　　　　) 인터넷에서 찾고 있어요. 〈하다〉

⑽ 明日会うことにしましょう。

　　→내일 (　　　　) 해요. 〈만나다〉

5. 次の文を日本語に訳してみましょう。

(1) 강변에 멋진 카페와 맛집이 많아요.

→ _____

(2) 다음 주에 시험이 끝나니까 이번 주보다 더 낫겠어요.

→ _____

(3) 샘플을 받은 적이 있는데 쓰기 좋더라고요. (샘플：試供品)

→ _____

(4) 냉장고 안에 있는 기본 재료만으로 만들어도 돼요.

→ _____

(5) 보기만 해도 매울 것 같아요.

→ _____

6. 次の文を韓国語に訳してみましょう。(下線部に注意)

(1) 週末に雨は降らないでしょうか。

→ _____

(2) 江南に行っておいしいものを食べましょう。

→ _____

(3) 日本に帰る前にいっしょに買い物をしましょう。

→ _____

(4) すべての材料を入れなくても大丈夫です。

→ _____

(5) ところでこのメウンタンは辛くありませんか。

→ _____

7. 次の質問に韓国語で答えましょう。(声を出して!!)

(1) 내일은 비나 눈이 안 올까요?

→ _____

(2) 다음 주에 같이 놀러 갈 수 있어요?

→ _____

(3) 어디에 가서 어떤 쇼핑을 하고 싶어요?

→ _____

(4) 요즘 어떤 음식을 자주 만들어요?

→ _____

(5) 매운 김치를 먹을 수 있어요?

→ _____

第11課 공부하다가 노래를 들어요.

勉強していて歌を聴いています。

🎵 031

❶ 하나: **상우 씨 지금 뭐 해요?**

❷ 상우: **음악을 들어요. 프레젠테이션 준비를 하다가 잠시 쉬고 있어요. 하나 씨는요?**

❸ 하나: **리포트를 쓰다가 커피를 마시며 노래를 듣고 있어요.**

❹ 상우: **그래요? 공부하기 힘들지요?**

❺ 하나: **다음 주에 발표까지 있어서 너무 힘드네요.**

❻ 상우: **발표 준비하다가 모르거나 궁금한 거 있으면 또 연락해요.**

🎵 032

유리: 뭐 하고 있어?	ユリ : 何してる？
하나: 노래 들으며 쉬고 있어^^	ハナ : 歌聴きながら休んでる ^^
유리: 좋네^^ 공부하기 힘들지?	ユリ : いいね ^^ 勉強大変でしょ？
하나: ○○ 리포트 쓰다가 힘들어서ㅠㅠ	ハナ : うんうん、レポート書いていて 大変で ㅠㅠ
유리: 어렵거나 궁금한 거 없어? 도와줄게!	ユリ : 難しかったり、知りたいことは ない？ お手伝いするよ！
하나: 그래〜고마워^^	ハナ : 了解〜 ありがとう ^^

発音

- 듣고
  [듣고/드꼬]
- 있어요
  [읻써요/이써요]
- 있으면
  [읻쓰면/이쓰면]
- 연락해요
  [열라캐요]

語彙・表現

❶ 지금 : 今

❷ 음악 : 音楽　들어요 : 聴きます（「듣다（聴く）」の丁寧形）　프레젠테이션 : プレゼンテーション　하다가 : していて（「하다（する）」の中断・転換を表す表現）　잠시 [暫時] : しばらく　쉬다 : 休む　하나 씨는요 : ハナさんは？

❸ 리포트 : レポート　쓰다가 : 書いていて（「쓰다（書く）」の中断・転換を表す表現）　마시며 : 飲みながら

❹ 그래요? : そうですか　-기 힘들다 : 〜するのが大変だ　-지요? : 〜でしょう（推量・確認の表現）

❺ 발표까지 : 発表まで

❻ 준비하다 : 準備する　모르다 : 分からない　-거나 : 〜たり　궁금하다 : 気になる　거 : こと「(것이（ことが）」の縮約形　연락하다 : 連絡する

日本語訳

❶ ハナ：　サンウさん、今何をしていますか。

❷ サンウ：音楽を聴いています。プレゼンテーションの準備をしていてちょっと休んでいます。ハナさんは？

❸ ハナ：　レポートを書いている途中で、コーヒーを飲みながら歌を聴いています。

❹ サンウ：そうですか。勉強するのが大変でしょう。

❺ ハナ：　来週、発表まであってとても大変ですね。

❻ サンウ：発表の準備をしていて、分からなかったり、気になったりすることがあったらまた連絡してください。

11-1 「 ㄷ 」不規則 (変則)

テイグッ

「걷다 (歩く)，깨닫다 (悟る)，듣다 (聞く)，묻다 (尋ねる)，싣다 (載せる)」
などのように、語幹末が「ㄷ」で終わる一部の動詞は「아/어」と「으」が
続くとき、「걷다」は「걸어요，걸으면」、「듣다」は「들어요，들으면」の
ようにパッチムの「ㄷ」は「ㄹ」に変わります。

▷「ㄷ」不規則

	接続	ㄷ+아/어(ㄷ→ㄹ)		ㄷ+으(ㄷ→ㄹ)	
	基本形	連用形 -아/어 〜て	丁寧形 -아요/어요 〜ます	尊敬形 -(으)세요 お〜になります	仮定形 -(으)면 〜れば
ㄷ不規則	걷다 (歩く)	걸어 (歩いて)	걸어요 (歩きます)	걸으세요 (お歩きになります)	걸으면 (歩けば)
	깨닫다 (悟る)	깨달아	깨달아요	깨달으세요	깨달으면
	듣다 (聴く)	들어	들어요	들으세요	들으면
	묻다 (尋ねる)	물어	물어요	물으세요	물으면
	싣다 (載せる)	실어	실어요	실으세요	실으면

▷「ㄷ」規則

	接続	ㄷ+아/어		ㄷ+으	
	基本形	連用形 -아/어 〜て	丁寧形 -아요/어요 〜ます	尊敬形 -(으)세요 お〜になります	仮定形 -(으)면 〜れば
ㄷ規則	닫다 (閉める)	닫아	닫아요	닫으세요	닫으면
	받다 (もらう)	받아	받아요	받으세요	받으면

▷ ㄷ不規則・規則用言

ㄷ不規則	動詞	걷다 (歩く) など (形容詞はなし)
ㄷ規則	動詞	닫다 (閉める) 묻다 (埋める) 믿다 (信じる) 받다 (もらう) 얻다 (得る) 걷다 (まくる)
	形容詞	굳다 (硬い)

練習1 次を例のように直してみましょう。

基本形	-아요 / 어요	-(으)면	-(으)ㄴ
例 걷다 (歩く)	걸어요 (歩きます)	걸으면 (歩けば)	걸은 (歩いた〜)
듣다 (聞く)			
묻다 (尋ねる)			
깨닫다 (悟る)			
싣다 (載せる)			
닫다 (閉める)			
믿다 (信じる)			

練習2 次の文を日本語と韓国語に訳してみましょう。

⑴ 오늘은 한 시간 걸었어요.

⑵ 모르는 것은 물으면 돼요.

⑶ この歌を聴いてみてください。

解答 **練習1**

듣다 (聞く)	들어요	들으면	들은
묻다 (尋ねる)	물어요	물으면	물은
깨닫다 (悟る)	깨달아요	깨달으면	깨달은
싣다 (載せる)	실어요	실으면	실은
닫다 (閉める)	닫아요	닫으면	닫은
믿다 (信じる)	믿어요	믿으면	믿은

解答 **練習2**

⑴ 今日は1時間歩きました。⑵ わからないことは聞けばいいです。

⑶ 이 노래를 들어 보세요.

「-다가」は「～していて、～する途中で」という意味で、進行中の動作やある状態が中断され、他の動作や状態に変わるとき用いる表現です。「가다가, 먹다가」のように動詞の語幹に「다가」をつけます。なお、後続文には、現在形も過去形も使えます。

가다	→	가다가	먹다	→	먹다가
行く		行く途中で	食べる		食べていて

튜바 배우러 가다가
(チューバーを習いに行く途中で)

그냥 그렇게 살다가 갈 거라고?
(そこそこ生きていて死ぬって？)

콩 하나 먹다가 목숨을 잃은 장끼
(豆一つ食べていて命を失った雄のキジ)

▷「- 다가」の活用

区分	文型・意味	- 다가 ～ (し) ていて
母音語幹	보다 (見る)	보다가 (見ていて)
	가다 (行く)	가다가 (行く途中で)
	공부하다 (勉強する)	공부하다가 (勉強していて)
子音語幹	걷다 (歩く)	걷다가 (歩いていて)
	살다 (住む・暮らす)	살다가 (住んでいて)
	굽다 (焼く)	굽다가 (焼いていて)

練習1 次の文を例のように「-다가」文にしてみましょう。

例 학교에 가다 (学校に行く) ＋돌아오다 (帰る)	학교에 가다가 돌아와요. / 돌아왔어요. (学校に行く途中で帰ってきます。／きました。)
저녁을 먹다 (夕食を食べる) ＋나가다 (出かける)	
집으로 돌아오다 (家に帰る) ＋만나다 (会う)	
공부하다 (勉強する) ＋질문하다 (質問する)	
자다 (寝る) ＋일어나다 (起きる)	

練習2 次の文を日本語と韓国語に訳してみましょう。

⑴ 가끔 만나다가 요즘은 못 만나요.

⑵ 밥을 먹다가 전화를 받았어요. (전화를 받다 : 電話に出る)

⑶ 遅くまで勉強していて寝ました。(遅くまで : 늦게까지)

解答 練習1

저녁을 먹다 (夕食を食べる) ＋나가다 (出かける)	저녁을 먹다가 나가요. / 나갔어요.
집으로 돌아오다 (家に帰る) ＋만나다 (会う)	집으로 돌아오다가 만나요. / 만났어요.
공부하다 (勉強する) ＋질문하다 (質問する)	공부하다가 질문해요. / 질문했어요.
자다 (寝る) ＋일어나다 (起きる)	자다가 일어나요. / 일어났어요.

解答 練習2

⑴ たまに会っていたが、最近は会えません。

⑵ ご飯を食べている途中で電話に出ました。

⑶ 늦게까지 공부하다가 잤어요.

11-3　- 는요？ / - 은요？　〜は（どうですか）？〈確認〉

「**하나 씨는요?** （ハナさんは？）」のように直前の話題に対して、確認すると
き使います。名詞にパッチムがない場合は「**는요?**」、パッチムがある場合は
「**은요?**」をつけます。

어제 →　어제는요?
昨日　　昨日は？（どうでしたか）

오늘 → 오늘은요?
今日　　今日は？（どうですか）

　また、名前の最後の字にパッチムがない場合は「**는요?**」、ある場合は
「**이는요?**」をつけます。

하나 → 하나 씨는요?
ハナ　　ハナさんは？（どうですか）

보검 →　보검이는요?
ポゴム　　ポゴムは？（どうですか）

▷「**-는요?/은요?**」の活用

区分		文型・意味		-는요?/은요?　〜は？
母音終わり	사과 (リンゴ)	〈名〉		사과는요？ (リンゴは？)
	상우 (サンウ)		名前	상우는요？ (サンウは？)
	하나 씨 (ハナさん)			하나 씨는요？ (ハナさんは？)
子音終わり	빵 (パン)	〈名〉		빵은요？ (パンは？)
	보검 (ポゴム)		名前	보검이는요？ (ポゴムは？)

練習　次の文を日本語と韓国語に訳してみましょう。

⑴　제 생일은 내일이에요. 보검 씨는요?
⑵　제 취미는 등산이에요. 하나 씨는요?
⑶　私はビビンバが好きです。サンウさんは？

解答　練習
⑴　私の誕生日は明日です。ポゴムさんは（いつですか）？
⑵　私の趣味は登山です。ハナさんは（何ですか）？
⑶　저는 비빔밥을 좋아해요. 상우 씨는요?

메모

11-4　-(으)며　〜(し)ながら〈動作の同時進行〉

「-(으)며」は「〜（し）ながら」の意味で、「커피를 마시며 노래를 듣고 있어요.（コーヒーを飲みながら歌を聴いています）」のように二つ以上の動作が同時に行われるとき用います。母音語幹には「보며」のように「며」を、子音語幹には「먹으며」のように「으며」をつけます。

보다 → 보며　　살다 → 살며　　먹다 → 먹으며
見る　　見ながら　暮らす　暮らしながら　食べる　食べながら

바닷바람을 맞으며
（海の風にあたりながら）

살며 생각하며
（生きながら考えながら）

너를 보며 하나님을 생각해
（あなたを見ながら神様を思う）

▷「-(으)며」の活用

区分	文型・意味	-(으)며　〜（し）ながら
母音語幹	보다 (見る)	보며 (見ながら)
	배우다 (学ぶ)	배우며 (学びながら)
	전화하다 (電話する)	전화하며 (電話しながら)
子音語幹	만들다 (作る)　ㄹ語幹	만들며 (作りながら)
	먹다 (食べる)	먹으며 (食べながら)
	듣다 (聴く)　ㄷ不規則	들으며 (聴きながら)
	돕다 (手伝う)　ㅂ不規則	도우며 (手伝いながら)

練習1 例のように「-(으)며」の文に直してみましょう。

例 점심을 먹다 (昼ご飯を食べる) ＋이야기하다 (話す)	점심을 먹으며 이야기해요. (昼ご飯を食べながら話します。)
노래를 부르다 (歌を歌う) ＋일하다 (働く)	
웃다 (笑う) ＋사진을 찍다 (写真を撮る)	
라디오를 듣다 (ラジオを聴く) ＋공부하다 (勉強する)	
음식을 만들다 (料理を作る) ＋맛을 보다 (味見をする)	
서로 돕다 (助け合う) ＋살다 (暮らす)	

練習2 次の文を日本語と韓国語に訳してみましょう。

⑴ 차를 마시며 신문을 봐요.

⑵ 요리를 하며 음악을 들어요.

⑶ 泣きながら話しました。(泣く：울다)

解答 **練習1**

노래를 부르다 (歌を歌う) ＋일하다 (働く)	노래를 부르며 일해요.
웃다 (笑う) ＋사진을 찍다 (写真を撮る)	웃으며 사진을 찍어요.
라디오를 듣다 (ラジオを聴く) ＋공부하다 (勉強する)	라디오를 들으며 공부해요.
음식을 만들다 (料理を作る) ＋맛을 보다 (味見をする)	음식을 만들며 맛을 봐요.
서로 돕다 (助け合う) ＋살다 (暮らす)	서로 도우며 살아요.

解答 **練習2**

⑴ お茶を飲みながら新聞を読みます。⑵ 料理をしながら音楽を聴きます。

⑶ 울며 이야기했어요.

11-5　- 기 힘들다, - 기 어렵다/- 기 쉽다 〜(し)にくい／〜(し)やすい〈動作の難易〉

「공부하기 힘들지요? (勉強するのが大変でしょう？)」のように動詞の語幹末に「기 힘들다」をつけると「〜するのが大変だ、〜 (し) にくい」という意味になります。また、「-기 쉽다〜 (し) やすい, -기 어렵다〜 (し) にくい」という表現もあります。

배우다 → 배우기 쉽다 / 어렵다
学ぶ　　　　 学びやすい　 /　 にくい

만들다 → 만들기 쉽다 / 어렵다
作る　　　　 作りやすい　 /　 にくい

신이 되기는 어렵다
(神になるのは難しい)

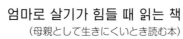

엄마로 살기가 힘들 때 읽는 책
(母親として生きにくいとき読む本)

▷「-기 쉽다/어렵다」の活用

区分	文型・意味	-기 쉽다/어렵다 〜 (し) やすい／にくい
母音語幹	보다 (見る)	보기 쉽다 / 어렵다 (見やすい／にくい)
	가다 (行く)	가기 쉽다 / 어렵다 (行きやすい／にくい)
	공부하다 (勉強する)	공부하기 쉽다 / 어렵다 (勉強しやすい／にくい)
子音語幹	걷다 (歩く)	걷기 쉽다 / 어렵다 (歩きやすい／にくい)
	만들다 (作る)	만들기 쉽다 / 어렵다 (作りやすい／にくい)
	굽다 (焼く)	굽기 쉽다 / 어렵다 (焼きやすい／にくい)

練習1 例のように「-기 쉽다/어렵다」文に直してみましょう。

例 그림을 그리다 (絵を描く) ＋쉽다 (やすい)	그림을 그리기 쉬워요. （絵を描きやすいです。）
사진을 찍다 (写真を撮る) ＋어렵다 (にくい)	
영향을 받다 (影響を受ける) ＋쉽다 (やすい)	
노래를 부르다 (歌を歌う) ＋쉽다 (やすい)	
시를 짓다 (詩を作る) ＋어렵다 (にくい)	
만들다 (作る) ＋어렵다 (にくい)	
숙제를 하다 (宿題をする) ＋힘들다 (大変だ)	

練習2 次の文を日本語と韓国語に訳してみましょう。

⑴ 이 휴대폰은 사용하기 쉬워요.

⑵ 그 노래는 부르기 어려워요.

⑶ このカメラは写真を撮りやすいですか。

解答 練習1

사진을 찍다 (写真を撮る) ＋어렵다 (にくい)	사진을 찍기 어려워요.
영향을 받다 (影響を受ける) ＋쉽다 (やすい)	영향을 받기 쉬워요.
노래를 부르다 (歌を歌う) ＋쉽다 (やすい)	노래를 부르기 쉬워요.
시를 짓다 (詩を作る) ＋어렵다 (にくい)	시를 짓기 어려워요.
만들다 (作る) ＋어렵다 (にくい)	만들기 어려워요.
숙제를 하다 (宿題をする) ＋힘들다 (大変だ)	숙제를 하기 힘들어요.

解答 練習2

⑴ この携帯は使いやすいです。 ⑵ あの歌は歌いにくいです。

⑶ 이 카메라는 사진을 찍기 쉬워요?

11-6 -거나 〜(し)たり〈例示・選択〉

　動詞・形容詞などの語幹に「거나」をつけると、「〜たり」という意味になります。「모르거나 궁금한 거 있으면（分からなかったり、気になることがあったら）」のように二つ以上の動作や状態などの例示・選択するとき使います。日本語の場合、「〜たり、〜たり」という表現が一般的ですが、韓国語の場合は、「먹거나 해요（食べたりします）」という具合に単独で使われることも多いです。

보다	→	보거나	먹다	→	먹거나
見る		見たり	食べる		食べたり

크다	→	크거나	좋다	→	좋거나
大きい		大きかったり	よい		よかったり

▷「-거나」の活用

区分	文型・意味		-거나 〜（し）たり
母音語幹	보다 (見る)	〈動〉	보거나 (見たり)
	공부하다 (勉強する)		공부하거나 (勉強したり)
	크다 (大きい)	〈形〉	크거나 (大きかったり)
子音語幹	걷다 (歩く)	〈動〉	걷거나 (歩いたり)
	만들다 (作る)		만들거나 (作ったり)
	좋다 (よい)	〈形〉	좋거나 (よかったり)

練習1 例のように「-거나」文に直してみましょう。

例 사진을 찍다 (写真を撮る) + 산책을 하다 (散歩をする)	사진을 찍거나 산책을 해요. (写真を撮ったり、散歩をします。)
집안일을 돕다 (家事を手伝う) + 집에서 쉬다 (家で休む)	
여행을 가다 (旅行に行く) + 외식을 하다 (外食をする)	
수영을 하다 (水泳をする) + 테니스를 치다 (テニスをする)	
음악을 듣다 (音楽を聴く) + 영화를 보다 (映画を見る)	

練習2 次の文を日本語と韓国語に訳してみましょう。

⑴ 일요일에는 빨래를 하거나 청소를 해요.
⑵ 바쁘거나 짐이 많을 때는 택시를 타요.
⑶ ラジオを聞いたり、テレビを見たりします。

解答 練習1

집안일을 돕다 (家事を手伝う) + 집에서 쉬다 (家で休む)	집안일을 돕거나 집에서 쉬어요.
여행을 가다 (旅行に行く) + 외식을 하다 (外食をする)	여행을 가거나 외식을 해요.
수영을 하다 (水泳をする) + 테니스를 치다 (テニスをする)	수영을 하거나 테니스를 쳐요.
음악을 듣다 (音楽を聴く) + 영화를 보다 (映画を見る)	음악을 듣거나 영화를 봐요.

解答 練習2

⑴ 日曜日には洗濯をしたり、掃除をしたりします。
⑵ 忙しかったり、荷物が多いときはタクシーに乗ります。
⑶ 라디오를 듣거나 텔레비전을 보거나 해요.

말모이 ⑪ 스포츠 (スポーツ)

サッカー	野球	バレーボール	バスケットボール	陸上	マラソン	フェンシング
축구	야구	배구	농구	육상	마라톤	펜싱
重量挙げ	柔道	テコンドー	アイスホッケー	水泳	体操	カーリング
역도	유도	태권도	아이스하키	수영	체조	컬링

 韓国語コロケーション ⑪ 몸이 하는 일 (体のはたらき)

体	頭	目	耳	口	手	脚
몸	**머리**	**눈**	**귀**	**입**	**손**	**다리**
몸으로 느껴요.	머리로 생각해요.	눈으로 봐요.	귀로 들어요.	입으로 말해요.	손으로 만져요.	다리로 걸어요.
体で 感じます。	頭で 考えます。	目で 見ます。	耳で 聞きます。	口で 話します。	手で 触ります。	脚で 歩きます。

메모

발표 준비

　아침 일찍부터 내일 제출할 리포트를 쓰다가 힘이 들어서 커피를 마시며 쉬고 있을 때 상우 씨한테서 전화가 왔어요. 상우 씨도 회사의 프레젠테이션 준비를 하고 있다고 했어요.

　나도 다음 주에는 한국 문화에 관한 발표가 있어서 또 바빠질 것 같아요. 발표 준비를 하다가 모르거나 궁금한 게 있으면 상우 씨한테 물어 보기로 했어요.

発表の準備

　朝早くから、明日提出するレポートを書いていて疲れていたのでコーヒーを飲みながら休んでいるところ、サンウさんから電話がありました。サンウさんも会社のプレゼンテーヨンの準備をしていると言いました。

　私も来週は韓国文化に関する発表があるので、また忙しくなりそうです。発表の準備をしていてわからなかったり、気になったりすることがあったらサンウさんに聞いてみることにしました。

✏️ 上の「발표 준비」を書き写してみましょう。

1. 次の文を日本語に訳してみましょう。

(1) 모차르트의 음악을 자주 들어요.

→ _____

(2) 일을 하다가 모르는 게 있으면 질문하세요.

→ _____

(3) 대학 때는 알바하며 학교에 다녔어요. (알바 : バイト)

→ _____

(4) 문법은 공부하기 좀 어려워요.

→ _____

(5) 오후에는 운동을 하거나 산책을 해요.

→ _____

2. 次の文を韓国語に訳してみましょう。(下線部に注意)

(1) 最近、毎日、1時間ずつ歩きます。(ずつ : 씩)

→ _____

(2) 会社に行く途中で帰ってきました。(帰ってくる : 돌아오다)

→ _____

(3) 歌を歌いながら、掃除をします。

→ _____

(4) 明洞は地下鉄で行きやすいです。

→ _____

(5) 休日には友達に会ったり、買い物をします。(休日 : 휴일、買い物 : 쇼핑)

→ _____

11

3. 次の質問に韓国語で答えましょう。

(1) 요즘 어떤 노래를 많이 들어요?

→ _____

(2) 공부하다가 모르는 게 있으면 어떻게 해요?

→ _____

(3) 보통 음악을 들으며 뭐 해요?

→ _____

(4) 한국어는 배우기 어려워요?

→ _____

(5) 주말에는 뭐 해요? (「-거나」を使って)

→ _____

메모

第12課　제대로 구경도 하지 못했어요.
あまり見物もできませんでした。

🎵 034

❶ 상우: **어제 대학로에 잘 다녀왔어요?**

❷ 하나: **아니요. 혼자 갔다가 잘 몰라서 제대로
구경도 하지 못했어요.**

❸ 상우: **그랬군요. 다음 주말에 시간이 괜찮으면
다시 같이 가요.**

❹ 하나: **정말요? 그런데, 가는 김에 창덕궁에도
가 보고 싶어요.**

❺ 상우: **그래요! 그때쯤 단풍이 들기 시작하면 경치도 더 좋을
거예요. 올해는 작년보다 단풍이 좀더 빨라지는 것
같아요.**

❻ 하나: **그럼, 창덕궁에 먼저 들렀다가 대학로에 가서
뮤지컬도 봐요!**

❼ 상우: **좋아요! 그렇게 해요.**

🎵 035

SNS

유리: 대학로에 잘 다녀왔어? 　　　　ユリ：大学路はどうだった？（←よく
　　　　　　　　　　　　　　　　　　　　　行ってきた？）

　하나: 제대로 구경도 못 했어ㅠㅠ 　ハナ：ちゃんと見れなかったよㅠㅠ

유리: 왜? 　　　　　　　　　　　　　ユリ：どうして？

　하나: 혼자 갔다가 잘 몰라서ㅋㅋ 　ハナ：一人で行ったけどよくわからな
　　　　　　　　　　　　　　　　　　　　　くて（笑笑）

유리: 그랬어? 다음에 같이 가자! 　ユリ：そうだったの？今度一緒に行こ
　　가는 김에 연극도 보고! 　　　　　　う！
　　　　　　　　　　　　　　　　　　　　ついでに演劇も見て！

　　　하나: 기대된다^^ 　　　　　ハナ：楽しみだね^^

発音

- 대학로 [대항노]
- 다녀왔어요 [다녀와써요]
- 갔다가 [갇따가/가따가]
- 못했어요 [몯태써요/ 모태써요]
- 그랬군요 [그랟꾼뇨/ 그래꾼뇨]
- 괜찮으면 [괜차느면]
- 정말요 [정말료]
- 시작하면 [시자카면]
- 들렀다가 [들럳따가/ 들러따가]
- 그렇게 [그러케]

語彙・表現

❶ 대학로 [大学路]：ソウルの地名　다녀오다：行ってくる

❷ 갔다가：行ったが　몰라서：分からなくて（「모르다（分からない）」の理由を表す表現）　제대로：あまり、ろくに、ちゃんと　구경：見物　하지 못 했다：できなかった

❸ 그랬군요：そうでしたね　시간이 괜찮으면：時間があれば（← 時間が大丈夫なら）　다시：また、再度

❹ 정말요?：本当ですか　가는 김에：行くついでに　창덕궁 [昌徳宮]：朝鮮王朝の宮殿（ユネスコ文化遺産）

❺ 단풍이 들다：紅葉する　-기 시작하다：～（し）始める　경치 [景致]：景色、올해：今年　좀더：もう少し　빨라지다：早くなる　-는 것 같아요：～ようです

❻ 들렀다가：立ち寄って　뮤지컬：ミュージカル

❼ 그렇게 해요：そうしましょう

日本語訳

❶ サンウ：昨日、大学路（テハンノ）はどうでしたか。（←よく行ってきましたか。）
❷ ハナ ：いいえ。一人で行きましたが、よく分からなくてちゃんと見物もできなかったです。
❸ サンウ：そうでしたか。来週末に時間があればまた一緒に行きましょう。
❹ ハナ： 本当ですか。ところで、ついでに昌徳宮にも行ってみたいです。
❺ サンウ：そうしましょう！その頃、紅葉し始めたら景色ももっと良いと思います。今年は去年より紅葉がもっと早くなるようです。
❻ ハナ： それでは、昌徳宮に先に寄ってから大学路に行ってミュージカルも観ましょう！
❼ サンウ：いいですね！そうしましょう。

12-1   - 았다가 / 었다가   ～（し）たが、～（し）ていたが
〈移行・転換〉

　動詞・形容詞の語幹に「**-았다가/었다가**」をつけると、「～（し）たが、～（し）ていたが、～（し）てから」という意味になります。ある動作や状態が完了した後に、他の動作や状態へ移行したり、また、予想外の事が起きたりすることを表します。陽母音（ㅏ，ㅗ，ㅑ）語幹には「**았다가**」を、陰母音（ㅏ，ㅗ，ㅑ以外）語幹には「**었다가**」をつけます。

좋다 → 좋았다가
　良い　　　良かったが

먹다 → 먹었다가
　食べる　食べ（てい）たが

집시, 어디서 왔다가 어디로 갔는가
（ジプシー、どこから来てどこへ行くのか）

▷「**-았다가/었다가**」の活用

区分	文型・意味		-았다가/었다가　～（し）たが
陽母音語幹	가다 (行く)	〈動〉	갔다가 (行ったが)
	돕다 (手伝う)　ㅂ不規則		도왔다가 (手伝ったが)
	살다 (住む)　ㄹ語幹		살았다가 (住んでいたが)
	좋다 (よい)	〈形〉	좋았다가 (よかったが)
陰母音語幹	싣다 (載せる)　ㄷ不規則	〈動〉	실었다가 (載せたが)
	쓰다 (書く)		썼다가 (書いたが)
	굽다 (焼く)　ㅂ不規則		구웠다가 (焼いたが)
	춥다 (寒い)	〈形〉	추웠다가 (寒かったが)
하다用言	전화하다 (電話する)	〈動〉	전화했다가 (電話したが)
	따뜻하다 (暖かい)	〈形〉	따뜻했다가 (暖かったが)

練習1 次を例のように「-았다가/었다가」の文に直してみましょう。

例 집에 가다 (家に帰る) + 바로 나오다 (すぐ出てくる)	집에 갔다가 바로 나왔어요. (家に帰ったが、すぐ出てきました。)
코트를 벗다 (コートを脱ぐ) +다시 입다 (また着る)	
일찍 일어나다 (早く起きる) +또 자다 (また寝る)	
책을 빌리다 (本を借りる) +반납하다 (返却する)	
창문을 열다 (窓を開ける) +닫다 (閉める)	
표를 예약하다 (チケットを予約する) + 취소하다 (取り消す)	

練習2 次の文を日本語と韓国語に訳してみましょう。

⑴ 슈퍼에 갔다가 우연히 친구를 만났어요. (우연히：偶然)

⑵ 날씨가 맑았다가 흐려졌어요. (맑다：晴れる、흐려지다：曇る)

⑶ バスに乗っていたが、すぐ降りました。

解答 練習1

코트를 벗다 (コートを脱ぐ) + 다시 입다 (また着る)	코트를 벗었다가 다시 입었어요.
일찍 일어나다 (早く起きる) + 또 자다 (また寝る)	일찍 일어났다가 또 잤어요.
책을 빌리다 (本を借りる) + 반납하다 (返却する)	책을 빌렸다가 반납했어요.
창문을 열다 (窓を開ける) + 닫다 (閉める)	창문을 열었다가 닫았어요.
표를 예약하다 (チケットを予約する) +취소하다 (取り消す)	표를 예약했다가 취소했어요.

解答 練習2

⑴ スーパーに行ったが、偶然、友達に会いました。

⑵ 天気が晴れていたが、曇ってきました。⑶ 버스를 탔다가 금방 내렸어요.

12-2 「르」不規則（変則）

　「잘 몰라서（よく分からなくて）」は「모르다（分からない）」に理由を表す語尾「서」がついてできたものです。「모르다（分からない），빠르다（速い），부르다（呼ぶ），고르다（選ぶ），흐르다（流れる）」などのように、語幹が「르」で終わるほとんどの動詞や形容詞は「르」不規則用言です。

　「르」不規則用言の語幹に「아/어」が付くとき、「모르다」のように「르」の前の母音が陽母音（ㅏ，ㅗ，ㅑ）の場合は「-ㄹ라」に、「부르다」のように陰母音（ㅏ，ㅗ，ㅑ以外）の場合は「-ㄹ러」に変わり、「몰라요，불러요」になります。

▷「르」不規則活用

　모르다 → 몰라요　　　부르다 → 불러요
　分からない　　分かりません　　呼ぶ　　　　呼びます

▷「르」不規則

	基本形	連用形 -아/어 〜て	丁寧形 -아요/어요 〜です、〜ます
르 不 規 則	陽母音	르+아 → ㄹ라	
	빠르다 (速い)	빨라 (速くて)	빨라요 (速いです)
	다르다 (違う)	달라 (違って)	달라요 (違います)
	모르다 (分からない)	몰라 (分からなくて)	몰라요 (分かりません)
	자르다 (切る)	잘라 (切って)	잘라요 (切ります)
	陰母音	르+어 → ㄹ러	
	부르다 (呼ぶ)	불러 (呼んで)	불러요 (呼びます)
	서두르다 (急ぐ)	서둘러 (急いで)	서둘러요 (急ぎます)
	흐르다 (流れる)	흘러 (流れて)	흘러요 (流れます)

練習1　次を例のように「-아요/어요」文に直してみましょう。

基本形	-아요/어요 （〜です・〜ます）
例 내용이 다르다 （内容が異なる）	내용이 달라요. （内容が異なります。）
이름을 부르다 （名前を呼ぶ）	
스피드가 빠르다 （スピードが速い）	
고양이를 기르다 （猫を飼う）	
버튼을 누르다 （ボタンを押す）	
강이 흐르다 （川が流れる）	
주소를 모르다 （住所を知らない）	

練習2　次の文を日本語と韓国語に訳してみましょう。

(1) 서울 한가운데를 한강이 흘러요. （한가운데：真ん中）
(2) 그 영화 제목은 잘 몰라요. （제목：題名）
(3) カラオケで韓国の歌を歌います。

解答　**練習1**

이름을 부르다 （名前を呼ぶ）	이름을 불러요.
스피드가 빠르다 （スピードが速い）	스피드가 빨라요.
고양이를 기르다 （猫を飼う）	고양이를 길러요.
버튼을 누르다 （ボタンを押す）	버튼을 눌러요.
강이 흐르다 （川が流れる）	강이 흘러요.
주소를 모르다 （住所を知らない）	주소를 몰라요.

解答　**練習2**

(1) ソウルの真ん中を漢江が流れます。(2) あの映画の題名はよくわかりません。
(3) 노래방에서 한국 노래를 불러요.

12-3 못 -하다 / -지 못하다　〜(する)ことができない〈不可能〉

　韓国語では、「〜できない」という「不可能」の意味を表す表現は二通りあり、一つ目は「못 -하다（〜できない）」のように動詞の前に「못」をつける「短い不可能形」、二つ目は「하지 못하다（〜できない）」のように動詞の語幹に「-지 못하다」をつける「長い不可能形」があります。また、「공부하다」のような「하다」動詞は、「공부 못 하다」のように「공부」と「하다」の間に「못」をつけます。

보다 → 못 보다/보지 못하다
見る　　　　　見られない

먹다 → 못 먹다/먹지 못하다
食べる　　　　食べられない

공부하다 → 공부 못 하다/
　　　　　　공부하지 못하다
勉強する　　　勉強できない

도마뱀이 벽을 오르지
못해요
（トカゲが壁を登れません）

▷「-지 못해요」の活用

区分	文型・意味	못 -해요/-지 못해요：〜(する)ことができません
母音語幹	가다 (行く)	못 가요 / 가지 못해요 (行けません)
	보다 (見る)	못 봐요 / 보지 못해요 (見られません)
子音語幹	읽다 (読む)	못 읽어요 / 읽지 못해요 (読めません)
	걷다 (歩く)	못 걸어요 / 걷지 못해요 (歩けません)
	만들다 (作る)	못 만들어요 / 만들지 못해요 (作れません)
	돕다 (手伝う)	못 도와요 / 돕지 못해요 (手伝うことができません)
하다動詞	운동하다 (運動する)	운동 못 해요 / 운동하지 못해요 (運動することができません)

練習1 例のように「못 –해요/-지 못해요」文に直してみましょう。

例 노래를 잘 부르다 (歌を上手に歌う)	노래를 잘 못 불러요. / 잘 부르지 못해요. (歌を上手に歌えません。)
사진을 찍다 (写真を撮る)	
빨리 먹다 (早く食べる)	
문제를 풀다 (問題を解く)	
바둑을 두다 (囲碁を打つ)	
피아노를 치다(ピアノを弾く)	
전화하다 (電話をする)	

練習2 次の文を日本語と韓国語に訳してみましょう。

(1) 어제는 아르바이트 때문에 친구를 못 만났어요.
(2) 시간이 없어서 문제를 제대로 풀지 못했어요. (제대로 : ちゃんと)
(3) 韓国語の新聞がよく読めません。

解答 練習1

사진을 찍다 (写真を撮る)	사진을 못 찍어요. / 찍지 못해요.
빨리 먹다 (早く食べる)	빨리 못 먹어요. / 먹지 못해요.
문제를 풀다 (問題を解く)	문제를 못 풀어요. / 풀지 못해요.
바둑을 두다 (囲碁を打つ)	바둑을 못 두어요. / 두지 못해요.
피아노를 치다(ピアノを弾く)	피아노를 못 쳐요. / 치지 못해요.
전화하다 (電話をする)	전화 못 해요. / 하지 못해요.

解答 練習2

(1) 昨日はバイトのために、友達に会えませんでした。
(2) 時間がなくて問題をちゃんと解けませんでした。
(3) 한국어 신문을 잘 못 읽어요. / 읽지 못해요.

12-4 -는 김에 ～(する)ついでに〈追加〉

　「-는 김에」は「～（する）ついでに」という意味で、ある行為をしつつ、他のこともするという意味です。「가는 김에，먹는 김에」のように動詞の語幹に「는 김에」をつけます。

가다 → **가는** 김에
行く　　　行くついでに

먹다 → **먹는** 김에
食べる　　食べるついでに

움직이는 김에 근막 스트레칭
（動くついでに筋膜のストレッチ）

▷「**-는 김에**」の活用

区分	文型・意味	-는 김에 ～（する）ついでに
母音語幹	가다 (行く)	가는 김에 (行くついでに)
	보다 (見る)	보는 김에 (見るついでに)
子音語幹	먹다 (食べる)	먹는 김에 (食べるついでに)
	읽다 (読む)	읽는 김에 (読むついでに)
	만들다 (作る)　ㄹ語幹	만드는 김에 (作るついでに)
	걷다 (歩く)	걷는 김에 (歩くついでに)
	돕다 (手伝う)	돕는 김에 (手伝うついでに)

練習1　例のように「-는 김에」の文に 直してみましょう。

例 친구를 만나다 (友達に会う)	친구를 만나는 김에 (友達に会うついでに)
슈퍼에 가다 (スーパーに行く)	
단어를 외우다 (単語を覚える)	
옷을 다리다 (服にアイロンをかける)	
구두를 닦다 (靴を磨く)	
김치를 담그다 (キムチをつける)	
청소를 하다 (掃除をする)	

練習2　次の文を日本語と韓国語に訳してみましょう。

(1) 우체국에 가는 김에 편의점에도 갔어요.

(2) 와이셔츠를 다리는 김에 손수건도 다렸어요.

(3) 復習をするついでに予習もしました。(復習：복습，予習：예습)

解答 練習1

슈퍼에 가다 (スーパーに行く)	슈퍼에 가는 김에
단어를 외우다 (単語を覚える)	단어를 외우는 김에
옷을 다리다 (服にアイロンをかける)	옷을 다리는 김에
구두를 닦다 (靴を磨く)	구두를 닦는 김에
김치를 담그다 (キムチをつける)	김치를 담그는 김에
청소를 하다 (掃除をする)	청소를 하는 김에

解答 練習2

(1) 郵便局に行くついでにコンビニにも行きました。

(2) ワイシャツにアイロンをかけるついでにハンカチにもかけました。

(3) 복습을 하는 김에 예습도 했어요.

12-5 - 기 시작해요 ～(し)始めます 〈始まり〉

動詞の語幹に「기 시작해요」をつけると「～（し）始めます」という意味
になります。また、過去形は「-기 시작했어요」を使います。

보다 → 보기 시작해요   먹다 → 먹기 시작해요
見る   見始めます   食べる   食べ始めます

신경을 껐더니 잘
풀리기 시작합니다
（気にしなかったら、う
まくいき始めます）

드디어 공부가 되기
시작했다
（とうとう勉強ができはじめた）

이렇게 하니 운이 밀
려들기 시작했습니다
（このようにしたら運が打ち
寄せ始めました）

▷「-기 시작해요/했어요」の活用

区分	文型・意味	- 기 시작해요/했어요 ～（し）始めます／始めました
母音語幹	가다 (行く)	가기 시작해요 / 했어요 (行き始めます／始めました)
	보다 (見る)	보기 시작해요 / 했어요 (見始めます／始めました)
子音語幹	먹다 (食べる)	먹기 시작해요 / 했어요 (食べ始めます／始めました)
	읽다 (読む)	읽기 시작해요 / 했어요 (読み始めます／始めました)
	걷다 (歩く)	걷기 시작해요 / 했어요 (歩き始めます／始めました)
	만들다 (作る)	만들기 시작해요 / 했어요 (作り始めます／始めました)
	굽다 (焼く)	굽기 시작해요 / 했어요 (焼き始めます／始めました)

練習1 例のように「-기 시작해요/했어요」文に直してみましょう。

例 집을 짓다 (家を建てる)	집을 짓기 시작해요. / 했어요. (家を建て始めます／始めました。)
소설을 읽다 (小説を読む)	
김밥을 만들다 (キムパを作る)	
한약을 먹다 (漢方薬を飲む)	
빵을 굽다 (パンを焼く)	
라디오를 듣다 (ラジオを聴く)	
청소를 하다 (掃除をする)	

練習2 次の文を日本語と韓国語に訳してみましょう。

(1) 내일부터 피아노를 배우기 시작해요.
(2) 조금 전에 고기를 굽기 시작했어요. (조금 전에 : 先ほど)
(3) 韓国のドラマを見始めました。

解答 練習1

소설을 읽다 (小説を読む)	소설을 읽기 시작해요. / 했어요.
김밥을 만들다 (キムパを作る)	김밥을 만들기 시작해요. / 했어요.
한약을 먹다 (漢方薬を飲む)	한약을 먹기 시작해요. / 했어요.
빵을 굽다 (パンを焼く)	빵을 굽기 시작해요. / 했어요.
라디오를 듣다 (ラジオを聴く)	라디오를 듣기 시작해요. / 했어요.
청소를 하다 (掃除をする)	청소를 하기 시작해요. / 했어요.

解答 練習2

(1) 明日からピアノを習い始めます。(2) 先ほど、肉を焼き始めました。
(3) 한국 드라마를 보기 시작했어요.

12-6 ‐아져요 / 어져요 ～くなります〈状態の変化〉

　形容詞の語幹に「‐아지다/어지다」をつけると「～くなる、～になる」といった状態の変化を表す表現になります。「**작아져요** (小さくなります)，**적어져요** (少なくなります)」のように陽母音（ㅏ，ㅗ，ㅑ）語幹には「**아져요**」を、陰母音（ㅏ，ㅗ，ㅑ以外）語幹には「**어져요**」をつけます。

　また、過去形は「**작아졌어요** (小さくなりました)、**적어졌어요** (少なくなりました)」のように語幹に「**아졌어요/어졌어요**」をつけます。

작다	→	**작아져요**	**적다**	→	**적어져요**
小さい		小さくなります	少ない		少なくなります

선생님, 클래식과
어떻게 친해져요?
(先生、クラシックと
どのように親しくなりますか)

많아지고 적어지고
(多くなったり少なくなったり)

▷ 「‐아져요/어져요」の活用

区分	文型・意味	-아져요/어져요(?) ～くなります
陽母音 語幹	달다 (甘い)	달아져요 (甘くなります)
	좋다 (よい)	좋아져요 (よくなります)
陰母音 語幹	춥다 (寒い)　ㅂ不規則	추워져요 (寒くなります)
	맛있다 (おいしい)	맛있어져요 (おいしくなります)
	적다 (少ない)	적어져요 (少なくなります)
	예쁘다 (きれいだ)　으不規則	예뻐져요 (きれいになります)
ㄹ不規則	빠르다 (速い)	빨라져요 (速くなります)

練習 1 例のように「-아졌어요/어졌어요」文に直してみましょう。

例 실력이 좋다 (実力がよい)	실력이 좋아졌어요. (実力がよくなりました。)
일이 많다 (仕事が多い)	
걸음이 빠르다 (歩きが速い)	
스피드가 느리다 (スピードが遅い)	
크기가 작다 (大きさが小さい)	
방이 깨끗하다 (部屋がきれいだ)	
날씨가 덥다 (天気が暑い)	

練習 2 次の文を日本語と韓国語に訳してみましょう。

⑴ 대학에 들어가서 친구가 많아졌어요.
⑵ 파인애플을 넣으면 고기가 부드러워져요. (파인애플 : パイナップル)
⑶ 最近、韓国語の実力がよくなりました。(最近 : 요즘, 実力 : 실력)

解答 練習 1

일이 많다 (仕事が多い)	일이 많아졌어요.
걸음이 빠르다 (歩きが速い)	걸음이 빨라졌어요.
스피드가 느리다 (スピードが遅い)	스피드가 느려졌어요.
크기가 작다 (大きさが小さい)	크기가 작아졌어요.
방이 깨끗하다 (部屋がきれいだ)	방이 깨끗해졌어요.
날씨가 덥다 (天気が暑い)	날씨가 더워졌어요.

解答 練習 2

⑴ 大学に入って友達が増えました (多くなりました)。
⑵ パイナップルを入れると肉が柔らかくなります。
⑶ 요즘 한국어 실력이 좋아졌어요.

12-7 - 는 것 같아요 ～(する)ようです〈現在推量〉

「빨라지는 것 같아요 (早くなるようです)」のように「-는 것 같아요」は「～
(する)ようです」という意味で、現在のことを推量したり、婉曲に言った
りするとき用います。動詞の語幹には「는 것 같아요」、形容詞の場合、母
音語幹には「ㄴ 것 같아요」、子音語幹には「은 것 같아요」を、なお、名
詞には「인 것 같아요」をつけます。

보다 → 보는 것 같아요	먹다 → 먹는 것 같아요
見る　　　見ているようです	食べる　　　食べているようです
나쁘다 → 나쁜 것 같아요	좋다 → 좋은 것 같아요
悪い　　　悪いようです	よい　　　よいようです
친구이다 → 친구인 것 같아요	학생이다 → 학생인 것 같아요
友達だ　　　友達のようです	学生だ　　　学生のようです

▷「-는 것 같아요 (?)」の活用

区分		文型・意味	-는 것/-(으)ㄴ 것 같아요(?) ～ようです(か)
母音 終わり	가다 (行く)	〈動〉	가는 것 같아요 (?) 行くようです (か)
	바쁘다 (忙しい)	〈形〉	바쁜 것 같아요 (?) 忙しいようです (か)
	언니 (姉)	〈名〉	언니인 것 같아요 (?) 姉のようです (か)
子音 終わり	듣다 (聴く)	〈動〉	듣는 것 같아요 (?) 聴いているようです (か)
	만들다 (作る)	ㄹ語幹	만드는 것 같아요 (?) 作っているようです (か)
	많다 (多い)	〈形〉	많은 것 같아요 (?) 多いようです (か)
	춥다 (寒い)	ㅂ不規則	추운 것 같아요 (?) 寒いようです (か)

練習1 例のように「-는 것/-(으)ㄴ 것 같아요」の文に直してみましょう。

例 비가 오다 (雨が降る)	비가 오는 것 같아요. (雨が降っているようです。)
사진을 많이 찍다(写真をたくさん撮る)	
시간이 없다 (時間がない)	
매일 걷다 (毎日歩く)	
미국에 살다 (アメリカに住む)	
서울에 도착하다 (ソウルに到着する)	
날씨가 따뜻하다 (天気が暖かい)	

練習2 次の文を日本語と韓国語に訳してみましょう。

⑴ 친구는 요즘 바쁜것 같아요.

⑵ 오늘은 좀 추운 것 같아요.

⑶ 今、ソウルは雪がたくさん降っているようです。

解答 練習1

사진을 많이 찍다(写真をたくさん撮る)	사진을 많이 찍는 것 같아요.
시간이 없다 (時間がない)	시간이 없는 것 같아요.
매일 걷다 (毎日歩く)	매일 걷는 것 같아요.
미국에 살다 (アメリカに住む)	미국에 사는 것 같아요.
서울에 도착하다 (ソウルに到着する)	서울에 도착하는 것 같아요.
날씨가 따뜻하다 (天気が暖かい)	날씨가 따뜻한 것 같아요.

解答 練習2

⑴ 友達は最近忙しいようです。 ⑵ 今日はちょっと寒いようです。

⑶ 지금 서울은 눈이 많이 내리는 것 같아요.

말모이 ⑫ 교통 (交通)

乗車	下車	交通カード	チャージ	精算	乗り換え駅	改札口
승차	하차	교통카드	충전	정산	환승역	개찰구

韓国語コロケーション ⑫ 식물 (植物)

種	新芽	花	木	実	紅葉	落ち葉
씨앗	**새싹**	**꽃**	**나무**	**열매**	**단풍**	**낙엽**
씨앗을 뿌려요.	새싹이 났어요.	꽃이 피었어요.	나무가 자라요.	열매를 맺어요.	단풍이 들었어요.	낙엽이 떨어져요.
種を 蒔きます。	新芽が 出ました。	花が 咲きました。	木が 成長します。	実を 実ります。	紅葉 しました。	落葉が 落ちます。

메모

읽을거리 ⑫

🎵 036

대학로 뮤지컬

오늘은 대학로에 갔지만 시간도 없고 길도 잘 몰라서 제대로 구경을 못 했어요. 다음 주말에 상우 씨가 다시 안내해 준다고 했어요. 이번에 대학로에 가면 '빨래'라는 뮤지컬도 꼭 볼 거예요. 아래 줄거리를 보니 왠지 재미있을 것 같아요.

> 고향 강원도를 떠나 지금 서울의 변두리 달동네* 에 살고 있는 나영은 빨래를 널러 올라간 옥상에서 몽골에서 온 이웃집 청년 솔롱고를 만난다. 어색한 첫 인사로 시작된 둘의 만남은 바람에 날려 넘어간 빨래로 인해 조금씩 가까워지고, 서로의 순수한 모습을 발견하며 한걸음씩 다가가는데…

*달동네 :「月の町」という意味で、丘の上のような高い場所にある貧民街。

大学路ミュージカル

今日は大学路に行きましたが、時間もなく、道もよくわからなくてちゃんと見物ができませんでした。来週末にサンウさんが案内してくれると言いました。今度、大学路に行けば是非「パルレ」というミュージカルも見たいと思います。下のあらすじを見たら、なんとなく面白そうです。

> 故郷の江原道から出て、今、ソウルの町はずれのタルトンネに住んでいるナヨンは洗濯物を干しに上っていた屋上でモンゴルから来たお隣の若者のソロンゴに会う。ぎこちない初対面の挨拶から始まった二人の出会いは、風に飛ばされ渡っていった洗濯物のために少しずつ近づき、お互いの純粋な姿に気づき、一歩ずつ近づきますが……

 上の「대학로 뮤지컬」を書き写してみましょう。

1. 次の文を日本語に訳してみましょう。

(1) 아침에는 추웠다가 낮에는 따뜻해졌어요.

→ _____

(2) 전철이 택시보다 더 빨라요.

→ _____

(3) 이 김치는 매워서 먹지 못해요.

→ _____

(4) 구두를 닦는 김에 동생 구두도 닦았어요.

→ _____

(5) 인터넷 속도가 엄청 빨라졌어요. (엄청 : すごく)

→ _____

2. 次の文を韓国語に訳してみましょう。(下線部に注意)

(1) 学校に行ったが、帰ってきました。(帰ってくる : 돌아오다、「-다가」を使って)

→ _____

(2) コンピューターはよくわかりません。(コンピューター : 컴퓨터)

→ _____

(3) 今、行っても会えません。

→ _____

(4) 銭湯に行くついでに、スーパーにも行きました。(銭湯 : 목욕탕)

→ _____

(5) 昨年より実力がよくなりました。(昨年 : 작년、実力 : 실력)

→ _____

12

3. 次の質問に韓国語で答えましょう。

(1) 편지를 썼다가 안 보낸 적이 있어요?

→ _____

(2) 노래방에서 어떤 노래를 불러요?

→ _____

(3) 운동을 자주 못 해요?

→ _____

(4) 서울에 가는 김에 무엇을 하고 싶어요?

→ _____

(5) 한국어 실력이 좀 좋아진 것 같아요?

→ _____

메모

第13課 이번 주 토요일은 바빠요?

今週の土曜日は忙しいですか。

🎵 037

❶ 상우: 하나 씨, 이번 주 토요일은 바빠요?

❷ 하나: 아뇨, 별로 바쁘지 않은데요. 왜요?

❸ 상우: 일본에서 유타가 오는데 공항에 같이 마중 갈래요?

❹ 하나: 좋아요, 같이 가요. 지연 씨도 같이 오겠네요?

❺ 상우: 네, 지연 씨도 와요.
　　　　토요일이라서 길이 막힐 테니까 좀 일찍 나가요.

❻ 하나: 네, 그래요! 그런데 어디서 만날까요?

❼ 상우: 전에 같이 갔던 수제비집 앞에서 열한 시에 만나요.
　　　　이른 점심 먹고 열두 시쯤 출발하기로 해요.

❽ 하나: 기대되네요. 그럼 토요일에 만나요.

🎵 038

📱SNS

하나: 유리야! 이번 일요일에 바빠?	ハナ：ユリちゃん！今度の日曜日忙しいの？
유리: 아니, 바쁘지 않은데 왜?	ユリ：いいえ、忙しくないけどなんで？
하나: 토요일에 일본에서 유타 씨랑 지연 씨가 오거든. 같이 밥 먹자!	ハナ：土曜日に日本からユウタさんとチヨンさんが来るんだけど。一緒にご飯食べよう！
유리: 정말? 좋지! 유타 씨랑 지연 씨도 보고 싶고.	ユリ：本当？いいよね！ユウタさんとチヨンさんにも会いたいし。
하나: 잘됐다! 그럼, 또 연락하도록 하자!	ハナ：よかった！じゃ、また連絡しようね！
유리: 그래~. 참! 하나는 바쁠 테니까 식당 예약은 내가 해 놓을게!	ユリ：そうしよう。あ、ハナちゃんは忙しいから、食堂の予約は私がしておくよ！

発音

- 않은데요
  [아는데요]
- 좋아요 [조아요]
- 같이 [가치]
- 오겠네요
  [오겐네요]
- 막힐 테니까
  [마킬테니까]

語彙・表現

❶ **바빠요?**：忙しいですか

❷ **별로**：あまり、たいして　**바쁘지 않은데요**：忙しくないんですが　**왜요?**：なぜですか。

❸ **마중**：お出迎え　**공항** [空港]

❹ **좋아요**：そうしましょう！　**오겠네요?**：来るでしょうね（「**오다**（来る）」の推量と確認）

❺ **토요일이라서**：土曜日なので　**길이 막히다**：道が混む、渋滞する　**길이 막힐 테니까**：道が渋滞するでしょうから　**나가다**：出る、出かける

❼ **전에**：前に、この前　**갔던**：行った（「**가다**（行く）」の過去回想）　**수제비**：スジェビ（韓国のスイトン）　**이른**：早い〜（「**이르다**（早い）の現在連体形」）　**점심** [点心]：昼食　**-쯤**：〜頃　**출발하기로 해요**：出発することにしましょう

❽ **기대되네요**：楽しみですね（「**기대되다**（期待される）」の感嘆表現）

日本語訳

❶ サンウ：ハナさん、今週の土曜日は忙しいですか。
❷ ハナ：　いいえ、あまり忙しくないんですが。なぜですか。
❸ サンウ：日本からユウタが来ますが、空港に一緒に迎えに行きましょうか。
❹ ハナ：　いいですね、一緒に行きましょう。チヨンさんも一緒に来るでしょうね。
❺ サンウ：はい、チヨンさんも来ます。
　　　　　土曜日なので道が渋滞するでしょうから、少し早く出ましょう。
❻ ハナ：　はい、そうしましょう。ところで、どこで会いましょうか。
❼ サンウ：この前一緒に行ったスイトン屋の前で11時に会いましょう。
　　　　　早い昼食を食べて、12時頃出発することにしましょう。
❽ ハナ：　楽しみですね。では土曜日に会いましょう。

13-1 「으」不規則 (変則)

　「바빠요? (忙しいですか)」は「바쁘다 (忙しい)」の語幹に丁寧形語尾「아요」がついたものです。「바쁘다 (忙しい)」のように語幹末の母音が「ー」のものを「으不規則用言」と言います。「ー」に「아/어」がつくと「ー」が脱落します。「바쁘다」のように2～3音節語幹の場合、「ー」の直前の音節の母音が陽母音のときは「ㅏ」、陰母音のときは「ㅓ」がつきます。

① 쓰다 → 써요 / 썼어요　　② 바쁘다 → 바빠요 / 바빴어요
　　書く　　書きます／書きました　　　　忙しい　　忙しいです／忙しかったです

▷「으」不規則用言

動詞	고프다 (お腹が空く)，끄다 (火を) 消す，담그다 (漬ける)，뜨다 (浮かぶ)，모으다 (集める)，쓰다 (書く・使う)
形容詞	기쁘다 (うれしい)，바쁘다 (忙しい)，슬프다 (悲しい)，쓰다 (苦い)，아프다 (痛い)，크다 (大きい)

▷「으」不規則

語幹の音節	(「ー」前の)母音	基本形	「ー」+아/어→ㅏ/ㅓ	
			丁寧形 -아요/어요 ～です、～ます	過去形 -았어요/었어요 ～でした、～ました
1音節	陰母音	쓰다 (書く、使う)	써요 (書きます)	썼어요 (書きました)
		끄다 (消す)	꺼요	껐어요
2音節	陽母音	고프다 ((腹が) すく)	고파요	고팠어요
		모으다 (集める)	모아요	모았어요
		나쁘다 (悪い)	나빠요	나빴어요
	陰母音	기쁘다 (うれしい)	기뻐요	기뻤어요
		슬프다 (悲しい)	슬퍼요	슬펐어요

練習1 次を例のように「-아요/어요、-았어요/었어요」文に直してみましょう。

基本形	-아요/어요	-았어요/었어요
例 바쁘다 (忙しい)	바빠요. (忙しいです。)	바빴어요. (忙しかったです。)
쓰다 (書く)		
아프다 (痛い)		
슬프다 (悲しい)		
크다 (大きい)		
모으다 (集める)		
예쁘다 (かわいい)		

練習2 次の文を日本語と韓国語に訳してみましょう。

⑴ 이 가방은 좀 커요.

⑵ 설악산은 단풍이 아주 예뻤어요. (설악산：雪岳山、단풍：紅葉)
ソラクサン

⑶ 最近はちょっと忙しいです。

解答 練習1

쓰다 (書く)	써요.	썼어요.
아프다 (痛い)	아파요.	아팠어요.
슬프다 (悲しい)	슬퍼요.	슬펐어요.
크다 (大きい)	커요.	컸어요.
모으다 (集める)	모아요.	모았어요.
예쁘다 (かわいい)	예뻐요.	예뻤어요.

解答 練習2

⑴ このかばんはちょっと大きいです。 ⑵ ソラク山は紅葉がとてもきれいでした。

⑶ 요즘은 좀 바빠요.

13-2　안 - 하다 / - 지 않다　〜(し)ない〈否定〉

　韓国語では、「否定」の意味を表す表現は二通りあり、一つ目は「**안 가다** (行かない)，**안 좋다** (良くない)」のように動詞や形容詞（「**조용하다**」などの「**하다**」形容詞を含む）の前に「**안**」をつける「短い否定形」、二つ目は「**가지 않다** (行かない)，**좋지 않다** (良くない)」のように動詞や形容詞の語幹に「**-지 않다**」をつける「長い否定形」があります。また、「**공부하다**」のような「**하다**」動詞は、「**공부 안 하다**」のように「**공부**」と「**하다**」の間に「**안**」をつけます。

가다 → 안 가요/가지 않아요　좋다 → 안 좋아요/좋지 않아요
　行く　　　　　行きません　　　　よい　　　　よくありません

조용하다 → 안 조용해요/조용하지 않아요
　　静かだ　　　　　　　静かではありません

공부하다 → 공부 안 해요/하지 않아요
　勉強する　　　　　　　勉強しません

▷「**안 - / -지 않아요**」の活用

区分			文型・意味	안-해요/-지 않아요 〜 (し) ません・(く) ありません
母音 語幹	부르다 (歌う)	르不規則	〈動〉	안 불러요 / 부르지 않아요 (歌いません)
	크다 (大きい)	으不規則	〈形〉	안 커요 / 크지 않아요 (大きくありません)
子音 語幹	듣다 (聴く)	ㄷ不規則	〈動〉	안 들어요 / 듣지 않아요 (聴きません)
	덥다 (暑い)	ㅂ不規則	〈形〉	안 더워요 / 덥지 않아요 (暑くありません)

練習 1 例のように「안-해요/- 지 않아요 (?)」文に直してみましょう。

例 학교에 가다 (学校に行く)	학교에 안 가요. / 가지 않아요. (学校に行きません。)
음악을 듣다 (音楽を聴く)	
교실이 크다 (教室が大きい) ?	
사진을 찍다 (写真を撮る) ?	
노래를 부르다 (歌を歌う)	
깨끗하다 (きれいだ)	
목욕하다 (お風呂に入る)	

練習 2 次の文を日本語と韓国語に訳してみましょう。

⑴ 오늘은 점심을 안 먹었어요.

⑵ 이번 시험 문제는 어렵지 않아요? (이번 : 今度の)

⑶ あまりカラオケで歌を歌いません。(あまり : 別로、カラオケ : 노래방)

解答 練習 1

음악을 듣다 (音楽を聴く)	음악을 안 들어요. / 듣지 않아요.
교실이 크다 (教室が大きい) ?	교실이 안 커요 ?/ 크지 않아요 ?
사진을 찍다 (写真を撮る) ?	사진을 안 찍어요 ?/ 찍지 않아요 ?
노래를 부르다 (歌を歌う)	노래를 안 불러요. / 부르지 않아요.
깨끗하다 (きれいだ)	안 깨끗하요 / 깨끗하지 않아요.
목욕하다 (お風呂に入る)	목욕 안 해요. / 목욕하지 않아요.

解答 練習 2

⑴ 今日は昼ご飯を食べていません。⑵ 今度の試験問題は難しくありませんか。

⑶ 노래방에서 별로 노래를 안 불러요./부르지 않아요.

13-3 -(이)라서 ～なので〈理由〉

「**토요일이라서**（土曜日なので）」のように、「**-(이)라서**」は名詞について理由・原因を表す助詞で会話でよく使う柔らかい表現です。また、「**-서**」が略され「**-(이)라**」の形としてもよく使われます。

친구 → 친구라서　　**학생 → 학생**이라서
友達　　友達なので　　　学生　　学生なので

참 소중한 너라서
（とても大事なあなたなので）

팀장은 처음이라
（チーム長は初めてなので）

▷「**-(이)라서**」の活用

区分	文型・意味	-(이)라서　～なので
母音終わり	구두（靴）	구두라서（靴なので）
	친구（友達）	친구라서（友達なので）
子音終わり	일요일（日曜日）	일요일이라서（日曜日なので）
	학생（学生）	학생이라서（学生なので）

練習1　例のように「-(이)라서」の文に直してみましょう。

例 형은 회사원 (兄は会社員)	형은 회사원이라서 (兄は会社員なので)
예쁜 꽃 (きれいなお花)	
오늘은 일요일 (今日は日曜日)	
멋진 사진 (素敵な写真)	
좋은 친구 (いい友達)	

練習2　次の文を日本語と韓国語に訳してみましょう。

⑴ 내일은 토요일이라서 학교에 안 가요.

⑵ 좋은 노래라서 자주 들어요.

⑶ 素敵な絵なので好きです。(絵 : 그림)

解答　練習1

예쁜 꽃 (きれいなお花)	예쁜 꽃이라서
오늘은 일요일 (今日は日曜日)	오늘은 일요일이라서
멋진 사진 (素敵な写真)	멋진 사진이라서
좋은 친구 (いい友達)	좋은 친구라서

解答　練習2

⑴ 明日は土曜日なので学校に行きません。⑵ いい歌なのでよく聴きます。

⑶ 멋진 그림이라서 좋아해요.

13-4　-(으)ㄹ 테니까　～(する)から・～(する)だろうから 〈意志・推量〉

「**먹을 테니까**（食べるから、食べるはずなので），**좋을 테니까**（よいはずなので）」のように動詞・形容詞などの語幹に「**(으)ㄹ 테니까**」をつけると「～（する）から、～（する）だろうから、～（する）はずなので」の意味になります。最後の「**-까**」は省略することもあります。

　この表現は意志や推量を表し、後続文には勧誘形や命令形が用いられることが多いです。動詞・形容詞などの母音語幹には「**ㄹ 테니까**」、子音語幹には「**을 테니(까)**」をつけます。また、名詞の場合は「**언니일 테니까**（姉でしょうから），**동생일 테니까**（妹・弟でしょうから）」のように「**일 테니까**」をつけます。

보다 → **볼 테니까**
見る　　　　見るから

먹다 → **먹을 테니까**
食べる　　　食べるから

나쁘다 → **나쁠 테니까**
悪い　　　　悪いでしょうから

친구 → **친구일 테니까**
友達　　　友達でしょうから

▷「**-(으)ㄹ테니까**」の活用

区分	文型・意味		-(으)ㄹ 테니까 ～（する）から・だろうから
母音 終わり	보다 (見る)	〈動〉	볼 테니까 (見るから・だろうから)
	바쁘다 (忙しい)	〈形〉	바쁠 테니까 (忙しいだろうから)
	의사 (医師)	〈名〉	의사일 테니까 (医師でしょうから)
子音 終わり	만들다 (作る) ㄹ語幹	〈動〉	만들 테니까 (作るから・だろうから)
	읽다 (読む)		읽을 테니까 (読むから・だろうから)
	듣다 (聴く) ㄷ不規則		들을 테니까 (聴くから・だろうから)
	돕다 (手伝う) ㅂ不規則		도울 테니까 (手伝うから・だろうから)
	많다 (多い)	〈形〉	많을 테니까 (多いだろうから)

練習1 例のように「-(으)ㄹ 테니까」の文に直してみましょう。

例 오늘은 공부하다 (今日は勉強する)	오늘은 공부할 테니까 (今日は勉強するだろうから)
하늘이 예쁘다 (空がきれいだ)	
노래를 듣다 (歌を聴く)	
수박이 달다 (スイカが甘い)	
내일은 정기 휴일 (明日は定休日)	
음식이 맛있다 (料理がおいしい)	
문제가 쉽다 (問題がやさしい)	

練習2 次の文を日本語と韓国語に訳してみましょう。

⑴ 이 문제는 어렵지 않을 테니까 풀어 보세요.
⑵ 노래를 부를 테니 들어 보세요.
⑶ 桜がきれいでしょうから、見に行きましょう。

解答 練習1

하늘이 예쁘다 (空がきれいだ)	하늘이 예쁠 테니까
노래를 듣다 (歌を聴く)	노래를 들을 테니까
수박이 달다 (スイカが甘い)	수박이 달 테니까
내일은 정기 휴일 (明日は定休日)	내일은 정기 휴일일 테니까
음식이 맛있다 (料理がおいしい)	음식이 맛있을 테니까
문제가 쉽다 (問題がやさしい)	문제가 쉬울 테니까

解答 練習2

⑴ この問題は難しくないでしょうから、解いてみてください。
⑵ 歌を歌いますから聞いてみてください。⑶ 벚꽃이 예쁠 테니까 보러 가요.

「-았던/었던」は、「전에 갔던 수제비집（この前行ったスイトン屋）」のように過去に経験したことを回想するとき使う表現です。陽母音（ㅏ, ㅗ, ㅑ）語幹には「았던」、陰母音（ㅏ, ㅗ, ㅑ以外）語幹には「었던」をつけます。

받다	→	받았던	먹다	→	먹었던
もらう		もらった～・もらっていた～	食べる		食べた～・食べていた～

작다	→	작았던	적다	→	적었던
小さい		小さかった～	少ない		少なかった～

▷「-았던/었던」の活用

区分		文型　意味	-았던/었던 ～（し）た～・（し）ていた～
陽母音	〈動〉	가다 (行く)	갔던 (行った)
		살다 (住む)	살았던 (住んでいた)
		돕다 (手伝う) ㅂ不規則	도왔던 (手伝っていた)
	〈形〉	좋다 (よい)	좋았던 (良かった)
陰母音	〈動〉	먹다 (食べる)	먹었던 (食べた・食べていた)
		듣다 (聴く) ㄷ不規則	들었던 (聴いていた)
	〈形〉	싫다 (いやだ)	싫었던 (いやだった)
		맛있다 (おいしい)	맛있었던 (おいしかった)
	〈指〉	학생이다 (学生だ)	학생이었던 (学生だった)
		가수이다 (歌手だ)	가수였던 (歌手だった)
하다	〈動〉	공부하다 (勉強する)	공부했던 (勉強していた)
	〈形〉	편리하다 (便利だ)	편리했던 (便利だった)

練習1 例のように「-았던/었던」の文に直してみましょう。

例 맛있다 (おいしい) ＋비빔밥 (ビビンバ)	맛있었던 비빔밥 (おいしかったビビンバ)
전에 살다 (前に住む) ＋동네 (街)	
바쁘다 (忙しい) ＋해 (年)	
전에 먹다 (以前食べる) ＋음식 (食べ物)	
자주 걷다 (よく歩く) ＋길 (道)	
배우이다 (俳優だ) ＋사람 (人)	
공부하다 (勉強する) ＋내용 (内容)	

練習2 次の文を日本語と韓国語に訳してみましょう。

⑴ 어제 들었던 노래는 좋았어요?

⑵ 작년까지는 조용했던 공원이에요.

⑶ 昔、よく食べていたお菓子です。(お菓子 : 과자)

解答 練習1

전에 살다 (前に住む) ＋동네 (街)	전에 살았던 동네
바쁘다 (忙しい) ＋해 (年)	바빴던 해
전에 먹다 (以前食べる) ＋음식 (食べ物)	전에 먹었던 음식
자주 걷다 (よく歩く) ＋길 (道)	자주 걸었던 길
배우이다 (俳優だ) ＋사람 (人)	배우였던 사람
공부하다 (勉強する) ＋내용 (内容)	공부했던 내용

解答 練習2

⑴ 昨日聴いた歌はよかったですか。⑵ 去年までは静かだった公園です。

⑶ 옛날에 자주 먹었던 과자예요.

韓国語でも日本語と同じく感嘆詞がよく使われています。

▷ 感嘆詞

그래요!	そうです	설마!	まさか、もしかして
그럼요!	もちろんです	세상에!	まったくもう、なんてこった
그렇군요!	なるほど	아이고!	あら、やれやれ
글쎄요!	そうですね	아차!	しまった
맙소사!	なんてこった	어머나!	あらまあ

말모이 ⑬ 공항 (空港)

入国	出国	国際線	国内線	両替	手荷物	搭乗
입국	출국	국제선	국내선	환전	수하물	탑승

韓国語コロケーション ⑬ 배웅과 마중 (送り迎え)

出迎え	見送り	道	空港	列	荷物	携帯電話
마중	**배웅**	**길**	**공항**	**줄**	**짐**	**휴대폰**
마중하러 가요.	친구를 배웅해요.	길이 밀려요.	공항이 붐벼요.	줄을 서요.	짐을 찾아요.	휴대폰을 빌려요.
お迎えに 行きます。	友達を 見送ります。	道が 渋滞します。	空港が 混んでいます。	並びます。	荷物を 探します。	携帯電話を 借ります。

읽을거리 13

친구 마중

지난 토요일에는 일본에서 유타가 와서 하나 씨와 같이 마중하러 공항에 갔어요. 토요일에는 언제나 길이 많이 막혀서 좀 일찍 출발하기로 했어요. 하나 씨 동네에 있는 수제비집에서 만나 이른 점심을 먹고 열 두 시쯤 출발했어요. 그날은 길이 별로 밀리지 않아 생각보다 공항에 빨리 도착했어요.

유타와 지연 씨를 만나 호텔에 짐을 두고 홍대 입구에 가서 저녁도 먹고 즐거운 시간을 보냈어요.

友達のお出迎え

この前の土曜日には、日本からユウタが来て、ハナさんといっしょに迎えに空港に行きました。土曜日はいつもすごく渋滞するため、ちょっと早く出発することにしました。ハナさんの近所にあるスイトン屋で会って、早めの昼ご飯を食べて12時ごろ出発しました。あの日は道路があまり混んでなくて、思ったより早く空港に到着しました。

ユウタとチヨンさんに会って、ホテルに荷物をおいて、弘大入口に行って夕食も食べて、楽しい時間を過ごしました。

上の「친구 마중」を書き写してみましょう。

255

1. 次の文を日本語に訳してみましょう。

(1) 배가 좀 고파요.

→ _____

(2) 오늘은 날씨가 좋지 않아요.

→ _____

(3) 아직 학생이라서 술을 마시면 안 돼요.

→ _____

(4) 지금 바쁠 테니까 나중에 전화해 보세요.

→ _____

(5) 이 노래는 지금까지 들었던 노래 중에서 제일 좋아요.

→ _____

2. 次の文を韓国語に訳してみましょう。(下線部に注意)

(1) 今日も<u>忙しいです</u>。

→ _____

(2) 朝ご飯は<u>食べません</u>。(「-지 않아요」を使って)

→ _____

(3) 今日は<u>日曜日なので</u>人が多いです。(「-(이)라서」を使って)

→ _____

(4) この本を<u>読むから</u>聞いてみてください。(「-(으)ㄹ 테니까」を使って)

→ _____

(5) これは昨日、<u>勉強していた</u>内容です。(「-았던/었던」を使って)

→ _____

13

3. 次の質問に韓国語で答えましょう。

(1) 내일 바빠요?

→ _____

(2) 지금 하는 일은 어렵지 않아요?

→ _____

(3) 왜 그 사람을 좋아해요?

→ _____

(4) 내일은 날씨가 좋을 테니까 같이 놀러 가요!

→ _____

(5) 지금까지 먹었던 음식 중에서 가장 맛있었던 음식은 뭐예요?

→ _____

메모

하얀 눈이 펑펑 내려요.

白い雪がこんこん降ってます。

🎵 040

❶ 지연: 유타 씨 지금 나올 수 있어요?

❷ 유타: 나갈 수 있어요. 지연 씨! 지금 밖이에요?

❸ 지연: 네, 하얀 눈이 펑펑 내려요. 눈이 너무 예뻐서요.

❹ 유타: 어디로 가면 될까요? 나도 나가고 싶었거든요.

❺ 지연: 같이 경복궁에 가요. 교보문고에서 책 보면서
　　　　기다릴게요.

❻ 유타: 그래요. 금방 갈 수는 없지만 서두르면 한 30분이면
　　　　도착할 거예요.

🎵 041

유리: 하나야! 밖을 좀 봐! 눈이 펑펑 내려.	ユリ: ハナちゃん、ちょっと、外を見て！雪がこんこんと降っているよ。
하나: 와~하얀 눈이 너무 예쁘다!	ハナ: わぁ～白い雪がとてもきれい！
유리: 지금 나올 수 있어? 같이 걷고 싶어서. ^^	ユリ: 今、出かけられる？一緒に歩きたくて。^^
하나: 물론! 나도 눈 맞으면서 걷고 싶었거든^^ 어디로 가면 될까?	ハナ: もちろん！私も雪に降られながら歩きたかったよ^^どこに行けばいいかな？
유리: 잘됐다! 광화문 교보문고 앞 그 카페에서 만나. 경복궁에 가자! 무척 예쁠 거야^^	ユリ: よかった！光化門（クァンファムン）教保（キョボ）文庫前のあのカフェで会おうよ。慶福宮（キョンボックン）に行こう！とてもきれいでしょうね^^
하나: 그래, 될 수 있으면 빨리 갈게. 한 20분이면 도착할 거야.	ハナ: うん、できるだけ早く行くよ。20分くらいで到着すると思う。

発音

- 나올 수[나올쑤]
- 있어요?
  [이써요]
- 밖이에요
  [바끼에요]
- 싶었거든요
  [시펃꺼든뇨/
  시퍼꺼든뇨]
- 경복궁에
  [경복꿍에]
- 기다릴게요
  [기다릴께요]
- 갈 수는[갈쑤는]
- 없지만[업찌만]
- 30분이면
  [삼씹뿌니면]
- 도착할 거예요
  [도차칼꺼예요]

語彙・表現

❶ 나올 수 있어요?：出られますか（「나오다（出てくる）」の丁寧な可能の疑問形）

❷ 나갈 수 있어요：出られます（「나가다（出ていく）」の丁寧な可能形）　밖：外

❸ 하얀：白い〜（「하얗다（白い）」の現在連体形）　눈：雪　펑펑：こんこんと　내리다：降る　너무：とても　예뻐서요：きれいですので（「예쁘다（きれいだ）」の理由を表す表現）

❹ 어디로：どこへ　나가고 싶었다：出たかった　-거든요：〜んですよ、〜だもの（理由や根拠を表す表現）

❺ 경복궁 [景福宮]：朝鮮王朝の宮殿　교보문고 [教保文庫]：ソウルの大型書店　보면서：見ながら　기다릴게요：待ちます

❻ 금방：すぐ　갈 수 없다：行けない　서두르다：急ぐ　한：約、おおよそ、だいたい　-이면：〜なら　도착하다：到着する　도착할 거예요：到着すると思います／到着するでしょう（丁寧な推量の表現）

日本語訳

❶ チヨン：ユウタさん、今出られますか。

❷ ユウタ：出られます。チヨンさん！今、外ですか。

❸ チヨン：はい、白い雪がこんこんと降っています。雪がすごくきれいなんです。

❹ ユウタ：どこに行けばいいでしょうか。私も出たかったんです。

❺ チヨン：一緒に景福宮に行きましょう。教保文庫で本を読みながら待ちます。

❻ ユウタ：そうしましょう。すぐには行けませんが、急げば30分くらいで到着すると思います。

14-1　-(으)ㄹ 수 있어요 / 없어요
～(する)ことができます／できません〈可能・不可能〉

「**나올 수 있어요?**（出られますか）」は、「**나오다**（出てくる）」の語幹に可能形の「**ㄹ 수 있다**」がついたものです。動詞の母音語幹に、「**ㄹ 수 있어요**（することができます）**/ㄹ 수 없어요**（することができません）」を、子音語幹に「**을 수 있어요**（することができます）**/을 수 없어요**（することができません）」をつけると可能・不可能の表現になります。ここでの「**수**」は「手段・方法」という意味です。

보다 → **볼 수 있어요　/ 없어요**
見る　　　　見ることができます　/ できません

먹다 → **먹을 수 있어요 / 없어요**
食べる　　　食べることができます / できません

책을 읽을 수 있어요
（本を読むことができます）

▷ 「-(으)ㄹ 수 있어요/없어요」の活用

区分	文型・意味	-(으)ㄹ 수 있어요/없어요 ～(する) ことができます／できません
母音 語幹	보다 (見る)	볼 수 있어요 / 없어요 (見ることができます／できません)
	가다 (行く)	갈 수 있어요 / 없어요 (行くことができます／できません)
	배우다 (学ぶ)	배울 수 있어요 / 없어요 (学ぶことができます／できません)
子音 語幹	만들다 (作る)　ㄹ語幹	만들 수 있어요 / 없어요 (作ることができます／できません)
	읽다 (読む)	읽을 수 있어요 / 없어요 (読むことができます／できません)
	듣다 (聴く)　ㄷ不規則	들을 수 있어요 / 없어요 (聴くことができます／できません)
	돕다 (手伝う)　ㅂ不規則	도울 수 있어요 / 없어요 (手伝うことができます／できません)

練習1 次の語を例のように「-(으)ㄹ 수 있어요/없어요」文に直してみましょう。

例 친구를 만나다 (友達に会う) ＋できる	친구를 만날 수 있어요. (友達に会うことができます。)
점심을 먹다 (昼ご飯を食べる) ＋できない	
잡채를 만들다 (チャプチェを作る) ＋できる	
한자를 읽다 (漢字を読む) ＋できない	
라디오를 듣다 (ラジオを聴く) ＋できる	
노래를 부르다 (歌を歌う) ＋できる	
지금 전화하다 (今、電話する) ＋できない	

練習2 次の文を日本語と韓国語に訳してみましょう。

⑴ 바빠서 오늘은 갈 수 없어요.
⑵ 삼계탕을 만들 수 있어요?
⑶ 今日は友達に会うことができません。

解答 **練習1**

점심을 먹다 (昼ご飯を食べる) ＋できない	점심을 먹을 수 없어요.
잡채를 만들다 (チャプチェを作る) ＋できる	잡채를 만들 수 있어요.
한자를 읽다 (漢字を読む) ＋できない	한자를 읽을 수 없어요.
라디오를 듣다 (ラジオを聴く) ＋できる	라디오를 들을 수 있어요.
노래를 부르다 (歌を歌う) ＋できる	노래를 부를 수 있어요.
지금 전화하다 (今、電話する) ＋できない	지금 전화할 수 없어요.

解答 **練習2**

⑴ 忙しくて今日は行けません。⑵ サムゲタンが作れますか。
⑶ 오늘은 친구를 만날 수 없어요.

語幹末のパッチムが「ㅎ」の形容詞は、「**좋다** (良い)」を除いてすべてが不規則活用をします。「ㅎ」不規則形容詞の「**하얗다** (白い)」に「**(으)ㄴ**」がつく連体形は、パッチムの「ㅎ」が脱落し「**하얀** (白い〜)」になり、また、「**아요/어요**」がつくとパッチムの「ㅎ」が脱落し、母音の変化が起きて「**하얘요** (白いです)」になります。

しかし「**놓다** (置く)」などの動詞は規則的に活用し「**놓은** (置く〜)、**놓아요** (置きます)」になります。

1)「ㅎ」脱落

パッチム「ㅎ」は、「**(으)면, (으)ㄴ**」の前で「으」と一緒に脱落します。

빨갛다 赤い	(→빨갛으면×)	→	**빨가면** 赤ければ
	(→빨갛은×)	→	**빨간** 赤い〜
하얗다 白い	(→하얗으면×)	→	**하야면** 白ければ
	(→하얗은×)	→	**하얀** 白い〜

까맣고 하얀 게
무엇일까요?
(黒くて白いのが
何でしょうか)

파란 모자
(青い帽子)

빨간 부채 파란 부채
(赤いうちわ、青いうちわ)

2)「ㅎ」脱落と母音の変化

語幹末のパッチムが「ㅎ」の形容詞の語幹に語尾「-아/어」が続く場合、「빨갛다 (赤い)」は「빨개」になります。これは「ㅎ」が脱落し、語幹末の母音「ㅏ」と「-아」が「ㅐ」に変わったものです。なお、「하얗다 (白い)」のように「ㅑ」のときは「ㅐ」に変わり「하얘」となります。

빨갛다	赤い	(→빨갛아요×)	→	**빨개요**	赤いです
어떻다	どうだ	(→어떻어요×)	→	**어때요?**	どうですか
하얗다	白い	(→하얗아요×)	→	**하얘요**	白いです

딸기는 빨개요
(イチゴは赤いです)

이런 취미 어때요?
(こんな趣味はいかがですか)

메모

▷「ㅎ」不規則

	接続	ㅎ+으 → 脱落		ㅏ/ㅓ+ㅎ+아/어 → ㅐ	
	基本形	仮定形 -(으)면 〜たら、〜ば	連体形 -(으)ㄴ 〜い〜	連用形 -아/어 〜て	丁寧形 -아요/어요 〜です
ㅎ不規則	까맣다 (黒い)	까마면	까만	까매	까매요
	빨갛다 (赤い)	빨가면	빨간	빨개	빨개요
	파랗다 (青い)	파라면	파란	파래	파래요
	동그랗다 (丸い)	동그라면	동그란	동그래	동그래요
	그렇다 (そうだ)	그러면	그런	그래	그래요
	어떻다 (どうだ)	―	어떤	어때	어때요?
		ㅎ+으 → 脱落		ㅑ+ㅎ+아/어 → ㅐ	
	하얗다 (白い)	하야면	하얀	하얘	하얘요

▷「ㅎ」規則

	接続	ㅎ+으		ㅎ+아/어	
	基本形	仮定形 -(으)면 〜たら、〜ば	連体形 -(으)ㄴ 形容詞 〜い〜 動詞 〜た〜	連用形 -아/어 〜て	丁寧形 -아요/어요 〜です、〜ます
ㅎ規則	좋다 (よい)	좋으면 (よければ)	좋은 (よい〜)	좋아 (よくて)	좋아요 (よいです)
	넣다 (入れる)	넣으면 (入れれば)	넣은 (入れた〜)	넣어 (入れて)	넣어요 (入れます)

▷「ㅎ」不規則・規則用言

不規則	그렇다 (そうだ)　까맣다 (黒い)　노랗다 (黄色い)　동그랗다 (丸い)　빨갛다 (赤い)　어떻다 (どうだ)　이렇다 (こうだ)　저렇다 (ああだ)　파랗다 (青い)　하얗다 (白い)
規則	좋다 (よい)　낳다 (生む)　넣다 (入れる)　놓다 (置く)

練習 1 ） 次の語を例のように「-(으)면, -(으)ㄴ, -아요/어요」に直してみましょう。

基本形	-(으)면	-(으)ㄴ	-아요 / 어요
例 빨갛다 (赤い)	빨가면	빨간	빨개요
노랗다 (黄色い)			
파랗다 (青い)			
이렇다 (こうだ)			
동그랗다 (丸い)			
하얗다 (白い)			
좋다 (よい)			

練習 2 ） 次の文を日本語と韓国語に訳してみましょう。

⑴ 이런 취미는 어때요?
⑵ 동그란 보름달이 하얘요. (보름달 : 満月)
⑶ 赤い靴を履きました。

解答 練習 1

노랗다 (黄色い)	노라면	노란	노래요
파랗다 (青い)	파라면	파란	파래요
이렇다 (こうだ)	이러면	이런	이래요
동그랗다 (丸い)	동그라면	동그란	동그래요
하얗다 (白い)	하야면	하얀	하얘요
좋다 (よい)	좋으면	좋은	좋아요

解答 練習 2

⑴ このような趣味はどうですか。⑵ 丸い満月が白いです。
⑶ 빨간 구두를 신었어요.

14-3 -아서요 / 어서요 ～ですので・～んです〈理由〉

「**예뻐서요**（きれいですので・きれいなんです）」は、理由を表す「**예뻐서**（きれいなので）」に「**요**」をつけたもので、文末で理由を表すとき使います。陽母音（ㅏ，ㅗ，ㅑ）語幹には「**아서요**」、陰母音（ㅏ，ㅗ，ㅑ以外）語幹には「**어서요**」をつけます。

받다 → **받아서요**
もらう　　もらいますので / もらうんです

먹다 → **먹어서요**
食べる　　食べますので / 食べるんです

예쁘다 → **예뻐서요**
綺麗だ　　綺麗ですので / 綺麗なんです

좋다 → **좋아서요**
よい　　よいですので / よいんです

좋아서 껴안았는데, 왜?
（好きで抱っこしたのに、何で？）

이유가 있어서 멸종했습니다
（理由があって絶滅しました）

▷「**-아서요/어서요**」の活用

区分	文型・意味		-아서요/어서요 ～ですので／ますので・～んです
陽母音 語幹	살다 (住む)	〈動〉	살아서요 (住みますので)
	받다 (もらう)		받아서요 (もらいますので)
	작다 (小さい)	〈形〉	작아서요 (小さいですので)
陰母音 語幹	듣다 (聴く)　ㄷ不規則	〈動〉	들어서요 (聴きますので)
	맵다 (辛い)　ㅂ不規則	〈形〉	매워서요 (辛いですので)
	적다 (少ない)		적어서요 (少ないですので)

練習1　次の語を例のように「-아서요/어서요」文に直してみましょう。

例 이 옷은 작다 (小さい)	이 옷은 작아서요. (この服は小さいんですよ。)
점심을 먹다 (昼ご飯を食べる)	
사진을 찍다 (写真を撮る)	
날씨가 덥다 (天気が暑い)	
치마를 입다 (スカートを穿く)	
많이 걷다 (たくさん歩く)	
골프를 좋아하다 (ゴルフが好きだ)	

練習2　次の文を日本語と韓国語に訳してみましょう。

⑴　서울은 좀 추워서요.

⑵　만두를 많이 만들어서요. (만두 : 餃子)

⑶　このキムチはちょっと辛いんですよ。

解答　練習1

점심을 먹다 (昼ご飯を食べる)	점심을 먹어서요.
사진을 찍다 (写真を撮る)	사진을 찍어서요.
날씨가 덥다 (天気が暑い)	날씨가 더워서요.
치마를 입다 (スカートを穿く)	치마를 입어서요.
많이 걷다 (たくさん歩く)	많이 걸어서요.
골프를 좋아하다 (ゴルフが好きだ)	골프를 좋아해서요.

解答　練習2

⑴ ソウルはちょっと寒いんですよ。　⑵ 餃子をたくさん作りましたので。

⑶ 이 김치는 좀 매워서요.

14-4 - 았거든요 / 었거든요　〜(し)たんですよ
〈過去の情報提示〉

　動詞や形容詞の語幹に「**거든요**」をつけると「〜んですよ」という意味で、相手が知らないと思う情報についての理由や根拠を表す表現になります。また、過去形は、陽母音語幹には「**았거든요**」、陰母音語幹には「**었거든요**」をつけます。なお、名詞の場合はパッチムがないと「**거든요/였거든요**」、あると「**이거든요/이었거든요**」をつけます。

가다 → 가거든요 / **갔**거든요　　**좋다 → 좋**거든요 / **좋았**거든요

行く　　行くんですよ / 行ったんですよ　　　よい　　　よいんですよ / よかったんですよ

가수 → 가수거든요 / **가수**였거든요

歌手　　歌手なんですよ / 歌手だったんですよ

학생 → 학생이거든요/**학생**이었거든요

学生　　　学生なんですよ　/　学生だったんですよ

▷「**-(았/었)거든요**」の活用

区分		文型・意味		**(았/었)거든요** 〜(た)んですよ
陽母音 語幹	**살다** (住む)		〈動〉	**살**거든요 / **살았**거든요 (住むんですよ／住んでいたんですよ)
	받다 (もらう)			**받**거든요 / **받았**거든요
	작다 (小さい)		〈形〉	**작**거든요 / **작았**거든요
陰母音 語幹	**듣다** (聴く)　ㄷ不規則		〈動〉	**듣**거든요 / **들었**거든요
	접다 (折る)			**접**거든요 / **접었**거든요
	적다 (少ない)		〈形〉	**적**거든요 / **적었**거든요
	춥다 (寒い)　ㅂ不規則			**춥**거든요 / **추웠**거든요

練習 1 　例のように「-(았/었)거든요」文に直してみましょう。

例 감기약을 먹다 (風邪薬を飲む)	감기약을 먹거든요 / 먹었거든요 (風邪薬を飲むんですよ／飲んだんですよ)
친구가 오다 (友達が来る)	
소문을 듣다 (噂を聞く)	
창문을 닦다 (窓を拭く)	
날씨가 춥다 (天気が寒い)	
형은 공무원이다 (兄は公務員だ)	
자주 연락하다 (よく連絡する)	

練習 2 　次の文を日本語と韓国語に訳してみましょう。

⑴　아침은 안 먹거든요.

⑵　어젯밤에 결승전이 있었거든요. 　(결승전 : 決勝戦)

⑶　先ほど、この歌を聴いたんですよ。 　(先ほど : 아까)

解答 　練習 1

친구가 오다 (友達が来る)	친구가 오거든요 / 왔거든요
소문을 듣다 (噂を聞く)	소문을 듣거든요 / 들었거든요
창문을 닦다 (窓を拭く)	창문을 닦거든요 / 닦았거든요
날씨가 춥다 (天気が寒い)	날씨가 춥거든요 / 추웠거든요
형은 공무원이다 (兄は公務員だ)	형은 공무원이거든요 / 공무원이었거든요
자주 연락하다 (よく連絡する)	자주 연락하거든요 / 연락했거든요

解答 　練習 2

⑴ 朝ご飯は食べないんですよ。 ⑵ 昨晩、決勝戦がありましたよ。

⑶ 아까 이 노래를 들었거든요.

14-5 -(으)면서 ～(し)ながら〈同時進行〉

動詞の語幹に「(으)면서」をつけると「보면서（見ながら）」のように「～
（し）ながら」という二つ以上の動作の同時進行を表します。母音語幹と르
語幹には、「보면서（見ながら），살면서（暮らしながら）」のように「면서」を、
子音語幹には、「먹으면서（食べながら）」のように「으면서」をつけます。

보다 → 보면서　　**살다 → 살면서**　　**먹다 → 먹으면서**
見る　　見ながら　　　暮す　　暮しながら　　食べる　　食べながら

읽으면서 바로 써 먹
는 어린이 속담
（読みながらすぐ使える子
供のことわざ）

같은 방향을 보면서
다른 길을 가는 아내
（同じ方向を見ながら他の
道を行く妻）

놀면서 배우는 세계축제
（遊びながら習う世界の祭り）

▷「-(으)면서」の活用

区分	文型・意味		-(으)면서 ～（し）ながら
母音語幹	보다 (見る)		보면서 (見ながら)
	공부하다 (勉強する)		공부하면서 (勉強しながら)
子音語幹	만들다 (作る)	ㄹ語幹	만들면서 (作りながら)
	읽다 (読む)		읽으면서 (読みながら)
	듣다 (聴く)	ㄷ不規則	들으면서 (聴きながら)
	돕다 (手伝う)	ㅂ不規則	도우면서 (手伝いながら)

練習1 例のように「-(으)면서」の文に直してみましょう。

例 텔레비전을 보다 (テレビを見る)	텔레비전을 보면서 (テレビを見ながら)
맛있게 먹다 (おいしく食べる)	
재미있게 놀다 (楽しく遊ぶ)	
잡지를 읽다 (雑誌を読む)	
메일을 보내다 (メールを送る)	
음악을 듣다 (音楽を聴く)	
한국어를 공부하다 (韓国語を勉強する)	

練習2 次の文を日本語と韓国語に訳してみましょう。

(1) 뉴스를 보면서 저녁을 먹었어요.
(2) 떡볶이를 만들면서 한국말로 이야기해요.
(3) 音楽を聴きながら、料理を作りました。

解答 練習1

맛있게 먹다 (おいしく食べる)	맛있게 먹으면서
재미있게 놀다 (楽しく遊ぶ)	재미있게 놀면서
잡지를 읽다 (雑誌を読む)	잡지를 읽으면서
메일을 보내다 (メールを送る)	메일을 보내면서
음악을 듣다 (音楽を聴く)	음악을 들으면서
한국어를 공부하다 (韓国語を勉強する)	한국어를 공부하면서

解答 練習2

(1) ニュースを見ながら夕食を食べました。
(2) トッポッキを作りながら韓国語で話します。
(3) 음악을 들으면서 요리를 만들었어요.

14-6 -(으)ㄹ 거예요② ～でしょう、～と思います〈推量〉

「도착할 거예요 (到着するでしょう)」、「좋을 거예요 (いいと思います)」のように動詞や形容詞の語幹に「(으)ㄹ 거예요」をつけると「～でしょう、～と思います」という推量の意味を表します。母音語幹には「ㄹ 거예요」を、子音語幹は「(을) 거예요」をつけ、ㄹ語幹には「살 거예요 (住むと思います)」のように語幹の「ㄹ」を取って「ㄹ 거예요」をつけます。

＊意志・予定・約束の「-(으)ㄹ 거예요① ～（する）つもりです」は 6-2 を参照。

오다 → 올 거예요　**살다 → 살 거예요**　**먹다 → 먹을 거예요**
来る　　来るでしょう　　住む　　住むでしょう　　食べる　　食べるでしょう

크다 → 클 거예요　**좋다 → 좋을 거예요**
大きい　大きいでしょう　よい　　よいでしょう

▷「-(으)ㄹ 거예요 ～でしょう、～と思います」の活用

区分	文型・意味		-(으)ㄹ 거예요 ～でしょう、～と思います
母音 語幹	오다 (来る)	〈動〉	올 거예요 (来るでしょう)
	배우다 (学ぶ)		배울 거예요 (学ぶでしょう)
	공부하다 (勉強する)		공부할 거예요 (勉強するでしょう)
	바쁘다 (忙しい)	〈形〉	바쁠 거예요 (忙しいでしょう)
子音 語幹	살다 (住む)　ㄹ語幹	〈動〉	살 거예요 (住むでしょう)
	읽다 (読む)		읽을 거예요 (読むでしょう)
	먹다 (食べる)		먹을 거예요 (食べるでしょう)
	걷다 (歩く)　ㄷ不規則		걸을 거예요 (歩くでしょう)
	돕다 (手伝う)　ㅂ不規則		도울 거예요 (手伝うでしょう)
	좋다 (よい)	〈形〉	좋을 거예요 (良いでしょう)

練習1) 例のように「-(으)ㄹ 거예요」文に直してみましょう。

例 내일 오다 (明日、来る)	내일 올 거예요. (明日、来ると思います。)
즐겁게 살다 (楽しく暮らす)	
늦게 먹다 (遅く食べる)	
매일 걷다 (毎日、歩く)	
경치가 아름답다 (景色がきれいだ)	
날씨가 좋다 (天気がよい)	

練習2) 次の文を日本語と韓国語に訳してみましょう。

⑴ 카페에서 음악을 들으면서 공부할 거예요.

⑵ 오늘은 좀 늦을 거예요.

⑶ 多分、夕食はカレーライスを食べるでしょう。(多分：아마)

解答 練習1

즐겁게 살다 (楽しく暮らす)	즐겁게 살 거예요.
늦게 먹다 (遅く食べる)	늦게 먹을 거예요.
매일 걷다 (毎日、歩く)	매일 걸을 거예요.
경치가 아름답다 (景色がきれいだ)	경치가 아름다울 거예요.
날씨가 좋다 (天気がよい)	날씨가 좋을 거예요.

解答 練習2

⑴ カフェで音楽を聴きながら勉強すると思います。⑵ 今日は少し遅れるでしょう。
⑶ 아마 저녁은 카레라이스를 먹을 거예요.

말모이 ⑭ 의성어 (擬音語)

개	고양이	돼지	닭	소	참새	뻐꾸기
ワンワン	ニャー	ブウブウ	コケッコー	モーモー	チュンチュン	カッコー
멍멍	야옹	꿀꿀	꼬꼬댁	음매	짹짹	뻐꾹

 韓国語コロケーション ⑭ 의태어 (擬態語)

キラキラ	ソヨソヨ	ダラダラ	サラサラ	ヨチヨチ	グウグウ	ヒラヒラ
반짝반짝	**솔솔**	**뻘뻘**	**졸졸**	**아장아장**	**쿨쿨**	**훨훨**
별이 반짝반짝 빛나요.	바람이 솔솔 불어요.	땀을 뻘뻘 흘려요.	시냇물이 졸졸 흘러요.	아기가 아장아장 걸어요.	동생이 쿨쿨 자요.	나비가 훨훨 날아요.
星が キラキラ 光ります。	風が ソヨソヨ 吹きます。	汗を ダラダラ 流します。	小川が サラサラ 流れます。	赤ちゃんが ヨチヨチ 歩きます。	弟(妹)が グウグウ 寝ています。	チョウが ヒラヒラ 飛びます。

메모

🎵 042

첫눈 오는 날 만나자

첫눈 오는 날 만나기로 한 사람을 만나러 가자
팔짱을 끼고 더러 눈길에 미끄러지기도 하면서
가난한 아저씨가 연탄 화덕 앞에 쭈그리고 앉아
목장갑 낀 손으로 구워 놓은 군밤을
더러 사 먹기도 하면서
첫눈 오는 날 만나기로 한 사람을 만나
눈물이 나도록 웃으며 눈길을 걸어가자

정호승 「첫눈 오는 날 만나자」 중에서

初雪の日に会おう
初雪が降る日、会うことにした人に会いに行こう
腕を組んで、ときに雪道に滑ったりもしながら
貧しいおじさんが練炭の火鉢の前に前かがみに座って、
軍手をはめた手で、焼いておいた焼き栗を
たまに買って食べたりしながら
初雪の日に会うことにした人に会って
涙が出るほど笑いながら雪道を歩いて行こう

チョン・ホスン「初雪の日に会おう」より

上の「첫눈 오는 날 만나자」を書き写してみましょう。

1. 次の文を日本語に訳してみましょう。

(1) 한국어 신문을 읽을 수 있어요?

→ _____

(2) 그 옷 색깔은 노래요. (색깔：色)

→ _____

(3) 점심 생각이 별로 없어요. 아침을 늦게 먹어서요.

→ _____

(4) 어제는 불고기를 많이 먹었거든요.

→ _____

(5) 서울은 요즘도 날씨가 좋을 거예요.

→ _____

2. 次の文を韓国語に訳してみましょう。(下線部に注意)

(1) 今日は忙しくて会うことができません。

→ _____

(2) 私は赤いバラが好きです。(バラ：장미)

→ _____

(3) かばんを買いたいです。このかばんは小さいんですよ。(「어서요」を使って)

→ _____

(4) 昨日はとても天気がよかったですよ。(「-았/었거든요」を使って)

→ _____

(5) 音楽を聴きながら勉強します。

→ _____

14

3. 次の質問に韓国語で答えましょう。

(1) 한국 노래를 부를 수 있어요?

→ _____

(2) 머리는 무슨 색깔이에요?

→ _____

(3) 왜 더 안 드세요? (「-아서요/어서요」を使って)

→ _____

(4) 동시에 하는 일에는 어떤 게 있어요? (「-(으)면서」を使って)

→ _____

(5) 다음에 언제 한국에 갈 거예요?

→ _____

메모

_____

_____

_____

_____

_____

_____

_____

모든 순간이 기억에 남는다.

すべての瞬間が記憶に残る。

♬ 043

▷ **하나의 편지**

상우 씨에게!

안녕하세요? 잘 지내시지요?

저는 일본으로 돌아온 후로 일이 더 바빠졌지만 한국에서의 추억을 생각하며 잘 지내고 있습니다. 한국에서는 덕분에 즐겁게 지낼 수 있었습니다. 정말로 고마웠습니다.

회사를 휴직하고 육 개월이라는 짧은 기간에 한국에 가서 한국어 공부를 하며 힘들기도 했지만 상우 씨 덕분에 좋은 곳에도 많이 갈 수 있었습니다.

상우 씨가 잘 안내해 주었기 때문에 부산에 가서 문화체험도 하고 예쁜 사진도 많이 찍을 수 있었어요.

지금도 한국에서 찍은 사진을 자주 보게 돼요. 신사동에서 먹은 간장게장, 된장국물을 넣고 비벼 먹었던 비빔밥, 그리고 얼큰한 매운탕이 자꾸 먹고 싶어지기도 하고요. 아름다운 고궁 창덕궁과 대학로에 가서 본 뮤지컬은 매우 인상 깊었고 한국에 대해 많이 알게 되었어요. 또 기회가 되면 한국에 가서 한국어 공부를 더 하고, 한국문화도 배워 보고 싶어요.   일본에서 하나가

▷ **상우의 일기** ♬ 044

오늘 하나 씨한테서 편지가 왔다. 한국에서는 즐겁게 지낼 수 있었다고 했다. 나도 하나 씨 덕분에 일본에 대해 많은 것을 배울 수 있었다.

하나 씨는 회사를 휴직하고 한국에 와서 여섯 달 동안 한국어 공부도 열심히 하면서 여행도 많이 다녔다. 다음에 또 기회가 있으면 한국어 공부를 더 하고 문화도 배우고 싶다고 했다.

하나 씨 덕분에 뮤지컬도 보고 평소에 별로 안 가던 전통시장에도 가 보았다. 나도 모르는 한국을 많이 알게 된 것 같다. 다음에도 하나 씨가 한국에 와서 더 많은 추억을 만들 수 있게 되기를 빌어 본다.

▷ ハナの手紙

サンウさんへ！

　こんにちは、お元気ですか。

　私は日本に帰ってから仕事がもっと忙しくなりましたが、韓国での思い出を振り返りながら元気に過ごしています。韓国ではおかげさまで楽しく過ごせました。本当にありがとうございました。

　会社を休職して６か月という短い期間に韓国へ行って韓国語の勉強をしながら大変でもありましたが、サンウさんのお陰で良い所にもたくさん行くことができました。

　サンウさんがよく案内してくれたので、釜山に行って文化体験もしてきれいな写真もたくさん撮ることができました。

　今も韓国で撮った写真をたびたび見るようになります。新沙洞（シンサドン）で食べたカンジャンゲジャン、味噌汁を入れ混ぜて食べたビビンバ、そして辛いメウンタンがしきりに食べたくなったりもします。美しい古宮の昌徳宮（チャンドックン）と、大学路（テハンノ）に行って観たミュージカルはとても印象深かったし、韓国についてたくさん知るようになりました。また機会があれば韓国に行ってもっと韓国語勉強をして韓国文化も学びたいです。

日本からハナより

▷ サンウの日記

　今日ハナさんから手紙が来た。韓国では楽しく過ごすことができたと言った。私もハナさんのおかげで日本について多くのことを学ぶことができた。

　ハナさんは会社を休職し、韓国に来て６ヵ月間、韓国語の勉強も一生懸命にやりながら、たくさん旅行もした。また、次に機会があれば、もっと韓国語の勉強をし、文化も学びたいと言った。

　ハナさんのおかげでミュージカルも観て、普段あまり行かなかった伝統市場にも行ってみた。私も知らない韓国をたくさん知るようになったと思う。今度、ハナさんが韓国に来てもっとたくさんの思い出を作ることができるように祈ってみる。

15-1 「한다」体　～である体

　日本語の「です・ます体」にあたる丁寧な表現に「합니다体」と「해요体」があります。それに対して、「한다体」は日本語の「だ・である体」にあたり、新聞、小説、論文や日記などで書きことばとしてよく用いられます。

　また、話しことばでは、大人が子どもに対して、先輩が後輩に対して、そして友だち同士でよく使います。

　動詞の母音語幹には「ㄴ다」を、子音語幹には「는다」を、ㄹ語幹の動詞の場合は、語幹末のパッチム「ㄹ」を落して「ㄴ다」をつけます。また、形容詞の場合は、基本形と同じ形を使います。

　過去のことは「먹었다 (食べた),　좋았다 (良かった)」のように 過去形がそのまま用いられます。なお、名詞には、指定詞「이다 (だ)」をつけますが、母音で終わる名詞の後では「이」を省略することもあります。

보다 → 본다 / **보았다**	**먹다** → **먹는다** / **먹었다**
見る　　　見る　/　見た	食べる　　　食べる　/　食べた
살다 → 산다 / **살았다**	**좋다** → **좋다** / **좋았다**
住む　　　住む　/　住んだ	良い　　　良い　/　良かった

나는 미술관에 간다
(私は美術館に行く)

아이들은 이야기밥
을 먹는다
(子どもたちは話のご飯を
食べる)

머리 좋은 아이는
아버지가 만든다
(頭のいい子どもは父親が作る)

▷ 「한다体」の活用

区分		文型・意味	-한다 ～する	-았다/었다 ～した
動詞	母音語幹	가다 (行く)	간다 (行く)	갔다 (行った)
		배우다 (学ぶ)	배운다 (学ぶ)	배웠다 (学んだ)
	子音語幹	읽다 (読む)	읽는다 (読む)	읽었다 (読んだ)
		걷다 (歩く) ㄷ不規則	걷는다 (歩く)	걸었다 (歩いた)
		돕다 (手伝う) ㅂ不規則	돕는다 (手伝う)	도왔다 (手伝った)
		만들다 (作る) ㄹ語幹	만든다 (作る)	만들었다 (作った)
	하다	공부하다 (勉強する)	공부한다 (勉強する)	공부했다 (勉強した)
形容詞	母音語幹	바쁘다 (忙しい)	바쁘다 (忙しい)	바빴다 (忙しかった)
		아니다 (～ではない)	아니다 (～ではない)	아니었다 (～ではなかった)
	子音語幹	좋다 (良い)	좋다 (良い)	좋았다 (良かった)
		달다 (甘い) ㄹ語幹	달다 (甘い)	달았다 (甘かった)
	하다	조용하다 (静かだ)	조용하다 (静かだ)	조용했다 (静かだった)
名詞	母音終わり	의사 (医師)	의사이다 / 의사다 (医師だ)	의사이었다 / 의사였다 (医師だった)
	子音終わり	학생 (学生)	학생이다 (学生だ)	학생이었다 (学生だった)

例のように「-한다・-았다/었다」文に直してみましょう。

例 회사에 가다 (会社に行く)	회사에 간다. (会社に行く。)	회사에 갔다. (会社に行った。)
밥을 먹다 (ご飯を食べる)		
음악을 듣다 (音楽を聴く)		
빵을 만들다 (パンを作る)		
공부하다 (勉強する)		
例 날씨가 좋다 (天気がいい)	날씨가 좋다. (天気がいい。)	날씨가 좋았다. (天気がよかった。)
오늘 바쁘다 (今日、忙しい)		
누나는 가수다 (姉は歌手だ)		

메모

練習2 　次の文を日本語と韓国語に訳してみましょう。

⑴ 요즘은 매일 10분씩 걷는다.
⑵ 어제는 눈이 왔다. 그런데 오늘은 비가 온다.　（그런데 : ところで）
⑶ 手袋がちょっと小さい。　（手袋 : 장갑）

解答　練習1

밥을 먹다 (ご飯を食べる)	밥을 먹는다.	밥을 먹었다.
음악을 듣다 (音楽を聴く)	음악을 듣는다.	음악을 들었다.
빵을 만들다 (パンを作る)	빵을 만든다.	빵을 만들었다.
공부하다 (勉強する)	공부한다.	공부했다.
오늘 바쁘다 (今日、忙しい)	오늘 바쁘다.	오늘 바빴다.
누나는 가수다 (姉は歌手だ)	누나는 가수다.	누나는 가수였다.

解答　練習2

⑴ 最近は毎日、10分ずつ歩く。
⑵ 昨日は雪が降った。ところで今日は雨が降っている。⑶ 장갑이 좀 작다.

메모

15-2   - ㄴ / 는다고 해요 ～(する)と言います、 ～(する)そうです 〈間接話法①〉

　人から聞いた話や得た情報などを他の人に伝える表現には、直接話法と間接話法があります。

〈直接話法〉

　　例 유리는"내일 시험이 있어요"라고 해요

　　　(ユリは、「明日試験があります」と言っています。)

　のように聞いた話などをそのまま " … " の中に入れて、「(이)라고/하고（と）」をつけて引用する言い方です。

〈間接話法〉

　　例 유리는 내일 시험이 있다고 해요

　　　(ユリは、明日試験があると言っています。)

　のように聞いた話などを " … " に入れず「다고 해요」をつける言い方で会話でよく使われます。

〈間接話法の作り方〉

　間接話法は (15-1) の「한다체」に「다고 해요」をつけます。すなわち、動詞の母音語幹には「ㄴ다고 해요」を、子音語幹には「는다고 해요」を、また、ㄹ語幹の動詞の場合は、「ㄹ」を落として「ㄴ다고 해요」をつけます。

　なお、「간다고 해요/먹는다고 해요」は「간대요/먹는대요」、「간다고 했어요/먹는다고 했어요」は「간댔어요/먹는댔어요」のように短縮形をよく使います。また、名詞には、「학생이라고 해요, 의사(이)라고 해요」のように母音で終る名詞の後では「이」が省略されることがあります。また、「(이)라고 해요」の短縮形は「(이)래요」です。

스트레스 받는대요!
(ストレスを受けるそうです！)

▷「-ㄴ/는다고 해요」の活用

区分		文型・意味	-ㄴ/는다 〜（する）	-ㄴ/는다고 해요・-ㄴ/는대요 〜（する）そうです
動詞	母音 語幹	가다 (行く)	간다 (行く)	간다고 해요 / 간대요 (行くそうです)
		배우다 (学ぶ)	배운다 (学ぶ)	배운다고 해요 / 배운대요 (学ぶそうです)
	子音 語幹	읽다 (読む)	읽는다 (読む)	읽는다고 해요 / 읽는대요 (読むそうです)
		돕다 (手伝う)	돕는다 (手伝う)	돕는다고 해요 / 돕는대요 (手伝うそうです)
	ㄹ語幹	만들다 (作る)	만든다 (作る)	만든다고 해요 / 만든대요 (作るそうです)
	하다	공부하다 (勉強する)	공부한다 (勉強する)	공부한다고 해요 / 공부한대요 (勉強するそうです)

区分		文型・意味	-다 〜（い）・だ	-다고 해요・대요 〜（い）そうです・だそうです
形容詞	母音 語幹	바쁘다 (忙しい)	바쁘다 (忙しい)	바쁘다고 해요 / 바쁘대요 (忙しいそうです)
		아니다 (〜ではない)	아니다 (〜ではない)	아니라고 해요 / 아니래요 (〜ではないそうです)
	子音 語幹	좋다 (良い)	좋다 (良い)	좋다고 해요 / 좋대요 (良いそうです)
	ㄹ語幹	달다 (甘い)	달다 (甘い)	달다고 해요 / 달대요 (甘いそうです)
	하다	조용하다 (静かだ)	조용하다 (静かだ)	조용하다고 해요 / 조용하대요 (静かだそうです)
名詞	母音 終わり	의사 (医師)	의사이다 / 의사다 (医師だ)	의사라고 해요 / 의사래요 (医師だそうです)
	子音 終わり	학생 (学生)	학생이다 (学生だ)	학생이라고 해요 / 학생이래요 (学生だそうです)

例のように「-ㄴ/는다고 해요, -ㄴ/는대요」文に直してみましょう。

例 **내일 가다** (明日行く)	**내일 간다고 해요. / 간대요.** (明日行くそうです。)
삼겹살을 먹다 (サムギョプサルを食べる)	
노래를 듣다 (歌を聴く)	
삼계탕을 만들다 (サムゲタンを作る)	
집에서 공부하다 (家で勉強する)	
例 **날씨가 좋다** (天気がいい)	**날씨가 좋다고 해요. / 좋대요.** (天気がいいそうです。)
오늘은 바쁘다 (今日、忙しい)	
그 사람은 가수다 (あの人は歌手だ)	

練習 2 次の文を日本語と韓国語に訳してみましょう。

(1) 요즘은 매일 10분씩 걷는다고 해요.

(2) 내일은 비가 온다고 해요.

(3) 部屋がちょっと狭いそうです。(狭い : 좁다)

메모

解答 （練習1）

삼겹살을 먹다 （サムギョプサルを食べる）	삼겹살을 먹는다고 해요. / 먹는대요.
노래를 듣다 （歌を聴く）	노래를 듣는다고 해요. / 듣는대요.
삼계탕을 만들다 （サムゲタンを作る）	삼계탕을 만든다고 해요. / 만든대요.
집에서 공부하다 （家で勉強する）	집에서 공부한다고 해요. / 공부한대요.
오늘은 바쁘다 （今日、忙しい）	오늘은 바쁘다고 해요. / 바쁘대요.
그 사람은 가수다 （あの人は歌手だ）	그 사람은 가수라고 해요. / 가수래요.

解答 （練習2）

(1) 最近は毎日10分ずつ歩くそうです。(2) 明日は雨が降るそうです。
(3) 방이 좀 좁다고 해요.

메모

15-3   - 았다고 / 었다고 해요
～(し)たそうです〈間接話法②〉

「**았다고 해요/었다고 해요**」は、「～（し）たそうです・～（し）たと言います」という意味で、過去形の間接話法です。作り方は、「**갔다고 해요**（行ったそうです）、**먹었다고 해요**（食べたそうです）、**좋았다고 해요**（良かったそうです）」のように動詞や形容詞の語幹に「**았다고 해요/었다고 해요**」をつけます。

▷「**-았다고/었다고 해요**」の活用

区分		文型・意味	-았다/었다 ～（し）た	-았다고/었다고 해요 ～（し）たそうです
動詞	母音語幹	가다 (行く)	갔다 (行った)	갔다고 해요 / 갔대요 (行ったそうです)
		배우다 (学ぶ)	배웠다 (学んだ)	배웠다고 해요 / 배웠대요 (学んだそうです)
	子音語幹	읽다 (読む)	읽었다 (読んだ)	읽었다고 해요 / 읽었대요 (読んだそうです)
		걷다 (歩く)	걸었다 (歩いた)	걸었다고 해요 / 걸었대요 (歩いたそうです)
		돕다 (手伝う)	도왔다 (手伝った)	도왔다고 해요 / 도왔대요 (手伝ったそうです)
	ㄹ語幹	만들다 (作る)	만들었다 (作った)	만들었다고 해요 / 만들었대요 (作ったそうです)
	하다	공부하다 (勉強する)	공부했다 (勉強した)	공부했다고 해요 / 공부했대요 (勉強したそうです)

区分		文型・意味	-았다/었다 〜た	-았/었다고 해요・-았/었대요 〜たそうです
形容詞	母音語幹	바쁘다 (忙しい)	바빴다 (忙しかった)	바빴다고 해요 / 바빴대요 (忙しかったそうです)
		아니다 (〜ではない)	아니었다 (〜ではなかった)	아니었다고 해요 / 아니었대요 (〜ではなかったそうです)
	子音語幹	좋다 (良い)	좋았다 (良かった)	좋았다고 해요 / 좋았대요 (良かったそうです)
	ㄹ語幹	달다 (甘い)	달았다 (甘かった)	달았다고 해요 / 달았대요 (甘かったそうです)
	하다	조용하다 (静かだ)	조용했다 (静かだった)	조용했다 / 조용했대요 (静かだったそうです)
名詞	母音終わり	의사 (医師)	의사이었다・의사였다 (医師だった)	의사이었다고 해요・의사였다고 해요 / 의사였대요 (医師だったそうです)
	子音終わり	학생 (学生)	학생이었다 (学生だった)	학생이었다고 해요 / 학생이었대요 (学生だったそうです)

例のように直してみましょう。

例 어제 가다 (昨日、行く)	어제 갔다. (昨日、行った。)	어제 갔다고 해요. / 갔대요. (昨日、行ったそうです。)
점심을 먹다 (昼ご飯を食べる)		
노래를 듣다 (歌を聴く)		
빵을 만들다 (パンを作る)		
집에서 공부하다 (家で勉強する)		
例 날씨가 좋다 (天気がいい)	날씨가 좋았다. (天気がよかった。)	날씨가 좋았다고 해요. / 좋았대요. (天気がよかったそうです。)
오늘은 바쁘다 (今日は、忙しい)		
형은 가수다 (兄は歌手だ)		

練習2 次の文を日本語と韓国語に訳してみましょう。

⑴ 매일 10분씩 걸었다고 해요.

⑵ 어제는 눈이 왔다고 했어요.

⑶ 部屋がちょっと小さかったそうです。

解答 練習 1

점심을 먹다 (昼ご飯を食べる)	점심을 먹었다.	점심을 먹었다고 해요. / 먹었대요.
노래를 듣다 (歌を聴く)	노래를 들었다.	노래를 들었다고 해요. / 들었대요.
빵을 만들다 (パンを作る)	빵을 만들었다.	빵을 만들었다고 해요. / 만들었대요.
집에서 공부하다 (家で勉強する)	집에서 공부했다.	집에서 공부했다고 해요. / 공부했대요.
오늘은 바쁘다 (今日は、忙しい)	오늘은 바빴다.	오늘은 바빴다고 해요. / 바빴대요.
형은 가수다 (兄は歌手だ)	형은 가수였다.	형은 가수였다고 해요. / 가수였대요.

解答 練習 2

⑴ 毎日10分ずつ歩いたそうです。 ⑵ 昨日は雪が降ったそうです。

⑶ 방이 좀 작았다고 해요.

動詞や形容詞の語幹に「**기 때문에**」をつけると「**가기 때문에** (行くから)」「**재미있기 때문에** (面白いから)」のように「～ので、～から」という原因・理由を表します。原因・理由を表す「**-(으)니까**」、「**-아서, 어서**」よりその原因がよりはっきりしている場合やその原因を強調したいとき用います。また、「**안내해 주었기 때문에** (案内してくれたので)」のように過去形にも使えます。なお、「**기 때문에**」の後続文に勧誘、命令、禁止の表現が用いられません。

＊参考：「**-(으)니까**」 1-3 、「**-아서, 어서**」 7-4

가다 → **가기 때문에**	**먹다** → **먹기 때문에**
行く　　行くので・行くから	食べる　　食べるので・食べるから
나쁘다 → **나쁘기 때문에**	**좋다** → **좋기 때문에**
悪い　　悪いので・悪いから	良い　　良いので・良いから

▷「**-기 때문에** (～ので・から)」の活用

区分	文型・意味		**-기 때문에** ～ので・から
母音語幹	가다 (行く)	〈動〉	가기 때문에 (行くので・から)
	바쁘다 (忙しい)	〈形〉	바쁘기 때문에 (忙しいので・から)
	친구이다 (友達だ)	〈指〉	친구이기 때문에 (友達なので・だから)
子音語幹	읽다 (読む)	〈動〉	읽기 때문에 (読むので・から)
	만들다 (作る)		만들기 때문에 (作るので・から)
	돕다 (手伝う)		돕기 때문에 (手伝うので・から)
	묻다 (問う)		묻기 때문에 (問うので・から)
	좋다 (良い)	〈形〉	좋기 때문에 (良いので・から)

練習1　例のように「-기 때문에」文に直してみましょう。

例 학교에 가다 (学校に行く)	학교에 가기 때문에 (学校に行くので・から)
숙제가 없다 (宿題がない)	
생선을 굽다 (魚を焼く)	
매일 걷다 (毎日歩く)	
값이 비싸다 (値段が高い)	
키가 크다 (背が高い)	
누나는 공무원이다 (姉は公務員だ)	
서로 사랑하다 (愛し合う)	

練習2　次の文を日本語と韓国語に訳してみましょう。

(1) 처음이기 때문에 잘 몰라요.
(2) 오늘은 아르바이트를 하기 때문에 못 가요.
(3) 昨日は忙しかったので、行けませんでした。

解答　練習1

숙제가 없다 (宿題がない)	숙제가 없기 때문에
생선을 굽다 (魚を焼く)	생선을 굽기 때문에
매일 걷다 (毎日歩く)	매일 걷기 때문에
값이 비싸다 (値段が高い)	값이 비싸기 때문에
키가 크다 (背が高い)	키가 크기 때문에
누나는 공무원이다 (姉は公務員だ)	누나는 공무원이기 때문에
서로 사랑하다 (愛し合う)	서로 사랑하기 때문에

解答　練習2

(1) 初めてなので、よくわかりません。
(2) 今日はアルバイトをするので行けません。(3) 어제는 바빴기 때문에 못 갔어요.

15-5 -게 되어요 〜ようになります、〜くなります〈変化〉

動詞や形容詞の語幹に「게 되어요」をつけると、「보게 되어요（見るように
なります）, 맛있게 되어요（おいしくなります）」のように行動や状態などの変化
を表します。なお、過去の表現には「보게 되었어요（見るようになりました）,
맛있게 되었어요（おいしくなりました）」のように「게 되었어요」をつけます。
会話では、縮約形の「게 돼요/게 됐어요」をよく使います。

＊参考：名詞の変化 **7-2** ：名詞＋**이/가 되다**（〜になる）

가다 → 가게 되어요/돼요 　　　먹다 → 먹게 되어요/돼요
行く　　　　行くようになります　　　食べる　　　食べるようになります

예쁘다 → 예쁘게 되어요/돼요 　　좋다 → 좋게 되어요/돼요
綺麗だ　　　　綺麗になります　　　　良い　　　　良くなります

▷「-게 돼요/게 됐어요」の活用

区分		文型・意味	-게 돼요/게 됐어요 〜ようになります／ました、〜くなります／ました
母音 語幹	배우다 (学ぶ)	〈動〉	배우게 돼요 / 됐어요 (学ぶようになります／ました)
	바쁘다 (忙しい)	〈形〉	바쁘게 돼요 / 됐어요 (忙くなります／ました)
子音 語幹	읽다 (読む)	〈動〉	읽게 돼요 / 됐어요 (読むようになります／ました)
	만들다 (作る)		만들게 돼요 / 됐어요 (作るようになります／ました)
	돕다 (手伝う)		돕게 돼요 / 됐어요 (手伝うようになります／ました)
	묻다 (問う)		묻게 돼요 / 됐어요 (問うようになります／ました)
	맵다 (辛い)	〈形〉	맵게 돼요 / 됐어요 (辛くなります／ました)

練習 1 例のように「-게 돼요/게 됐어요」文に直してみましょう。

例 외국에 가다 (外国に行く)	외국에 가게 돼요. / 됐어요. (外国に行くようになります。/ ました。)
술을 마시다 (お酒を飲む)	
담배를 끊다 (タバコを止める)	
나이를 묻다 (歳を聞く)	
집을 짓다 (家を建てる)	
서울에서 살다 (ソウルで暮らす)	
아주 건강하다 (とても元気だ)	

練習 2 次の文を日本語と韓国語に訳してみましょう。

(1) 미국으로 출장을 가게 돼요. (출장 : 出張)

(2) 한국 소설을 읽을 수 있게 됐어요.

(3) キムチが好きになりました。

解答 **練習 1**

술을 마시다 (お酒を飲む)	술을 마시게 돼요. / 됐어요.
담배를 끊다 (タバコを止める)	담배를 끊게 돼요. / 됐어요.
나이를 묻다 (歳を聞く)	나이를 묻게 돼요. / 됐어요.
집을 짓다 (家を建てる)	집을 짓게 돼요. / 됐어요.
서울에서 살다 (ソウルで暮らす)	서울에서 살게 돼요. / 됐어요.
아주 건강하다 (とても元気だ)	아주 건강하게 돼요. / 됐어요.

解答 **練習 2**

(1) アメリカに出張に行くようになります。

(2) 韓国の小説を読めるようになりました。 (3) 김치를 좋아하게 됐어요.

15-6 -(으)ㄴ 것 같아요② ～(し)たようです〈過去推量〉

動詞の語幹に「(으)ㄴ 것 같아요」をつけると「온 것 같아요 (来たようです)、먹은 것 같아요 (食べたようです)」のように「～(し)たようです、～(し)たと思います」という過去推量を表します。母音語幹には「ㄴ 것 같아요」、子音語幹には「은 것 같아요」をつけます。

＊「-(으)ㄴ 것 같아요① ～のようです、～みたいです〈推量（形容詞）〉」は 2-6 を参照。

오다 → 온 것 같아요　　먹다 → 먹은 것 같아요
来る　　来たようです　　食べる　　　食べたようです

▷「-(으)ㄴ 것 같아요」の活用

区分	文型・意味	-(으)ㄴ 것 같아요 ～(し)たようです、～(し)たと思います
母音語幹	배우다 (学ぶ)	배운 것 같아요 (学んだようです)
	연락하다 (連絡する)	연락한 것 같아요 (連絡したようです)
子音語幹	만들다 (作る)　ㄹ語幹	만든 것 같아요 (作ったようです)
	읽다 (読む)	읽은 것 같아요 (読んだようです)
	듣다 (聴く)　ㄷ不規則	들은 것 같아요 (聴いたようです)
	돕다 (手伝う)　ㅂ不規則	도운 것 같아요 (手伝ったようです)

未来推量形は「(으)ㄹ 것 같아요」を、現在推量形は「는 것 같아요」をつけます。

基本形	未来推量 6-5	現在推量 12-7
가다 (行く)	갈 것 같아요	가는 것 같아요
먹다 (食べる)	먹을 것 같아요	먹는 것 같아요
만들다 (作る)	만들 것 같아요	만드는 것 같아요
듣다 (聞く)	들을 것 같아요	듣는 것 같아요
굽다 (焼く)	구울 것 같아요	굽는 것 같아요

練習1 　例のように「-(으)ㄴ 것 같아요」文に直してみましょう。

例 비가 오다 (雨が降る)	비가 온 것 같아요. (雨が降ったようです。)
맛있게 먹다 (おいしく食べる)	
창문을 닦다 (窓を拭く)	
청바지를 입다 (ジーンズをはく)	
소문을 듣다 (うわさを聞く)	
빵을 만들다 (パンを作る)	
어제 전화하다 (昨日、電話する)	

練習2 　次の文を日本語と韓国語に訳してみましょう。

⑴ 아까 메일을 보낸 것 같아요.
⑵ 점심을 많이 먹은 것 같아요.
⑶ 昨日は楽しく遊んだようです。(楽しく：즐겁게、遊ぶ：놀다)

解答 練習1

맛있게 먹다 (おいしく食べる)	맛있게 먹은 것 같아요.
창문을 닦다 (窓を拭く)	창문을 닦은 것 같아요.
청바지를 입다 (ジーンズをはく)	청바지를 입은 것 같아요.
소문을 듣다 (うわさを聞く)	소문을 들은 것 같아요.
빵을 만들다 (パンを作る)	빵을 만든 것 같아요.
어제 전화하다 (昨日、電話する)	어제 전화한 것 같아요.

解答 練習2

⑴ 先ほど、メールを送ったようです。⑵ お昼をたくさん食べたようです。
⑶ 어제는 즐겁게 논 것 같아요.

 말모이 **15** 옷 (服)

スーツ	韓服	スカート	ジーパン	ワンピース	ジャケット	パジャマ
양복	한복	치마	청바지	원피스	재킷	잠옷

 韓国語コロケーション **15** 옷 등 (服など)

服	新しい服	帽子	靴下	手袋	ネクタイ	マフラー
옷	**새옷**	**모자**	**양말**	**장갑**	**넥타이**	**머플러**
옷을 입어요.	새옷으로 갈아입어요.	모자를 써요.	양말을 신어요.	장갑을 껴요.	넥타이를 매요.	머플러를 해요.
服を 着ます。	新しい服に 着替えます。	帽子を 被ります。	靴下を 履きます。	手袋を はめます。	ネクタイを 締めます。	マフラーを します。

메모

하나의 일기

　일본으로 돌아온 후로 일이 더욱 바빠진 것 같다. 한국에서는 공부를 하면서 아르바이트도 했기 때문에 여유가 별로 없었지만 상우 씨 덕분에 좋은 곳에도 많이 갈 수 있었다.

　부산에서 찍은 예쁜 사진을 인스타그램에도 많이 올렸는데 지금도 사진들을 볼 때마다 그때의 즐거웠던 일들이 생각난다.

　상우 씨가 다음 달에 일본에 놀러 온다고 한다. 이번에는 내가 도쿄의 여기 저기를 안내하게 될 것 같다. 상우 씨도 좋은 추억을 많이 만들었으면 좋겠다.

ハナの日記

　日本に帰ってきてから、仕事がもっと忙しくなったような気がする。韓国では勉強をしながらアルバイトもしたのであまり余裕がなかったが、サンウさんのおかげでいいところにもたくさん行くことができた。

　釜山で撮ったきれいな写真をインスタグラムにもいっぱいアップしたが、今も写真を見る度にあの時の楽しかったことが思い出される。

　サンウさんが来月、日本に遊びに来るそうだ。今度は私が東京のあちこちを案内するようになると思う。サンウさんもいい思い出をたくさん作ってほしい。

 上の「하나의 일기」を書き写してみましょう。

1. 次の文を日本語に訳してみましょう。

(1) 나는 요즘 한국 영화를 자주 본다.

→ _____

(2) 동생은 오늘도 친구를 만난다고 해요.

→ _____

(3) 남편은 어제 술을 많이 마셨기 때문에 속이 안 좋다고 해요.

→ _____

(4) 엄마는 그 가방이 너무 비싸서 안 샀다고 해요.

→ _____

(5) 이제는 자막 없이 드라마를 볼 수 있게 된 것 같아요.

→ _____

2. 次の文を韓国語に訳してみましょう。(下線部に注意)

(1) 私は毎日日記を書く。(「한다체」で)

→ _____

(2) 妹は明日も図書館で勉強をするそうです。

→ _____

(3) 時間がないので映画を見に行くことができませんでした。

→ _____

(4) 昨日は雨が降ったようです。

→ _____

(5) 仕事が忙しくて、行けないようです。

→ _____

3. 次の質問に韓国語で答えましょう。

(1) 내일도 비가 온다고 해요?

→ _____

(2) 어제 모임에서는 뭘 먹었다고 해요?

→ _____

(3) 왜 K-POP을 좋아하게 됐어요?

→ _____

(4) 친구는 언제부터 한국어 공부를 시작한 것 같아요?

→ _____

(5) 이제 한국 드라마를 자막없이 볼 수 있을 것 같아요?

→ _____

메모

_____

_____

_____

_____

_____

_____

_____

1. 次の語彙の意味を韓国語は日本語で、日本語は韓国語で書いてください。

① 수제비 (　　　　) ② 마중　(　　　　) ③ 발표(　　　　)

④ 평소　(　　　　) ⑤ 기회　(　　　　) ⑥ 문화(　　　　)

⑦ 이번 주(　　　　) ⑧ 금방　(　　　　) ⑨ 준비(　　　　)

⑩ 음악　(　　　　) ⑪ 道　(　　　　) ⑫ 空港 (　　　　)

⑬ 昼ご飯 (　　　　) ⑭ 雪　(　　　　) ⑮ 案内 (　　　　)

⑯ 出発　(　　　　) ⑰ 手紙　(　　　　) ⑱ 旅行 (　　　　)

⑲ 今　(　　　　) ⑳ レポート(　　　　)

2. 例のように、次の単語を発音通りにハングルで書いてください。

例 못 가요 [몯까요]

① 도착할 거예요 [　　　　] ② 연락해요 [　　　　]

③ 그랬군요　[　　　　] ④ 괜찮으면 [　　　　]

⑤ 대학로　[　　　　] ⑥ 오겠네요 [　　　　]

3. 例のように文章を作ってみましょう。

例 가면, 지금, 돼요 → 지금 가면 돼요.

(1) 않은데요, 바쁘지, 별로, 아뇨

　→ _____

(2) 어제, 잘, 왔어요?, 갔다, 대학로에

　→ _____

(3) 너무, 발표까지, 힘드네요, 있어서

　→ _____

(4) 눈이, 하얀, 내려요, 펑펑

　→ _____

(5) 지낼 수, 덕분에, 있었어요, 즐겁게

　→ _____

4. 例のように〈　　〉の中の単語を適切な形に変えてください。

例 果物を洗って召し上がってください。

과일을 (씻어서) 드세요. 〈씻다〉

(1) テレビを見たりラジオを聞いたりします。

→텔레비전을 (　　　　) 라디오를 (　　　　) 해요. 〈보다, 듣다〉

(2) デパートに行くついでに寄りました。

→백화점에 (　　　　　　) 들렀어요. 〈가다〉

(3) 最近はあまり暑くありません。

→요즘은 별로 (　　　　　　　　　.) 〈덥다〉

(4) 秋は天気がいいと思います。((으)ㄹ 거예요を使って)

→가을에는 날씨가 (　　　　　　　.) 〈좋다〉

(5) 社員旅行で海に行くそうです。(ㄴ/는다고 해요を使って)

→사원 여행으로 바다에 (　　　　　　.) 〈가다〉

5. 次の文を日本語に訳してみましょう。

(1) 일을 하다가 좀 쉬고 있어요.

→ _____

(2) 서점에 잠시 들렀다가 남대문시장에 가서 쇼핑을 하고 싶어요.

→ _____

(3) 토요일이라서 길이 막힐 테니까 일찍 출발하세요.

→ _____

(4) 아마 커피를 마시면서 음악을 들을 거예요.

→ _____

(5) 요즘도 한국어를 공부하는 것 같아요.

→ _____

6. 次の文を韓国語に訳してみましょう。(下線部に注意)

(1) 宿題をやっていて、わからないのがあれば聞いてください。(「-다가」を使って)

→ _____

(2) 今日は行けません。(「-지 못해요」を使って)

→ _____

(3) 日曜日はあまり忙しくありません。(「-지 않아요」を使って)

→ _____

(4) 今日はお客さんが多いと思います。(「-(으)ㄹ 거예요」を使って)

→ _____

(5) 先輩は時間がないため、来られないようです。(「-는 것 같아요」を使って)

→ _____

7. 次の質問に韓国語で答えましょう。(声を出して‼)

(1) 한국어를 공부하다가 잘 모르는 게 있으면 어떻게 해요?

→ _____

(2) 닛코의 단풍은 언제부터 들기 시작해요?

→ _____

(3) 이번 주 토요일에 바빠요?

→ _____

(4) 어떤 색을 좋아하세요?

→ _____

(5) 요즘 어떤 드라마를 하고 있는 것 같아요?

→ _____

まとめ練習問題解答

解答 **第1課　まとめ練習問題**

1. (1) 会社には何時に行かれますか。 (2) 最近はどのように過ごしていますか。
(3) 今日は天気がいいから、公園に行きましょう。 (4) 時間があれば午後、電話
してください。 (5) この靴がもっとかわいいじゃないですか。

2. (1) 내일은 시간 있으세요? (2) 토요일에는 바쁘니까 일요일에 만나요!
(3) 이 짐을 자동차에 실어 주세요. (4) 이 사과는 크네요. (5) 창문을 닫아 주
세요. 바람이 세게 불잖아요.

3. 解答例 (1) 친구한테 줄 화장품 등을 사요. (2) 일본 소설을 읽고 있어요.
(3) 좀 어렵지만 재미있어요. (4) 불고기와 김치를 좋아해요. (5) 네, 별로 자신
이 없지만 가르쳐 드릴게요.

解答 **第2課　まとめ練習問題**

1. (1) 弟は中国語が上手です。英語も上手ですし。 (2) 冷たいビールを飲みたいで
す。 (3) 鈴木さんの弟は会社員だそうです。 (4) 最近は暖かくて過ごしやすい
です。 (5) この靴はちょっと小さいようです。

2. (1) 생일은 언제예요? (2) 맛있는 갈비를 먹고 싶어요. (3) 저는 ○○ (이) 라고
해요. (4) 이 볼펜은 아주 쓰기 좋아요. (5) 시험 문제는 쉬운 것 같아요.

3. 解答例 (1) 하코네가 좋아요. (2) 아사쿠사는 일본의 전통 문화를 체험할 수 있
는 곳이에요. (3) 긴카쿠지하고 기요미즈데라예요. (4) 휴대폰이라고 해요. 또
핸드폰이라고도 해요. (5) 초밥과 튀김을 소개하고 싶어요.

解答 **第3課　まとめ練習問題**

1. (1) 最近、読んでいる本は面白いですか。 (2) 今日のお昼はサムゲタンを食べる
ことにしましょう。 (3) このビビンバはおいしいでしょう。 (4) 今日は服をか
わいく着ましたね。 (5) 図書館に行って本を借りました。

2. (1) 지금 듣고 있는 노래는 누구 노래예요? (2) 토요일에 서울에 가기로 했어요.
(3) 제가 전화를 받겠습니다. (4) 케이크를 작게 만들었어요. (5) 동생을 만나
서 쇼핑하러 갔어요.

3. 解答例 (1) 저는 메밀국수를 제일 좋아해요. (2) 자주 가는 식당은 집 근처에 있
는 라면집이에요. (3) 다음에는 역사드라마를 보기로 했어요. (4) 친구를 만나
서 한국말로 이야기하고 싶어요. (5) 한국에 가면 갈비를 먹겠어요.

第4課　まとめ練習問題

1. (1) 明日は学校に行きませんが。　(2) ビビンバを食べようと思いますが。　(3) 風邪にはこの薬を飲まなければなりません。　(4) 今のお家は住みやすいですか。　(5) 窓を開けてみてください。

2. (1) 오늘은 날씨가 좋은데요.　(2) 친구를 만나려고 하는데요.
(3) 이 책을 읽어야 해요.　(4) 이 볼펜은 쓰기 좋아요?　(5) 선생님께 전화해 보세요.

3. 解答例 (1) 오늘은 별로 안 바쁜데요.　(2) 친구를 만나 같이 영화를 보려고 해요.
(3) 내일은 집에서 청소하고 빨래를 해야 해요.　(4) 작년 4월부터 한국어를 배우기 시작했어요.　(5) 창문을 열어 보세요.

第5課　まとめ練習問題

1. (1) 社長のお息子さんですか。　(2) お母さんのお誕生日はいつですか。　(3) 先輩、明日お時間おありですか。　(4) 普段お昼は何を召し上がりますか。　(5) 今日も雨が降りますね。

2. (1) 저분이 선생님의 따님이세요?　(2) 아드님은 회사원이세요?　(3) 내일 오후에 회사에 계세요?　(4) 할머니는 일찍 주무세요?　(5) 꽃이 많이 피어 있어요.

3. 解答例 (1) 우리 집은 요코하마에 있어요.　(2) 지금 친구와 같이 시부야에 있어요.
(3) 보통 12시에 자요.　(4) 아침에는 빵과 우유를 먹어요.　(5) 아니요. 지금 창문이 닫혀 있어요.

第6課　まとめ練習問題

1. (1) 今日の昼ご飯はビビンバを食べるつもりです。　(2) 博物館は5時に門を閉めると思います。　(3) コーヒー1杯飲みましょうか。　(4) 北海道に今も雪が降るでしょうか。　(5) 明日は天気がよさそうです。

2. (1) 공부할 시간이 없어요.　(2) 그 영화는 재미있을 거예요.　(3) 내년에 한국에 갈래요?　(4) 오빠는 / 형은 오늘도 바쁠 것 같아요.　(5) 내일 메일을 보낼게요.

3. 解答例 (1) 저는 세계여행을 할 거예요. 미국하고 유럽에 가 보고 싶어요.
(2) 내일 점심엔 중국집에 가서 짜장면을 먹을래요.　(3) 네, 같이 백화점에 가요.
(4) 하늘을 보니 내일은 비가 올 것 같아요.　(5) 다음 주는 10시까지 올게요.

1. (1) 明朝、早く起きようかと思います。 (2) 昼ご飯をいっしょに食べましょうか。
   (3) 朝寝坊をして行けませんでした。 (4) 弟は今年、大学生になりました。
   (5) 百貨店には明日、行くようにしましょう。

2. (1) 토요일에 친구를 만날까 해요. (2) 오늘 오후에 영화를 볼까요?
   (3) 불고기가 맛있어서 많이 먹었어요. (4) 스포츠라면 자신이 있어요. (5) 오
   늘은 택시를 타도록 해요.

3. 解答例 (1) 친구를 만나서 같이 쇼핑을 할까 해요. (2) 좋아요. 지난번에 간 그
   커피숍에서 만나요. (3) 좋았어요. 날씨가 좋아서 공원에 놀러 갔어요. (4) 다음
   주에 시험이 있어서 좀 걱정이 돼요. (5) 시간이 있으면 박물관에 가도록 해요.

---

1. (1) 勉強した内容が試験に出ました。 (2) 最近、ラジオを聞いたことがあります
   か。 (3) この化粧品はとてもよかったですよ。 (4) 友達に会ったあと、何をし
   ましたか。 (5) あまり遅く寝ないでください。健康によくありません。

2. (1) 요전에 읽은 책은 재미있었어요. (2) KTX를 탄적이 있어요.
   (3) 그 갈비는 아주 맛있더라고요. (4) 점심을 먹은 다음에 커피를 마셨어요.
   (5) 회의 시간에 늦지 마세요.

3. 解答例 (1) 프랑스 영화를 봤는데 아주 재미있었어요. (2) 네, 비빔밥을 좋아해
   서 자주 먹어요. (3) 네, 작년에 서울에 2박3일로 다녀왔어요. (4) 아침을 먹은 다
   음에 커피를 마시고 회사에 갔어요. (5) 보통 자기 전에 음악을 들으면서 쉬어요.

---

1. (1) 飛行機に乗るために空港に行きました。 (2) 最近も神戸で住んでいますか。
   (3) 韓国の料理も習ってみようかと思います。 (4) キムチが辛ければ食べなくて
   もいいです。 (5) 韓国語の勉強は面白いですが、難しかったりもします。

2. (1) 친구를 만나기 위해서 카페에 갔어요. (2) 회사는 집에서 멀어요? (3) 오늘
   은 좀 걸어 보려고 해요. (4) 택시를 안 타도 돼요. (5) 가끔 한국 노래를 부르
   기도 해요.

3. 解答例 (1) 매일 일기를 써요. (2) 일본에는 아파트에 사는 사람들이 별로 없어
   요. 단독 주택이 많아요. (3) 토요일에는 회사에 가지 않아도 돼요. (4) 내일은
   쇼핑을 할까 해요. (5) 보통 주말에는 한국 음식을 만들기도 해요.

第10課 まとめ練習問題

1. (1) お酒を飲みすぎないようにしましょう。 (2) 景色がいちばん美しいところは
どこですか。 (3) 今日の午後はちょっと忙しいかもしれません。 (4) コーヒー
を甘さ控えめにしてください。 (5) 歩くだけでも健康が良くなります。

2. (1) 오늘은 비가 오니까 내일 갑시다. (2) 시험 문제가 어려웠어요? (3) 내일은
날씨가 나쁠지도 모르겠어요. (4) 청소를 하게 했어요. (5) 드라마를 보기만 해
도 공부가 돼요.

3. 解答例 (1) 네, 좋아요. 이 일만 마치고 같이 가요. (2) 발음이 제일 어려워요.
(3) 친구들과 같이 영화 보러 갈지도 모르겠어요. (4) 매일 일찍 자고 일찍 일어
나기만 해도 건강에 좋아요. (5) 저는 매운 걸 잘 못 먹어요.

第11課 まとめ練習問題

1. (1) モーツァルトの音楽をよく聴きます。 (2) 仕事をしていてわからないのが
あったら質問してください。 (3) 大学のときはバイトをやりながら学校に通い
ました。 (4) 文法はちょっと勉強しにくいです。 (5) 午後は運動をしたり、散
歩をします。

2. (1) 요즘은 매일 한 시간씩 걸어요. (2) 회사에 가다가 돌아왔어요. (3) 노래를
부르며 청소를 해요. (4) 명동은 지하철로 가기 쉬워요. (5) 휴일에는 친구를 만
나거나 쇼핑을 해요.

3. 解答例 (1) K-POP을 자주 들어요. (2) 친구한테 물어요. (3) 음악을 들으며 공
부해요. (4) 아뇨, 배우기 어렵지 않아요. (5) 주말에는 집에서 쉬거나 친구들을
만나요.

第12課 まとめ練習問題

1. (1) 朝は寒かったが、昼間は暖かくなりました。 (2) 電車がタクシーよりもっと
早いです。 (3) このキムチは辛くて食べられません。 (4) 靴を磨くついでに弟
の靴も磨きました。 (5) インターネットのスピードがすごく速くなりました。

2. (1) 학교에 갔다가 돌아왔어요. (2) 컴퓨터는 잘 몰라요
(3) 지금 가도 못 만나요/만나지 못해요. (4) 목욕탕에 가는 김에 슈퍼에도 갔어
요. (5) 작년보다 실력이 좋아졌어요.

3. 解答例 (1) 네, 좋아하는 친구한테 편지를 썼다가 안 보낸 적이 있어요. (2) 요즘
은 주로 한국 걸그룹의 노래를 불러요. (3) 네, 회사 일이 바빠서 자주 못 해요./
하지 못해요. (4) 서울에 가는 김에 수원에도 가서 갈비를 먹고 싶어요.
(5) 네, 열심히 공부해서 실력이 좀 좋아진 것 같아요.

1. (1) ちょっとお腹すいています。 (2) 今日は天気がよくありません。 (3) まだ、学生なのでお酒を飲んではいけません。 (4) 今、忙しいはずなので、後で電話してみてください。 (5) この歌は今まで聴いた歌の中でいちばんいいです。

2. (1) 오늘도 바빠요. (2) 아침은 안 먹어요 / 먹지 않아요. (3) 오늘은 일요일이라서 사람들이 많아요. (4) 이 책을 읽을 테니까 들어 보세요. (5) 이건 어제 공부했던 내용이에요.

3. 解答例 (1) 오전에는 좀 바쁘지만 오후에는 별로 안 바빠요/바쁘지 않아요. (2) 별로 안 어려워요/어렵지 않아요. (3) 멋있고 부자라서 좋아해요. (4) 좋아요. 날씨도 좋을 테니까 공원에 가요! (5) 수원에서 먹었던 갈비가 제일 맛있었어요.

1. (1) 韓国語の新聞を読むことができますか。 (2) あの服の色は黄色いです。 (3) あまり昼ご飯を食べたくありません。朝ご飯を遅く食べましたので。 (4) 昨日は焼き肉をいっぱい食べたんですよ。 (5) ソウルは最近も天気がいいと思います。

2. (1) 오늘은 바빠서 만날 수가 없어요. (2) 저는 빨간 장미를 좋아해요. (3) 가방을 사고 싶어요. 이 가방은 작아서요. (4) 어제는 아주 날씨가 좋았거든요. (5) 음악을 들으면서 공부해요.

3. 解答例 (1) 잘 못 부르지만 부를 수 있어요. (2) 제 머리는 까만 색깔이에요. (3) 배가 불러서요. (4) 음악을 들으면서 공부를 해요. (5) 아직 잘 몰라요. 내년에 가고 싶어요.

1. (1) 私は最近、よく韓国映画を見る。 (2) 弟（妹）は今日も友達に会うそうです。 (3) 夫は昨日お酒を飲みすぎたのでお腹の具合が悪いそうです。 (4) お母さんはあのかばんが高すぎて買わなかったそうです。 (5) 今は字幕なしにドラマが見られるようになったようです。

2. (1) 나는 매일 일기를 쓴다. (2) 여동생은 내일도 도서관에서 공부를 한다고 해요. (3) 시간이 없기 때문에 영화를 보러 못 갔어요. (4) 어제는 비가 온 것 같아요. (5) 일이 바빠서 못 갈 것 같아요.

3. 解答例 (1) 네, 내일도 비가 온다고 해요. (2) 삼계탕을 먹었다고 해요. (3) 가수들이 춤도 잘 추고 노래도 잘해서 좋아하게 됐어요. (4) 아마 1년 전부터 공부를 시작한 것 같아요. (5) 네, 이제 자막없이 볼 수 있을 것 같아요.

解答 総合問題①〈第1課－第5課〉

1. ①바지：ズボン ②색깔：色 ③마을：村 ④식당：食堂 ⑤음식：料理 ⑥주말：週末 ⑦떡：お餅 ⑧불고기：焼き肉 ⑨부탁：お願い ⑩솜씨：腕前 ⑪今年：올해 ⑫日曜日：일요일 ⑬兄弟：형제 ⑭家族：가족 ⑮市場：시장 ⑯お土産：선물 ⑰写真：사진 ⑱会社：회사

2. ①많이 [마니] ②읽으세요 [일그세요] ③좋네요 [존네요] ④가잖아요 [가자나요] ⑤괜찮고요 [괜찬코요] ⑥맛있는 [마신는/마딛는] ⑦편리 [펼리] ⑧이렇게 [이러케]

3. (1) 색깔도 좋고 디자인도 멋지잖아요. (色もよくてデザインもすてきじゃないんですか。)
   (2) 맛있는 음식을 먹을 수 있는 좋은 식당이에요. (おいしい料理が食べられるよい食堂です。)
   (3) 내가 제일 좋아하는 영화예요. (私が一番好きな映画です。)
   (4) 예쁘고 맛있는 떡도 많아요. (きれいでおいしいお餅も多いです。)
   (5) 친구하고 같이 놀러 갈 예정이에요. (友達と一緒に遊びに行く予定です。)

4. (1) 찾고 (2) 좋을 것 같아요. (3) 먹기 좋아요. (4) 싸고 (5) 읽어
   (6) 가야 해요. (7) 듣는 (8) 짧게 (9) 만나서 (10) 열려

5. (1) 博物館にも行ってみてください。
   (2) 今日は会社に行かなければなりません。
   (3) ソウルに行ってみようと思いますが。
   (4) 写真を撮るのにいいと思います。 (5) ご両親のお年はおいくつですか。

6. (1) 미술관에 가 보세요. (2) 비벼서 먹으면 맛있어요.
   (3) 갈비가장 좋아하는 음식이에요. (4) 부산에는 큰 수산시장이 있어요.
   (5) 우리 가족 사진을 보여 드릴게요.

7. 解答例
   (1) 이번 생일에는 100송이 장미를 받고 싶어요.
   (2) 한국에 여행 가면 국립박물관에 가고 싶어요.
   (3) 갈비예요.수원에서 먹은 갈비는 정말 맛있었어요.
   (4) 네, 역 앞에 있는 지하 상가에서 예쁜 옷을 팔아요.
   (5) 네, 집 가까이에 멋진 카페가 있어요.

1. ①예정：予定 ②강변：川辺 ③서점：本屋 ④간장：醬油 ⑤여유：余裕 ⑥동네：町 ⑦쌀：米 ⑧친절：親切 ⑨보통：ふだん、普通 ⑩가끔：たまに ⑪雨：비 ⑫家：집 ⑬時間：시간 ⑭有名だ：유명하다 ⑮料理：요리 ⑯化粧品：화장품 ⑰せっけん：비누 ⑱やはり：역시 ⑲本当に：정말로 ⑳インターネット：인터넷

2. ①먹을게요[먹을께요] ②매울 것 같아요[매울 껃 가타요] ③정말요[정말료] ④많네요[만네요] ⑤있는데[인는데] ⑥끝나니까[끈나니까]

3. (1) 친구하고 명동에 놀러 갈 예정이에요.
   (2) 내일은 다른 일이 있어서 못 가요.
   (3) 이 화장품은 어디서 산 거예요?
   (4) 예쁘고 맛있는 떡도 많아요.
   (5) 김밥이나 떡볶이를 가끔 만들기도 해요.

4. (1) 쉴 (2) 되면 (3) 가지 마세요. (4) 만든 (5) 안 넣어도 (6) 먹고 (7) 맵지 않게 (8) 있어서 (9) 하기 위해 ⑽ 만나기로

5. (1) 川辺に素敵なカフェとおいしいお店が多いです。
   (2) 来週、試験が終わるので、今週よりもっといいと思います。
   (3) 試供品をもらったことがありますが、使いやすかったです。
   (4) 冷蔵庫の中にある基本材料だけで作ってもいいです。
   (5) 見ただけでも辛そうです。

6. (1) 주말에 비는 안 올까요?
   (2) 강남에 가서 맛있는 것을 먹어요.
   (3) 일본에 돌아가기 전에 같이 쇼핑을 해요.
   (4) 모든 재료를 안 넣어도 / 넣지 않아도괜찮아요.
   (5) 그런데 이 매운탕은 안 매워요? / 맵지 않아요?

7. 解答例
   (1) 글쎄요. 잘 모르겠어요. 비가 올지도 모르겠어요.
   (2) 네, 괜찮아요.다음 주에 휴가를 받았어요.
   (3) 백화점에 가서 친구한테 줄 선물을 사고 싶어요.
   (4) 요즘은 간단한 술 안주를 자주 만들어요.
   (5) 매운 음식을 좋아하는데 잘 못 먹어요.

1. ①수제비 : スイトン ②마중 : 出迎え ③발표 : 発表 ④평소 : ふだん ⑤기회 : 機会
   ⑥문화 : 文化 ⑦이번 주 : 今週 ⑧금방 : すぐ ⑨준비 : 準備 ⑩음악 : 音楽 ⑪道 :
   길 ⑫空港 : 공항 ⑬昼ご飯 : 점심 ⑭雪 : 눈 ⑮案内 : 안내 ⑯出発 : 출발 ⑰手紙 :
   편지 ⑱旅行 : 여행 ⑲今 : 지금 ⑳レポート : 리포트

2. ①도착할 거예요 [도차칼꺼예요]　②연락해요 [열라캐요]
   ③그랬군요 [그랟꾼뇨/그래꾼뇨]　④괜찮으면 [괜차느면]　⑤대학로 [대항노]
   ⑥오겠네요 [오겐네요]

3. (1) 아뇨, 별로 바쁘지 않은데요.　(2) 어제 대학로에 잘 갔다 왔어요?
   (3) 발표까지 있어서 너무 힘드네요.　(4) 하얀 눈이 펑펑 내려요.
   (5) 덕분에 즐겁게 지낼 수 있었어요.

4. (1) 보거나, 듣거나　(2) 가는 김에　(3) 덥지 않아요
   (4) 좋을 거예요　(5) 간다고 해요

5. (1) 仕事をしていて、ちょっと休んでいます。
   (2) ちょっと本屋に寄ってから、南大門市場に行って買い物をしたいです。
   (3) 土曜日なので、道が渋滞するはずなので、早く出発してください。
   (4) たぶん、コーヒーを飲みながら歌を聴くと思います。
   (5) 最近も韓国語を勉強しているようです。

6. (1) 숙제를 하다가 모르는 게 있으면 물어 보세요.
   (2) 오늘은 가지 못해요.
   (3) 일요일은 별로 바쁘지 않아요.
   (4) 오늘은 손님이 많을 거에요.
   (5) 선배는 시간이 없기 때문에 못 오는 것 같아요.

7. 解答例
   (1) 사전을 찾아보거나 인터넷을 검색해요.
   (2) 닛코의 단풍은 시 월 말부터 들기 시작해요.
   (3) 오전에는 집안 청소를 할 예정인데 오후에는 괜찮아요.
   (4) 빨간색과 파란색을 좋아해요.
   (5) 요즘은 역사 드라마를 하고 있는 것 같아요.

付 録

助詞	はたらき		母音終わり	子音終わり
は	**는/은** 主題		**는** 노트는 (ノートは)	**은** 책은 (本は)
が	主格 **가 이 께서**	事物	**가** 노트가 (ノートが)	**이** 책이 (本が)
		人・動物	**가** 친구가 (友達が)	**이** 형이 (兄が)
		人（尊敬）	**께서** 할머니께서 (お祖母さんが)　선생님께서 (先生が)	
を	**를/을** 目的格		**를** 노트를 (ノートを)	**를** 책을 (本を)
	慣用表現	～に乗る	**를** 버스를 타다 (バスに乗る)	**을** 지하철을 타다 (地下鉄に乗る)
		～に会う	**를** 친구를 만나다 (友だちに会う)	**을** 동생을 만나다 (弟・妹に会う)
		～が好きだ	**를** 커피를 좋아하다 (コーヒーが好きだ)	**을** 빵을 좋아하다 (パンが好きだ)
と	**와/과 하고*** 列挙		**와** 노트와 (ノートと)	**과** 책과 (本と)
			하고 노트하고 (ノートと)	책하고 (本と)
の	**의** 属格・所有		**의** 노트의 (ノートの)	책의 (本の)
も	**도** 追加・許容		**도** 노트도 (ノートも)	책도 (本も)
に	**에**	事物	노트에 (ノートに)　책에 (本に)	
		場所	학교에 (学校に)	
		時間	오전에 (午前に)	
	에게 한테*	人・動物	**에게** 친구에게 (友達に)　고양이에게 (猫に)	
			한테 친구한테 (友達に)　고양이한테 (猫に)	
	께 人（尊敬）		**께** 선생님께 (先生に)	

助詞	はたらき		母音終わり	子音終わり
へ	**로/으로** 方向		**로** 도쿄**로** (東京へ)	**으로** 부산**으로** (釜山へ) **로** 〈ㄹパッチム〉 서울**로** (ソウルへ)
で	**로/으로** 手段・道具		**로** 종이**로** (紙で)	**으로** 볼펜**으로** (ボールペで) **로** 〈ㄹパッチム〉 연필**로** (鉛筆で)
	에서 場所		**에서** 학교**에서** (学校で) 공원**에서** (公園で)	
から	**에서 (부터)** 空間		**에서 (부터)** 도쿄**에서 (부터)** (東京から)	
	부터 時間・順序		**부터** 아침**부터** (朝から) 1 번**부터** (一番から)	
	에서 人・動物		**에게서** 친구**에게서** (友達から) 고양이**에게서** (猫から)	
	한테서 *		**한테서** 친구**한테서** (友だちから) 고양이**한테서** (猫から)	
まで	**까지** 限定	空間	오사카**까지** (大阪まで)	
		時間	저녁**까지** (夕方まで)	
		範囲	10 번**까지** (10 番まで)	
だけ	**만** 限定		**만** 노트**만** (ノートだけ)	**책만** (本だけ)
より	**보다** 比較		**보다** 노트**보다** (ノートより)	**책보다** (本より)
でも	**라도/이라도** 次善		**라도** 노트**라도** (ノートでも)	**이라도** 책**이라도** (本でも)

＊印はおもに話し言葉で使われる。

1 「의」の発音

「의」は位置などによって3通りの発音がある。

位置　発音・例	発音	例
①語頭	[ウイ ɰi]	<ruby>의<rt>ウイ</rt></ruby><ruby>사<rt>サ</rt></ruby> (医師)，<ruby>의<rt>ウイ</rt></ruby><ruby>자<rt>ジャ</rt></ruby> (椅子)，<ruby>의<rt>ウイ</rt></ruby><ruby>회<rt>フェ</rt></ruby> (会議に)
② a) 語中、語末	[イ i]	<ruby>예<rt>イェ</rt></ruby><ruby>의<rt>イ</rt></ruby> (礼儀)，<ruby>회<rt>フェ</rt></ruby><ruby>의<rt>イ</rt></ruby> (会議)，<ruby>회<rt>フェ</rt></ruby><ruby>의<rt>イ</rt></ruby><ruby>에<rt>エ</rt></ruby> (会議に)
b) 子音＋ㅢ		<ruby>희<rt>ヒ</rt></ruby><ruby>망<rt>マン</rt></ruby> (希望)，<ruby>무<rt>ム</rt></ruby><ruby>늬<rt>ニ</rt></ruby> (模様)
③助詞「～の」	[エ e]	<ruby>아<rt>ア</rt></ruby><ruby>이<rt>イ</rt></ruby><ruby>의<rt>エ</rt></ruby> <ruby>우<rt>ウ</rt></ruby><ruby>유<rt>ユ</rt></ruby> (子どもの牛乳)

2 有声音化

1)　母音に挟まれる平音の有声音化

例 **구구** [クク→クグ [kugu]] (九九)

　　부부 [ププ→ブブ [pubu]] (夫婦)

2)　鼻音、流音のパッチムの後に来る平音の有声音化

例 **불고기** [プルコキ→プルゴギ] (焼き肉)

パッチム (鼻音・流音)	＋初声：有声音化	例
ㄴ ㄹ ㅁ ㅇ	ㄱ [k → g]	<ruby>만<rt>マン</rt></ruby><ruby>개<rt>ゲ</rt></ruby> (満開)　<ruby>얼<rt>オル</rt></ruby><ruby>굴<rt>グル</rt></ruby> (顔) <ruby>남<rt>ナム</rt></ruby><ruby>국<rt>グッ</rt></ruby> (南国)　<ruby>농<rt>ノン</rt></ruby><ruby>구<rt>グ</rt></ruby> (バスケットボール)
	ㄷ [t → d]	<ruby>반<rt>バン</rt></ruby><ruby>대<rt>デ</rt></ruby> (反対)　<ruby>멀<rt>モル</rt></ruby><ruby>다<rt>ダ</rt></ruby> (遠い) <ruby>감<rt>カム</rt></ruby><ruby>독<rt>ドッ</rt></ruby> (監督)　<ruby>상<rt>サン</rt></ruby><ruby>대<rt>デ</rt></ruby> (相手)
	ㅂ [p → b]	<ruby>준<rt>チュン</rt></ruby><ruby>비<rt>ビ</rt></ruby> (準備)　<ruby>갈<rt>カル</rt></ruby><ruby>비<rt>ビ</rt></ruby> (カルビ) <ruby>담<rt>タム</rt></ruby><ruby>보<rt>ボ</rt></ruby> (担保)　<ruby>장<rt>チャン</rt></ruby><ruby>부<rt>ブ</rt></ruby> (帳簿)
	ㅈ [tʃ → dʒ]	<ruby>안<rt>アン</rt></ruby><ruby>주<rt>ジュ</rt></ruby> (おつまみ)　<ruby>줄<rt>チュル</rt></ruby><ruby>자<rt>ジャ</rt></ruby> (巻き尺) <ruby>잠<rt>チャム</rt></ruby><ruby>자리<rt>ジャリ</rt></ruby> (トンボ)　<ruby>공<rt>コン</rt></ruby><ruby>주<rt>ジュ</rt></ruby> (姫)

3　連音化

パッチムは次に来る母音でつないで読む。

例　음악 [으막] (音楽)　서울에 [서우레] (ソウルに)

4　濃音化①

平音のパッチム [ㄱ, ㄷ, ㅂ] の次に来る平音の初声は**濃音**になる。

例　잡지 [잡지→ 잡 찌] (雑誌)

パッチム	＋初声：有声音化	例
[ㄱ] (ㄱ, ㄲ, ㅋ)	ㄱ [→ㄲ]	탁구 [탁꾸] (卓球) 복도 [복또] (廊下) 국밥 [국빱] (クッパ)
[ㄷ] (ㄷ, ㅌ, ㅅ, ㅆ, ㅈ, ㅊ)	ㄷ [→ㄸ] ㅂ [→ㅃ] ㅅ [→ㅆ]	걷다 [걷따] (歩く) 숫자 [숟자→숟짜] (数字) 찾다 [찯다→ 찯 따] (探す)
[ㅂ] (ㅂ, ㅍ)	ㅈ [→ㅉ]	잡지 [잡찌] (雑誌) 입다 [입따] (着る) 앞집 [압집→압찝] (前の家)

5　濃音化②　「-(으)ㄹ」の直後の濃音化

未来連体形「-(으) ㄹ」の後に来る平音「ㄱ, ㄷ, ㅂ, ㅅ, ㅈ」は**濃音化**される。

例
① 마실 것 [마실껃] (飲み物)　　② 먹을 것 [머글껃] (食べ物)
③ 살게요 [살께요] (買います)　　④ 갈게요 [갈께요] (行きます)
⑤ 할 거예요 [할꺼예요] (するつもりです・するでしょう)

6

鼻音化

例 **입니다** [임^イ니^ニ다^ダ] (~です)

パッチム	＋初声	パッチムの鼻音化	例
[ㄱ] (ㄱ, ㄲ, ㅋ)	ㄴ ㅁ	**[ㄱ→ㅇ]**	국민 [궁^{クン}민^{ミン}] (国民) 작년 [장^{チャン}년^{ニョン}] (昨年)
[ㄷ] (ㄷ, ㅌ, ㅅ, ㅆ, ㅈ, ㅊ)		**[ㄷ→ㄴ]**	옛날 [옏날→ 옌^{イェン} 날^{ナル}] (昔) 꽃말 [꼳말→ 꼰^{ッコン} 말^{マル}] (花言葉)
[ㅂ] (ㅂ, ㅍ)		**[ㅂ→ㅁ]**	입문 [임^{イム}문^{ムン}] (入門) 앞니 [암^{アム}니^ニ] (前歯)

口蓋音化

例 **굳이** [구^ク지^ジ] (あえて)   **같이** [가^カ치^チ] (いっしょに)

パッチム	＋接続：口蓋音化	例
ㄷ	**[이→지]**	맏이 [마^マ지^ジ] (長男・長女) 굳이 [구^ク지^ジ] (あえて) 해돋이 [해^ヘ도^ド지^ジ] (日の出)
ㅌ	**[이→치]**	같이 [가^カ치^チ] (いっしょに) 붙이다 [부^ブ치^チ다^ダ] (貼る)

8　鼻音化

例　육회 [유쾨] ^{ユ クェ}(ユッケ)　　좋다 [조타] ^{チョ タ}(よい)

パッチム	＋接続	激音化	例
[ㄱ] (ㄱ, ㄲ, ㅋ)	ㅎ	→ㅋ	축하 [추카] ^{チュ カ}(祝賀) 국화 [구콰] ^{ク クヮ}(菊)
[ㄷ] (ㄷ, ㅌ, ㅅ, ㅆ, ㅈ, ㅊ)	ㅎ	→ㅌ	몇 해 [면해→며태] ^{ミョ テ}(何年間)
[ㅂ] (ㅂ, ㅍ)	ㅎ	→ㅍ	입학 [이팍] ^{イ パッ}(入学) 집합 [지팝] ^{チ パッ}(集合)
ㅎ	ㄱ	→ㅋ	좋고 [조코] ^{チョ コ}(よく)
	ㄷ	→ㅌ	좋다 [조타] ^{チョ タ}(いい)
	ㅈ	→ㅊ	좋지만 [조치만] ^{チョ チ マン}(いいが)

9　「ㅎ」の無音化と弱音化

例　좋아요 [조아요] ^{チョ ア ヨ}(いいです)　　은행 [은행/으냉] ^{ウンヘン ウ ネン}(銀行)

パッチム	＋接続	無音化	例
ㅎ	母音	ㅎ→ 無音	좋아요 [조아요] ^{チョ ア ヨ}(いいです) 놓아요 [노아요] ^{ノ ア ヨ}(置きます) 넣어요 [너어요] ^{ノ オ ヨ}(入れます) 괜찮아요 [괜차나요] ^{クェンチャ ナ ヨ}(大丈夫です)

パッチム	＋接続	弱音化	例
ㄴ, ㄹ, ㅁ, ㅇ	ㅎ	ㅎ→ ㅎ	신호 [신호/시노] ^{シンホ シ ノ}(信号) 말해요 [말해요/마래요] ^{マルヘヨ マ レ ヨ}(話します) 김해 [김해/기매] ^{キムヘ キ メ}(金海)

319

10 「ㄴ」添加

例 명동역 [명동녁] (明洞駅)
ミョンドンニョク

パッチム	＋接続：ㄴの添加	例
ㄴ ㄹ ㅁ ㅇ	야 [→냐] 여 [→녀] 요 [→뇨] 유 [→뉴] 이 [→니]	무슨 (何) ＋ 약 (薬) → [무슨냑] ムスンニャク 시청 (市庁) ＋ 역 (駅) → [시청녁] シチョンニョク 무슨 (何) ＋ 요일 (曜日) → [무슨뇨일] ムスンニョイル

11 流音化

パッチムとその後の子音が「ㄴ＋ㄹ」、「ㄹ＋ㄴ」の場合、[ㄹ＋ㄹ] で発音される。
ただし、外来語はこの規則が適用されず。（온라인 オンライン [온라인]、원룸 ワ
ンルーム [원룸] と発音する。）

例 편리 [펼리] (便利)   실내 [실래] (室内)
ピョルリ   シルレ

〈流音化〉

パッチム (ㄴ, ㄹ) ＋ㄴ, ㄹ→流音化	例
ㄴ＋ㄹ → ㄹ＋ㄹ	원래 [월래] (元来) ウォルレ 인류 [일류] (人類) イルリュ
ㄹ＋ㄴ → ㄹ＋ㄹ	달나라 [달라라] (月の国) タルララ 실내 [실래] (室内) シルレ

韓国語には単語と単語の間にスペースを入れる「**띄어쓰기**（分かち書き）」があります。基本的に読みやすく、意味を分かりやすくするためのルールですが、いくつかのルールを覚えておきましょう。

1. 助詞（조사）：分かち書をきしないで、その前の語にくっつけて書く。

친구**가**（友達が） 친구**는**（友達は） 친구**를**（友達を） 친구**도**（友達も）
친구**만**（友達だけ） 친구**가** 있습니다（友達がいます）

2. 指定詞「-이다（～である），**-입니다**（～です）」：分かち書をきしないで、その前の体言にくっつけて書く。

친구**이다.**（友達だ） 친구**입니다.** / 친구**예요.**（友達です）
회사원**입니다.** / 회사원**이에요.**（会社員です）

3. 依存名詞（의존명사）：分かち書きをする。

노력할 **수** 있다. 　　　　（努力することが出来る）
노력하는 **것**이 중요하다.（努力するのが重要だ）
노력한 **만큼** 거둔다. 　　（努力しただけ取り入れる）

4. 単位を表す名詞：分かち書きをする。

옷 한 **벌**（服1着） 연필 두 **자루**（鉛筆2本） 꽃 세 **송이**（花3輪）
맥주 네 **병**（ビール4本） 집 한 **채**（家1軒） 양말 두 **켤레**（靴下2足）
책 세 **권**（本3冊） 커피 네 **잔**（コーヒー4杯） 스무 **살**（20歳）

ただし、単位を表す名詞が数字とともに使われ順序などを表したり算用数字とともに使う場合は分かち書きをしないで、くっつけて書くこともできる。

제일회（第1回） 제이회（第2回） 한시 십분 **십초**（1時10分10秒）
일층 　（1階） 이층 　（2階） 삼층 　（3階）
일학년（1年生） 이학년（2年生） 삼학년（3年生）
일주일（1週間） 이주일（2週間） 일개월（1ヶ月） 이개월（2ヶ月）

10개（10個）、100원（100円）、200미터（200メートル）、
10동 404호（10棟404号）、1446년 10월 9일（1446年10月9日）

5. **数を書く時は「万」段位で分かち書きをする。**

   십이억 삼천사백오십육만 칠천팔백구십팔 (12 億 3456 万 7898)
   12 억 3456 만 789

6. **姓名：分かち書をきしない。**

   홍길동 (洪吉童 ホン・キルトン)、김상우 (金尙友 キム・サンウ)

   ただし、**남궁** (南宮)、**독고** (獨孤)、**황보** (皇甫)、**서문** (西門) など、名字が 2 文字
   の場合は、姓と名前を分かち書きをする。

   남궁 수미 (南宮 秀美)、**독고 탁** (獨孤 鐸)、**황보 진** (皇甫 眞)、**서문 길** (西門 吉)

7. **呼称や役職：分かち書きをする。**

   人を呼ぶときの「**-씨** (～さん)」などや**사장** (社長)、**부장** (部長)、**선생님** (先生) な
   どの役職は分かち書きをする。

   박지민 씨 (朴知敏さん)、김 사장 (金社長)、이 부장 (金部長)、
   조 선생님 (趙先生)

〈ㄱ〉	
가	〜が
가게	店
가구	家具
가까워지다	近くなる、近づく
가깝다	近い
가끔	ときどき
가난하다	貧しい
가다	行く
가득하다	いっぱいだ
가루	粉
가르치다	教える
가수	歌手
가슴	胸
가습기	加湿器
가을	秋
가족	家族
간장	醤油
간장게장	カンジャンゲジャン
간호사	看護師
갈비	カルビ
갈아입다	着替える
감	柿
감자	ジャガイモ
감천문화마을	甘川文化村
강	川
강남	江南 (ソウルの地名)
강변	川辺
강원도	江原道 (韓国の地名)
강추	一押し
같이	いっしょに
개	〜個
개찰구	改札口
거기	そこ
거기서	そこで
거르다	濾す
거스름돈	おつり
건강	健康
건물	建物
걸리다	(時間、病気など) がかかる、風邪を引く
걸어가다	歩いて行く

검색	検索
게 (←것이)	ことが、ものが
겨울	冬
경복궁	景福宮 (朝鮮王朝の宮殿)
경찰	警察
경찰관	警察官
경찰서	警察署
경치	景色
계시다	いらっしゃる
고구마	さつまいも
고궁	故宮
고급스럽다	高級だ
고기	肉
고마워	ありがとう
고소하다	香ばしい
고추	唐辛子
고추장	コチュジャン
고향	故郷
곳	所
공무원	公務員
공부하다	勉強する
공원	公園
공항	空港
과	〜と
관하다	関する
광화문	光化門 (景福宮の正門)
괜찮다	大丈夫だ、かまわない
교보문고	教保文庫 (書店名)
교통카드	交通カード
구경	見物
구름	雲
구수하다	香ばしい
국	スープ
국내선	国内線
국물	汁、煮汁
국제선	国際線
군밤	焼き栗
굳이	あえて
궁금하다	気がかりだ、気になる
권	〜冊
귀	耳
귤	ミカン

그	その
그건 (←그것은)	それは
그것	それ
그게 (←그것이)	それが、それは
그때	そのとき
그래!	そう！
그래서	それで
그래요?	そうですか
그랬군요	そうでしたね
그런데	ところで、ところが
그럼	では、じゃあ
그렇게	そんなに、そのように
그렇군요	そうですね
그리고	そして
그저께	一昨日
극장	劇場、映画館
근데 (←그런데)	ところで、ところが
금방	すぐ
금요일	金曜日
기간	期間
기다리다	待つ
기대되다	期待される
기본	基本
기자	記者
기회	機会
길	道
김밥	のり巻き
깊다	深い
〈ㄲ〉	
까마귀	カラス
까지	～まで
꼬꼬댁	コケッコー
꼭	ぜひ、必ず
꽃	花
꽃꽂이	生け花
꽃집	花屋
꽤	かなり
꿀꿀	ブーブー
끓다	沸く、沸騰する
끓이다	沸かす
끝나다	終わる

끼다	（霧が）立ち込める、（手袋を）はめる
〈ㄴ〉	
나	わたし、ぼく
나가다	出る、出ていく、出かける
나다	出る、出てくる、出かける
나비	チョウ
나오다	出る
나중에	あとで
낙엽	落葉
낚시	釣り
날다	飛ぶ
날리다	飛ばされる
날씨	天気
날아가다	飛んでいく
남대문시장	南大門市場
남동생	弟
남매	兄弟、兄と妹、姉と弟
남양주	南揚州（韓国の地名）
남편	夫
남한강	南漢江（川の名前）
낫다	ましだ、治る
낮	昼
내	ぼくの、わたしの
내가	わたしが、ぼくが
내다	出す
내리다	降りる、降ろす、降る
내용	内容
내일	明日
냉면	冷麺
냉장고	冷蔵庫
너무	あまりに、とても、～すぎる
널다	（洗濯物を）干す
널리	広く
널찍하다	広々とする
넓게	広く
넓다	広い
넘어가다	越える、越えていく
넘치다	あふれる
넣다	入れる
넥타이	ネクタイ
넷	四つ
년	～年
노래	歌

노래방	カラオケ		담배	タバコ
녹차	緑茶		담백하다	さっぱりする
논	田んぼ		담쟁이	ツタ
놀다	遊ぶ		당근	ニンジン
놋그릇	真鍮の器		당면	デンプンで作った乾燥麺
농구	バスケットボール		당장	即座で
놓다	置く		대	～台
누구	誰		대박	大当たり
누나	姉 (弟から見て)		대파	長ネギ
눈	目		대학로	大学路 (ソウルの地名)
눈	雪		대형	大型
눈길	雪道		더	もっと
눈물	涙		더러	たまに
눈썹	眉毛		덕분에	おかげで
느끼다	感じる		덜	少なめに
느끼하다	脂っこい		덥다	暑い
는	～は		덩굴	つる
늘	いつも		덮다	覆う、かぶせる
〈 ㄷ 〉			데	～ところ
다	すべて、全部		도	～も
다가가다	近づく		도착하다	到着する
다녀오다	行ってくる		도쿄	東京
다니다	通う		독감	インフルエンザ [毒感]
다르다	違う、異なる		독서	読書
다른	他の		돌아가다	帰っていく
다리	脚		돌아오다	帰ってくる
다섯	五つ		돕다	助ける
다시	また、再び		동갑	同い年
다음	次		동네	町、町内、近所
다음에	今度		동대문시장	東大門市場
다음 주	来週		동생	弟、妹
다지다	みじん切りにする		동안	～の間
다행	幸い		되다	なる
닦다	磨く、拭く		될 수 있으면	できるだけ
단골 식당	行きつけの食堂		된장	テンジャン、みそ
단어	単語		두다	置く
단풍	紅葉		두통	頭痛
단풍이 들다	紅葉する		둘	二つ
달	月		뒤	後
달다	甘い		드라마	ドラマ
달동네	都市の高い地帯の貧民街		드리다	差し上げる
달콤하다	甘い、甘ったるい		듣다	聞く
닭	鶏		들	野原
담기다	盛られる		들다	入る、(気に) 入る、(お金が) かかる
담다	盛る			

325

들르다	寄る	많이	たくさん
들어가다	入っていく	맛	味
듬뿍	たっぷり	맛보다	味わう
등	背中	맛있다	おいしい
등산	山登り	맛집	おいしい店
디자인	デザイン	맞다	当たる
〈 ㄸ 〉		맞추다	合わせる
따로	別々に	매다	締める
딸	娘	매실차	梅茶
딸기	イチゴ	매우	とても
땀	汗	매운탕	メウンタン（チゲの一種）
떠나다	去る	매장	売り場
떡	餅	맥주	ビール
떡볶이	トッポッキ	맵다	辛い
떨어지다	落ちる	맺다	実る、結ぶ
또	また	머리	頭
뜨겁다	熱い	머플러	マフラー
뜻	意味	먹다	食べる
〈 ㄹ 〉		먼저	先に
라디오	ラジオ	멋있다	かっこいい、素敵だ
로	～で	멋지다	かっこいい、素敵だ
를	～を	멍멍	わんわん
리포트	レポート	메뉴	メニュー
린스	コンディショナー、リンス	며칠	何日
〈 ㅁ 〉		면도기	かみそり
마늘	ニンニク	면세점	免税店
마당	庭	명	～人、～名
마라톤	マラソン	명동	明洞
마리	～匹、～頭、～羽	몇	何～、いくつ
마스크	マスク	몇 개	何個、いくつ
마시다	飲む	몇 시	何時
마을	村	몇 월	何月
마음	心	모과차	カリン茶
마중	お迎え	모두	すべて、みんな
마중하다	迎える	모든	すべての
마추픽추	マチュピチュ	모레	明後日
마트	スーパーマーケット、マート	모르다	知らない、わからない
막걸리	マッコリ	모습	姿
막히다	渋滞する、塞がる	모자	帽子
만	一万	목	首、のど
만나다	会う	목요일	木曜日
만남	出会い	목장갑	軍手
만두	ギョウザ	몸	体
만들다	作る	몽골	モンゴル
만지다	触る	무	ダイコン

무릎	膝		밭	畑
무엇	何		배	おなか、腹
무지개	虹		배	梨
무지개가 뜨다	虹がかかる		배우	俳優
무척	とても		배우다	習う、学ぶ
문제	問題		배웅	見送り
문화	文化		백	百
묻다	尋ねる		백화점	デパート
물	水		버무리다	あえる
물론	もちろん		버스	バス
뭐 (←무엇, 무엇을)	何、何を		번	～度、～回、～番
뭐든지	何でも		벌써	もう、すでに
뭔가	何か		베이스	ベース
뭘 (←무엇을)	何を		변두리	町はずれ、場末
			변호사	弁護士
뮤지컬	ミュージカル		별	星
미국	アメリカ		별똥별	流星
미끄러지다	すべる		별로	あまり
미리	あらかじめ、前もって		병	～本
미술관	美術館		병원	病院
미안하다	すまない		보내다	送る
믹서	ミキサー		보다	見る
밀리다	渋滞する		보리차	麦茶
밀크	ミルク		보이다	見える
〈 ㅂ 〉			보통	ふつう
바다	海		볶다	炒める
바둑	囲碁		복습	復習
바로	すぐ、ちょうど		볼	ボール
바르다	塗る		볼펜	ボールペン
바리스타	バリスタ		봄	春
바빠지다	忙しくなる		부럽다	うらやましい
바쁘다	忙しい		부모님	両親
바지	パンツ		부부	夫婦
박물관	博物館		부분	部分
밖	外		부산	釜山
반짝반짝	キラキラ		부탁	お願い
받다	もらう		부터	～から
발	足		분	～分 (ふん)
발가락	足の指		분	方 (かた)
발견하다	発見する		불고기	プルゴギ
발음	発音		붐비다	混む
발표	発表		블로그	ブログ
밤	夜		비	雨
밥	ごはん		비누	石鹸
			비바람	風雨

327

비비다	混ぜる	섬	島
비빔밥	ビビンバ	성적	成績
비싸다	(値段が) 高い	새콤하다	やや酸っぱい
비행기	飛行機	색	色
빌리다	借りる	샘플	サンプル、試供品、見本
빛나다	光る	생각	考え、気、気持ち
〈 ㅃ 〉		생각나다	思い出す、思い浮かぶ
빠르다	速い	생선	魚
빨래	洗濯 (物)	세상에	まったくもう、なんてこった
빨리	速く	세탁기	洗濯機
빵집	パン屋	셋	三つ
뺨	ほお	소금	塩
뻐꾸기	カッコー	소문	噂
뻐꾹 (鳴き声)	カッコー	손	手
뽀뽀	チュー、キス	손가락	指
뿌리다	まく、かける	손님	お客さん
〈 ㅅ 〉		손수건	ハンカチ
사과	リンゴ	솜씨	腕前
사다	買う	솔솔	ソヨソヨ
사람	人、〜人、〜名	쇼핑몰	ショッピングモール
사랑하다	愛する	쇼핑센터	ショッピングセンター
사이	仲、間	수박	スイカ
사장	社長	수요일	水曜日
사진	写真	수정과	スジョングヮ (生姜・桂皮からの韓国伝統の飲み物)
산	山		
산책	散歩	수제비	すいとん
살	〜歳	수첩	手帳
살다	住む、暮らす	수하물	手荷物
삶다	ゆでる	숙제	宿題
삼겹살	サムギョプサル	순수하다	純粋だ
삼계탕	サムゲタン	숟가락	スプーン
새	新しい	술	お酒
새싹	新芽	쉬다	休む
샴푸	シャンプー	슈퍼 (마켓)	スーパー (マーケット)
서두르다	急ぐ	스케줄	スケジュール
서로	互いに	스키	スキー
서울	ソウル	스키를 타다	スキーをする
서점	書店	스포츠	スポーツ
섞다	混ぜる	스피드	スピード
선물	プレゼント、お土産	슬프다	悲しい
선물용	プレゼント用	승차	乗車
선생님	先生	시	〜時
선풍기	扇風機	시간	時間
설마	まさか、もしかして	시계	時計
설탕	砂糖	시금치	ホウレンソウ

시냇물	小川（の水）	안	中、内
시다	酸っぱい	안개	霧
시원하다	すっきりする、すずしい	안내	案内
시장	市場	안내하다	案内する
시험	試験	앞	前
식당	食堂	앞뒤	前後
신다	履く	야구	野球
신문	新聞	야외	屋外［野外］
식용유	サラダオイル	야채	野菜
식혜	シッケ（韓国伝統の飲み物）	약국	薬局
신사동	ソウルの地名［新沙洞］	약사	薬剤師
신상품	新商品	양념치킨	ヤンニョムチキン
신칸센	新幹線	양말	靴下
싣다	載せる	양복	スーツ
싫다	いやだ、嫌いだ	어깨	肩
싱겁다	味がうすい	어느	ある、どの
싶다	～たい	어디	どこ
〈 ㅆ 〉		어머나	あらまあ
싸다	安い、包む	어떠세요？	いかがですか
쌀	米	어떤	どんな
쑥갓	春菊	어떻게	どのように
쓰기	書くこと、作文	어리다	幼い、年下だ
쓰다	書く、使う	어머니	お母さん、母
쓰다	苦い	어색하다	ぎこちない
쓱쓱	さっさと、てきぱき	어제	昨日
씨앗	種	어젯밤	昨夜
씻다	洗う	억	億
〈 ㅇ 〉		언니	姉（妹から見て）
아내	妻	언덕 마을	丘の村
아들	息子	언제	いつ
아래	下	얼굴	顔
아르바이트	アルバイト	얼마	いくら
아버지	お父さん、父	얼큰하다	辛い、ぴりっとする
아빠	パパ、お父さん	엄마	ママ、お母さん
아이고	あら、やれやれ	없다	ない、いない
아이스하키	アイスホッケー	에서	～で
아장아장	ヨチヨチ	여기	ここ
아주	とても	여덟	八つ
아주머니	おばさん	여동생	妹
아직	まだ	여러가지	いろいろ（な）
아차	しまった	여름	夏
아침	朝、朝ごはん	여섯	六つ
아파트	マンション	여유	余裕
아프다	痛い	여행	旅行
아홉	九つ	역	駅

역도	重量挙げ	을	～を
역시	やっぱり	음식	食べ物、料理
연락하다	連絡する	음악	音楽
연세	お歳 [年歳]	의사	医者
연탄	練炭	이	歯
열	十 (とお)	이	この
영화	映画	이	～が
영화관	映画館	이거	これ
옆	横	이건 (←이것은)	これは
예쁘다	かわいい、きれいだ	이것	これ
예습	予習	이게 (←이것이)	これが、これは
예약	予約		
예정	予定	이렇다	こうだ
오늘	今日	이마	額
오다	来る	-(이) 랑	～や
오른쪽	右側	이번	今度
오빠	兄 (妹から見て)	이번 주	今週
오세요	いらしてください	이슬비	小雨
오전	午前	이웃집	隣の家
오후	午後	이쪽으로	こちらに
옷	服	인사동	ソウルの地名 [仁寺洞]
왜	なぜ、どうして	인상	印象
외부	外部	인상적	印象的
왼쪽	左側	인스타그램	インスタグラム
요리	料理	이열치열	熱を以って熱を治す [以熱治熱]
요즘	近頃、この頃		
우리	わたしたち、ぼくたち	인터넷	インターネット
우리나라	わが国	일	仕事
우선	まず	일곱	七つ
우체국	郵便局	일본	日本
운치	おもむき (趣)、風情	일요일	日曜日
웃음소리	笑い声	입술	唇
월요일	月曜日	입시	入試
원피스	ワンピース	입학	入学
위	上	있다	ある、いる
위아래	上下	〈 ㅈ 〉	
유도	柔道	자꾸	しきりに、何度も
유명하다	有名だ	자루	～本
육상	陸上	자전거	自転車
육회	ユッケ	자주	よく
으로	～で	작다	小さい
은	～は	잠	寝ること、睡眠
은하수	天の川	잠시	しばらく
은행	銀行	잠옷	パジャマ
은행원	銀行員		

잡다	つかむ
잡수시다	召し上がる
잡지	雑誌
잡채	チャプチェ（春雨炒め）
장	〜枚
장갑	手袋
장갑을 끼다	手袋をはめる
재래시장	在来市場（伝統市場）
재료	材料
재미있게	楽しく
재킷	ジャケット
저	わたくし
저	あの
저건 (←저것은)	あれは
저것	あれ
저게 (←저것이)	あれが、あれは
저기	あそこ
저녁	夕方、夕ごはん
전통시장	伝統市場（在来市場）
적다	少ない
전라도	韓国南部の地域名［全羅道］
전자렌지	電子レンジ
전철	電車
전통찻집	伝統茶屋
전화	電話
점심	昼ごはん
점원	店員
접시	お皿
젓가락	箸
정말로	本当に
정산	精算
제	私の
제대로	ろくに、ちゃんと
제일	一番［第一］
제출하다	提出する
조용하다	静かだ
족발	豚足
졸업	卒業
졸졸	ちょろちょろ、さらさら
좀	ちょっと
좋네요	いいですね
좋다	よい、いい
좋아하다	好きだ

주걱	しゃもじ
주말	週末
주무시다	お休みになる
주문하다	注文する
주부	主婦
주세요	ください
주스	ジュース
주전자	やかん
준비하다	準備する
줄거리	あらすじ
줄을 서다	並ぶ
중저가	中低価格
즐겁다	楽しい
지갑	財布
지난주	先週
지내다	過ごす、暮らす
지하철	地下鉄
진짜	本当に
짐	荷物
집	家
짓다	建てる、炊く
집안	家の中、家庭
〈 ㅉ 〉	
짜다	しょっぱい
짧다	短い
쨱쨱	チュンチュン
쭈그리다	しゃがむ、ちぢめる
찌개	チゲ、鍋物
찍다	撮る
〈 ㅊ 〉	
참	そういえば、ところで
참	ほんとうに、とても、まことに
창	窓
창덕궁	朝鮮王朝の宮殿［昌徳宮］
창문	窓
찾다	探す
채소	野菜
책	本
처음	初め（て）、最初
처음으로	初めて
천	千
천둥	雷
천천히	ゆっくり
청바지	ジーンズ

청소기	掃除機
첫눈	初雪
체	ふるい
체조	体操
최고	最高
추억	思い出
추천하다	推薦する
축구	サッカー
출국	出国
출발하다	出発する
춥다	寒い
충전	充電
취미	趣味
취소하다	取り消す
층	～階
치마저고리	チマチョゴリ（韓服）
치약	歯磨き粉
친구	友だち
칫솔	歯ブラシ
〈 ㅋ 〉	
카메라	カメラ
카페	カフェ
칼	ナイフ
커다랗다	非常に大きい
커피	コーヒー
컬링	カーリング
컴퓨터	コンピュータ
쿨쿨	グウグウ
쿨쿨 자다	グウグウと寝る
키	背、身長
키가 크다	背が高い
〈 ㅌ 〉	
타다	乗る
탑승	搭乗
태권도	テコンドー
택시	タクシー
토스터	トースター
토요일	土曜日
통유리	一枚板のガラス
퇴근	退社（退勤）
트럭	トラック
티슈	ティッシュ
〈 ㅍ 〉	
파도	波
파랗다	青い

팔짱	腕組み
팔짱을 끼다	腕を組む
팩	パック
팽이버섯	エノキダケ
펄펄	ぐつぐつ、ぐらぐら
펑펑	こんこんと
펜싱	フェンシング
편리하다	便利だ
편지	手紙
펼쳐지다	広がる、広げられる
푸짐하다	たっぷりだ
풀다	解く
프라이팬	フライパン
프레젠테이션	プレゼンテーション
〈 ㅎ 〉	
하고	～と
하나	一つ
하늘	空
하다	する
하얗다	白い
하차	下車
학년	学年、～年生
학생	学生、生徒
한걸음	一走り
한껏	思い切り、できる限り
한국	韓国
한복	韓服
한테	(誰)に
할머니	おばあさん、祖母
할아버지	おじいさん、祖父
향수	香水
향수를 뿌리다	香水をつける
해	太陽
해변	海辺
해산물	魚介類、海産物
핸드크림	ハンドクリーム
허리	腰
허브	ハーブ
형	兄（弟から見て）
형제	兄弟
호텔	ホテル
혼자	一人で
홍수	洪水
홍차	紅茶
화덕	火鉢

화요일	火曜日	횟집	刺身屋
화장실	トイレ	후	後
화장품	化粧品	후련하다	すっきりする
환승역	乗り換え駅	휴대폰	携帯電話
환전	両替	휴직	休職
회	刺身	흐르다	流れる
회사	会社	훨훨	ヒラヒラ
회사원	会社員	힘들다	大変だ

あ	
アイスホッケー	아이스 하키
間	사이
愛する	사랑하다
会う	만나다
あえて	굳이
あえる	버무리다
青い	파랗다
秋	가을
朝	아침
朝ごはん	아침 (밥)
明後日	모레
足	발
脚	다리
味	맛
味が薄い	싱겁다
明日	내일
足の指	발가락
味わう	맛보다
汗	땀
あそこ	저기
遊ぶ	놀다
頭	머리
新しい	새
当たる	맞다
暑い	덥다
熱い	뜨겁다
後	후
後で	나중에
兄 (弟から見て)	형
兄 (妹から見て)	오빠
姉 (妹から見て)	언니
姉 (弟から見て)	누나
あの	저
脂っこい	느끼하다
あふれる	넘치다
甘い	달다, 달콤하다
甘ったるい	달콤하다
天の川	은하수
あまり	별로
あまりに	너무
雨	비

アメリカ	미국
あら	아이고
洗う	씻다
あらかじめ	미리
あらすじ	줄거리
あらまあ	어머나
ありがとう	고마워
ある	있다
ある〜	어느
歩いて行く	걸어가다
アルバイト	아르바이트
あれ	저것
あれが	저게
あれは	저건, 저게
合わせる	맞추다
案内	안내
案内する	안내하다
いいですね	좋네요
家	집
家の中	집안
いかがですか	어떠세요?
行きつけの食堂	단골 식당
行く	가다
いくつ	몇, 몇 개
いくら	얼마
生け花	꽃꽂이
囲碁	바둑
医者	의사
忙しい	바쁘다
忙しくなる	바빠지다
急ぐ	서두르다
痛い	아프다
炒める	볶다
一押し	강추
イチゴ	딸기
市場	시장
一番	제일
一枚板のガラス	통유리
一万	만
いつ	언제
いっしょに	같이
五つ	다섯

行ってくる	다녀오다		置く	놓다，두다
いっぱいだ	가득하다		屋外	옥외，야외
いつも	늘		送る	보내다
いない	없다		お酒	술
意味	뜻		幼い	어리다
妹	(여) 동생		お皿	접시
いやだ	싫다		おじいさん	할아버지
いらしてください	오세요		教える	가르치다
いらっしゃる	계시다		落ちる	떨어지다
いる	있다		落葉	낙엽
入れる	넣다		夫	남편
色	색		おつり	거스름돈
いろいろ (な)	여러가지		お父さん	아버지，아빠
仁寺洞 (インサドン)	인사동		弟	(남) 동생
印象	인상		お歳	연세 [연세]
印象的	인상적		一昨日	그저께
インスタグラム	인스타그램		同い年	동갑
インターネット	인터넷		おなか	배
インフルエンザ	독감		おばあさん	할머니
上	위		おばさん	아주머니
後ろ	뒤		お土産	선물
歌	노래		思い切り	한껏
腕組み	팔짱		思い出す	생각나다
腕前	솜씨		思い出	추억
腕を組む	팔짱을 끼다		おもむき	운치
海	바다		降りる	내리다
海辺	해변		終わる	끝나다
梅茶	매실차		音楽	음악
うらやましい	부럽다		お願い	부탁
売り場	매장		お客さん	손님
噂	소문		お迎え	마중
映画	영화		お休みになる	주무시다
映画館	영화관		**か**	
駅	역		~が	-가，-이
エノキダケ	팽이버섯		カーリング	컬링
おいしい	맛있다		~階	층
おいしい店	맛집		改札口	개찰구
大当たり	대박		会社	회사
覆う	덮다		会社員	회사원
大型	대형		外部	외부
お母さん	어머니		買う	사다
おかげで	덕분에		帰っていく	돌아가다
丘の村	언덕 마을		帰ってくる	돌아오다
小川	시냇물		顔	얼굴
億	억		かかる	걸리다

柿	감	着替える	갈아입다
家具	가구	期間	기간
書く	쓰다	聞く	듣다
書くこと	쓰기	ぎこちない	어색하다
学生	학생	記者	기자
かける	뿌리다	期待される	기대되다
加湿器	가습기	昨日	어제
歌手	가수	基本	기본
家族	가족	休職	휴직
肩	어깨	今日	오늘
方 (かた)	분	ギョウザ	만두
かっこいい	멋있다, 멋지다	兄弟	형제, 남매
カッコー	뻐꾸기	魚介類	해산물 (海産物)
カッコー (鳴き声)	뻐꾹	教保文庫	교보문고 (書店名)
悲しい	슬프다	景福宮	경복궁
必ず	꼭	嫌いだ	싫다, 싫어하다
かなり	꽤	キラキラ	반짝반짝
カフェ	카페	霧	안개
かみそり	면도기	きれいだ	깨끗하다, 예쁘다
雷	천둥, 벼락	銀行	은행
甘川文化村	감천문화마을	銀行員	은행원
カメラ	카메라	金曜日	금요일
通う	다니다	グウグウ	쿨쿨
火曜日	화요일	空港	공항
～から	-부터	ください	주세요
辛い	맵다, 얼큰하다	唇	입술
カラオケ	노래방	ぐつぐつ	펄펄
カラス	까마귀	靴下	양말
体	몸	首	목
借りる	빌리다	雲	구름
カリン茶	모과차	暮らす	살다
カルビ	갈비	来る	오다
川	강	光化門	광화문
かわいい	예쁘다	軍手	목장갑
川辺	강변	警察	경찰
江原道	강원도	警察官	경찰관
考え	생각	警察署	경찰서
看護師	간호사	携帯電話	휴대폰
韓国	한국	劇場	극장
感じる	느끼다	景色	경치
カンジャンゲジャン	간장게장	下車	하차
関する	관하다	化粧品	화장품
江南	강남	月曜日	월요일
機会	기회	健康	건강
気がかりだ	궁금하다	検索	검색

〜個	개
公園	공원
高級だ	고급스럽다
香水	향수
洪水	홍수
香水をつける	향수를 뿌리다
こうだ	이렇다
紅茶	홍차
交通カード	교통카드
香ばしい	고소하다
公務員	공무원
紅葉	단풍
紅葉する	단풍이 들다
越える	넘어가다
コーヒー	커피
故宮	고궁
故郷	고향
国際線	국제선
国内線	국내선
コケッコー	꼬꼬댁
ここ	여기
午後	오후
九つ	아홉
心	마음
小雨	이슬비
腰	허리
濾す	거르다
午前	오전
コチュジャン	고추장
こちらに	이쪽으로
ことが	게 (←것이)
粉	가루
この	이
この頃	요즘
ごはん	밥
混む	붐비다
米	쌀
これ	이거, 이것
これが	이게
これは	이건, 이게
こんこんと	펑펑
今週	이번 주
コンディショナー	린스
今度	다음에, 이번
コンピュータ	컴퓨터

さ	
〜歳	살
最高	최고
財布	지갑
在来市場	재래시장
材料	재료
幸い	다행
探す	찾다
魚	생선
先に	먼저
昨夜	어젯밤
差し上げる	드리다
刺身	회
刺身屋	횟집
〜冊	권
サッカー	축구
さっさと	쓱쓱
雑誌	잡지
さっぱりする	담백하다
さつまいも	고구마
砂糖	설탕
寒い	춥다
サムギョプサル	삼겹살
サムゲタン	삼계탕
サラダオイル	식용유
去る	떠나다
触る	만지다
サンプル	샘플
散歩	산책
〜時	시
ジーンズ	청바지
塩	소금
時間	시간
試供品	샘플
しきりに	자꾸
試験	시험
仕事	일
静かだ	조용하다
下	아래
シッケ	식혜
自転車	자전거
しばらく	잠시
島	섬
しまった	아차
締める	매다

ジャガイモ	감자	姿	모습
しゃがむ	쭈그리다	スキー	스키
ジャケット	재킷	スキーをする	스키를 타다
写真	사진	好きだ	좋아하다
社長	사장	すぐ	금방, 바로
しゃもじ	주걱	少ない	적다
シャンプー	샴푸	少なめに	덜
ジュース	주스	スケジュール	스케줄
渋滞する	밀리다, 막히다	過ごす	지내다
充電	충전	スジョングヮ	수정과
柔道	유도	涼しい	시원하다
週末	주말	頭痛	두통
重量挙げ	역도	すっきりする	후련하다, 시원하다
宿題	숙제	酸っぱい	시다
出国	출국	素敵だ	멋있다, 멋지다
出発する	출발하다	すでに	벌써, 이미
主婦	주부	スピード	스피드
趣味	취미	スプーン	숟가락
春菊	쑥갓	すべて	모두, 다
純粋だ	순수하다	すべての	모든
準備する	준비하다	すべる	미끄러지다
上下	위아래	スポーツ	스포츠
乗車	승차	すまない	미안하다
醤油	간장	住む	살다
食堂	식당	する	하다
しょっぱい	짜다	背	키
ショッピングセンター	쇼핑센터	精算	정산
ショッピングモール	쇼핑몰	成績	성적
書店	서점	背が高い	키가 크다
知らない	모르다	石鹸	비누
汁	국물	背中	등
白い	하얗다	ぜひ	꼭
新幹線	신칸센	千	천
新沙洞 (シンサドン)	신사동	前後	앞뒤
新商品	신상품	先週	지난주
真鍮の器	놋그릇	先生	선생님
新聞	신문	洗濯 (物)	빨래
新芽	새싹	洗濯機	세탁기
スイカ	수박	扇風機	선풍기
推薦する	추천하다	全部	다
すいとん	수제비	そう！	그래!
水曜日	수요일	そういえば	참
スーツ	양복	掃除機	청소기
スーパー (マーケット)	슈퍼 (마켓), 마트	そうでしたね	그랬군요
スープ	국	そうですか	그래요?

そうですね	그렇군요	誰	누구
ソウル	서울	タルトンネ	달동네
即座に	당장	単語	단어
そこ	거기	田んぼ	논
そこで	거기서	タンミョン	당면
そして	그리고	小さい	작다
卒業	졸업	近い	가깝다
外	밖	違う	다르다
その	그	近くなる	가까워지다
そのとき	그때	近頃	요즘
ソヨソヨ	솔솔	近づく	다가가다
空	하늘	地下鉄	지하철
それ	그것	チゲ	찌개
それが	그게, 그건	チマチョゴリ	치마저고리
それで	그래서	チャプチェ	잡채 (春雨炒め)
それは	그건	ちゃんと	제대로
そんなに	그렇게	昌徳宮 (チャンドックン)	창덕궁
	た	中低価格	중저가
～たい	싶다	注文する	주문하다
～台	대	チュンチュン	짹짹
ダイコン	무	蝶	나비
退社	퇴근	ちょうど	바로
大丈夫だ	괜찮다	ちょっと	좀
体操	체조	ちょろちょろ	졸졸
大変だ	힘들다	全羅道 (チョルラド)	전라도
太陽	해	使う	쓰다
高い (値段が)	비싸다	つかむ	잡다
互いに	서로	月	달
たくさん	많이	次	다음
タクシー	택시	作る	만들다
出す	내다	ツタ	담쟁이
助ける	돕다	妻	아내
尋ねる	묻다	釣り	낚시
立ち込める (霧などが)	끼다	つる	덩굴
たっぷり	듬뿍	手	손
たっぷりだ	푸짐하다	～で	로
建てる	짓다	～で	에서
建物	건물	～で	으로
種	씨앗	～と	과
楽しい	즐겁다	出会い	만남
楽しく	재미있게	提出する	제출하다
タバコ	담배	ティッシュ	티슈
食べ物	음식	手紙	편지
食べる	먹다	できるだけ	될 수 있으면
たまに	더러	テコンドー	태권도

デザイン	디자인
手帳	수첩
手荷物	수하물
では	그럼
デパート	백화점
大学路 (テハンノ)	대학로
手袋	장갑
手袋をはめる	장갑을 끼다
出る	나오다, 나가다, 나다
店員	점원
天気	날씨
電車	전철
テンジャン	된장
電子レンジ	전자렌지
伝統市場	전통시장
伝統茶屋	전통찻집
電話	전화
～と	-하고, -와, -과
～度	-번
トイレ	화장실
唐辛子	고추
東京	도쿄
搭乗	탑승
到着する	도착하다
トースター	토스터
十 (とお)	열
ときどき	가끔
解く	풀다
読書	독서
時計	시계
どこ	어디
～ところ	데
所	곳
ところが	그런데, 근데
トッポッキ	떡볶이
とても	매우, 무척, 아주
隣の家	이웃집
どの	어느
どのように	어떻게
飛ばされる	날리다
飛ぶ	날다
友だち	친구
土曜日	토요일
トラック	트럭

ドラマ	드라마
取り消す	취소하다
撮る	찍다
豚足	족발
飛んでいく	날아가다
東大門市場	동대문시장
どんな	어떤
な	
ない	없다
ナイフ	칼
内容	내용
治る	낫다
中	안
仲	사이
長ネギ	대파
流れる	흐르다
梨	배
なぜ	왜
夏	여름
七つ	일곱
何	뭐, 무엇, 무엇을
何～	몇
何か	뭔가
何を	뭘 (←무엇을)
波	파도
涙	눈물
南大門市場	남대문시장
南漢江 (ナムハンガン)	남한강
南揚州 (ナムヤンジュ)	남양주
習う	배우다
並ぶ	줄을 서다
なる	되다
何月	몇 월
何個	몇 개
何時	몇 시
何でも	뭐든지
何日	며칠
～に	-한테, -에게, -에
苦い	쓰다
肉	고기
虹	무지개
虹がかかる	무지개가 뜨다
煮汁	국물
日曜日	일요일
日本	일본

荷物	짐	母	엄마, 어머니
入学	입학	パパ	아빠
入試	입시	歯ブラシ	칫솔
庭	마당	歯磨き粉	치약
鶏	닭	はめる(手袋などを)	끼다
～人	-명	速い	빠르다
ニンジン	당근	速く	빨리
ニンニク	마늘	バリスタ	바리스타
塗る	바르다	春	봄
ネクタイ	넥타이	ハンカチ	손수건
熱を以って熱を治す	이열치열 [以熱治熱]	パンツ	바지
寝ること	잠	ハンドクリーム	핸드크림
～年	-년	韓服 (ハンボク)	한복
～年生	-학년	パン屋	빵집
～の間	동안	ビール	맥주
載せる	싣다	光る	빛나다
のど	목	～匹	-마리
野原	들	飛行機	비행기
飲む	마시다	膝	무릎
乗り換え駅	환승역	美術館	미술관
のり巻き	김밥	非常に大きい	커다랗다
乗る	타다	額	이마
は		左側	왼쪽
～は	-는, -은	人	사람
歯	이	一つ	하나
ハーブ	허브	一走り	한걸음
入っていく	들어가다	一人で	혼자
俳優	배우	火鉢	화덕
入る	들다	ビビンバ	비빔밥
履く	신다	百	백
博物館	박물관	病院	병원
箸	젓가락	ヒラヒラ	훨훨
初め(て)	처음	昼	낮
初めて	처음으로	昼ごはん	점심
パジャマ	잠옷	広い	넓다
バス	버스	広がる	펼쳐지다
バスケットボール	농구	広く	널리, 넓게
畑	밭	広々とする	널찍하다
発音	발음	風雨	비바람
パック	팩	夫婦	부부
発見する	발견하다	ブーブー	꿀꿀
発表	발표	風味がある	구수하다
初雪	첫눈	フェンシング	펜싱
花	꽃	深い	깊다
花屋	꽃집	服	옷

拭く	닦다	ましだ	낫다
復習	복습	まず	우선
風情	운치	マスク	마스크
二つ	둘	貧しい	가난하다
ふつう	보통	混ぜる	비비다, 섞다
部分	부분	また	또, 다시
釜山（プサン）	부산	まだ	아직
冬	겨울	町	동네
フライパン	프라이팬	町はずれ	변두리
ふるい	체	マチュピチュ	마추픽추
プルゴギ	불고기	待つ	기다리다
プレゼンテーション	프레젠테이션	マッコリ	막걸리
プレゼント	선물	まったくもう	세상에
プレゼント用	선물용	～まで	-까지
ブログ	블로그	窓	창, 창문
～分（ふん）	분	学ぶ	배우다
文化	문화	マフラー	머플러
ベース	베이스	ママ	엄마
別々に	따로	眉毛	눈썹
勉強する	공부하다	マラソン	마라톤
弁護士	변호사	マンション	아파트
便利だ	편리하다	見える	보이다
帽子	모자	見送り	배웅
ホウレンソウ	시금치	磨く	닦다
ほお	뺨	ミカン	귤
ボール	볼	右側	오른쪽
ボールペン	볼펜	ミキサー	믹서
他の	다른	短い	짧다
ぼく	나	みじん切りにする	다지다
ぼくが	내가	水	물
ぼくたち	우리	店	가게
ぼくの	내	みそ	된장
星	별	道	길
（洗濯物を）干す	널다	三つ	셋
ホテル	호텔	実る	맺다
本	책	耳	귀
～本	-병, -자루	ミュージカル	뮤지컬
本当	정말, 진짜	明洞	명동
本当に	참, 정말로, 진짜로	見る	보다
ま		ミルク	밀크
～枚	-장	みんな	모두, 다
前	앞	迎える	마중하다
前もって	미리	麦茶	보리차
まく	뿌리다	息子	아들
まさか	설마	娘	딸

六つ	여섯		ゆでる	삶다
胸	가슴		指	손가락
村	마을		よい	좋다
目	눈		よく	자주
～名	-명		横	옆
メウンタン	매운탕		予習	예습
召し上がる	잡수시다		ヨチヨチ	아장아장
メニュー	메뉴		四つ	넷
免税店	면세점		予定	예정
～も	도		予約	예약
もう	벌써, 이미		余裕	여유
木曜日	목요일		夜	밤
餅	떡		寄る	들르다

もちろん	물론		**ら**	
もっと	더		来週	다음 주
もらう	받다		ラジオ	라디오
盛られる	담기다		陸上	육상
盛る	담다		流星	별똥별
モンゴル	몽골		両替	환전
問題	문제		両親	부모님
や			料理	요리, 음식
～や	-(이)랑		緑茶	녹차
やかん	주전자		旅行	여행
焼き栗	군밤		リンゴ	사과
野球	야구		冷蔵庫	냉장고
薬剤師	약사		冷麺	냉면
野菜	채소, 야채		レポート	리포트
安い	싸다		練炭	연탄
休む	쉬다		連絡する	연락하다
薬局	약국		ろくに	제대로
八つ	여덟		**わ**	
やっぱり	역시		わが国	우리나라
山	산		沸かす	끓이다
山登り	등산		わからない	모르다
やや酸っぱい	새콤하다		沸く	끓다
ヤンニョムチキン	양념치킨		私	저
夕方	저녁		わたし	나
夕ごはん	저녁(밥)		わたしが	내가
郵便局	우체국		わたしたち	우리
有名だ	유명하다		私の	제
雪	눈		笑い声	웃음소리
雪道	눈길		ワンピース	원피스
ゆっくり	천천히		わんわん	멍멍
ユッケ	육회		～を	-를, -을

 著者プロフィール

チョ・ヒチョル（曺喜澈）

お、ハングル！ 主宰、元東海大学教授、2009〜10年NHKテレビハングル講座講師、著書に『韓国語コロケーション（名詞編）』『おっ、ハングル（韓国語入門テキスト）』『韓国語活用ガイドブック』（共著、駿河台出版社）『1時間でハングルが読めるようになる本』（学研）など。

チョン・ソヒ（錢昭熹）

韓国語教室 **コリアgo** 代表、目白大学大学院卒業（韓国言語文化修士）、駐日韓国大使館東京韓国教育院韓国語講師、在日本大韓民国民団東京本部東京コリアン・アカデミ韓国語講師、著書に『ひとりでゆっくり韓国語入門』（共著、CUON）『ステップアップのための韓国語基本文型トレーニング』（共著、白水社）『韓国語活用ガイドブック』（共著、駿河台出版社）。

ひとりでできる韓国語初中級

2021年12月25日　初版1刷発行

著　者	チョ・ヒチョル
	チョン・ソヒ
DTP・印刷・製本	株式会社フォレスト
発行	駿河台出版社
	〒101-0062　東京都千代田区神田駿河台3-7
	TEL：03-3291-1676　FAX：03-3291-1675
	www.e-surugadai.com
発行人	井田 洋二